《听琴图》（局部）
宋代，赵佶，绢本设色，北京故宫博物院藏

《清明上河图》（局部）
明，仇英，绢本设色，辽宁省博物馆藏

政和壬辰上元之次夕忽有祥雲拂鬱低映端門眾皆仰而視之倏有群鶴飛鳴於空中仍有二鶴對止於鴟尾之端頗甚閒適餘皆翱翔如應奏節往來都民無不稽首瞻望歎異久之經時不散迤邐歸飛西北隅散感茲祥瑞故作詩以紀其實

清曉觚稜拂彩霓仙禽告瑞忽來儀飄飄元是三山侶兩兩還呈千歲姿似擬碧鸞棲寶閣豈同赤鴈集天池徘徊嘹唳當丹闕故使憧憧庶俗知

御製御畫並書

《瑞鹤图》

北宋,赵佶,绢本设色,辽宁省博物馆藏

《千里江山图》（局部）
北宋，王希孟，绢本设色，北京故宫博物院藏

《文会图》
宋代，赵佶，绢本设色，中国台北故宫博物院藏

赵宋

游彪 著

十八帝王的家国天下与真实人生

天地出版社 | TIANDI PRESS

目 录

序 言 001

第一章

太祖赵匡胤：建隆元年（960）－开宝九年（976） 001

　　一、黄袍加身：兵变成就的帝王 /003
　　二、杯酒释兵权：皆大欢喜的结局 /009
　　三、一统天下：太祖未竟之业 /013

第二章

太宗赵炅：太平兴国元年（976）－至道三年（997） 019

　　一、千古之谜："斧声烛影"的传说 /021
　　二、战与和的抉择：屡遭败绩的皇帝与将士 /024
　　三、诗赋书法：附庸风雅的君主 /029
　　四、传位立储：无奈而痛苦的决定 /034

第三章

真宗赵恒：咸平元年（998）－乾兴元年（1022） 041

　　一、和平降临：澶渊之盟背后的故事 /043
　　二、粉饰太平：天书与封祀闹剧 /046
　　三、寇准丁谓之争：宫廷内外的较量 /051
　　四、幕后的女人：温柔而强悍的刘太后 /055

第四章
仁宗赵祯：天圣元年（1023）－嘉祐八年（1063) —————— 059
一、身世之谜："狸猫换太子"的传说 /061
二、逆反之爱：废后风波与国母之争 /064
三、忧患之际：变革先行者——范仲淹 /068
四、狄青：尴尬的将军 /071

第五章
英宗赵曙：治平元年（1064）－治平四年（1067) —————— 077
一、仁宗丧事：哭丧非亲子 /079
二、名分之争：围绕"濮议"的角力 /084
三、励精图治：力图成为有为之君 /086

第六章
神宗赵顼：熙宁元年（1068）－元丰八年（1085) —————— 089
一、踌躇满志：少年天子胸怀大志 /091
二、富国强兵：宋神宗与王安石的理想 /094
三、曲折的实践：风云涌动的朝廷与后宫 /097
四、难得的胜利：河西走廊的开通 /103

第七章
哲宗赵煦：元祐元年（1086）－元符三年（1100) —————— 107
一、垂帘听政：起用"旧人"与恢复"旧制" /109
二、新旧党争：政治旋涡中的牺牲品 /114
三、福祸之间：孟皇后的悲喜剧 /118

第八章
徽宗赵佶：元符三年（1100）－靖康元年（1126) —————— 125
一、纨绔子弟：意想不到的皇帝宝座 /127
二、君庸臣佞：蔡京及其时代 /131
三、收复燕云：长久的梦想与短暂的辉煌 /136
四、能书擅画：遗留后世的瑰宝 /139

第九章

钦宗赵桓：靖康元年（1126）— 靖康二年（1127） —— 143

一、兵临城下：亡国前的屈辱交涉 /145

二、靖康之变：宋人无法治愈的伤痛 /150

三、囚禁生涯：历经磨难，魂断五国城 /152

第十章

高宗赵构：建炎元年（1127）— 绍兴三十二年（1162） —— 155

一、大难不死："泥马渡康王"的传说 /157

二、千古奇冤：岳飞之死 /160

三、自食其果：秦桧擅权 /166

四、死于享乐：颐养德寿宫 /169

第十一章

孝宗赵昚：隆兴元年（1163）— 淳熙十六年（1189） —— 173

一、收拾旧山河：志士仁人的呼唤与行动 /175

二、事必躬亲：重振皇权的努力 /182

三、浓厚的人情味：帝王少有的品行 /186

第十二章

光宗赵惇：绍熙元年（1190）— 绍熙五年（1194） —— 189

一、父子反目：从东宫"孝子"到不孝之君 /191

二、"贤惠"之妻：搬弄是非的李后及其一生 /196

三、昏聩君主：心理疾病与精神分裂 /201

第十三章

宁宗赵扩：庆元元年（1195）— 嘉定十七年（1224） —— 205

一、缺乏魄力：理政无方的君主 /207

二、政治傀儡："专制"皇帝的尴尬处境 /210

三、内外勾结：架空皇帝的绝妙组合 /216

第十四章

理宗赵昀：宝庆元年（1225）—景定五年（1264) ——— 221

　　一、平民皇帝：权臣政变意外登基 /223
　　二、端平更化：有名无实的中兴之梦 /228
　　三、端平入洛：收复故都梦想破灭 /231
　　四、昏庸怠政："阎马丁当，国势将亡" /233

第十五章

度宗赵禥：咸淳元年（1265）—咸淳十年（1274） ——— 237

　　一、十年天子：先天不足的皇帝 /239
　　二、蟋蟀宰相：欺君误国的权臣 /244

第十六章

恭帝赵㬎：德祐元年（1275）—德祐二年（1276） ——— 249

　　一、孤儿寡母：南宋王朝的灭亡 /251
　　二、吐蕃高僧：恭帝的最后岁月 /255
　　三、抗元英雄：留取丹心照汗青的文天祥 /257

第十七章

端宗赵昰、
末帝赵昺：景炎元年（1276）—祥兴二年（1279） ——— 261

　　一、二帝之死：流亡小朝廷 /263
　　二、皇陵浩劫：宋朝皇陵尽数被盗 /267

后　记 ——— 270

相关阅读书目推荐 ——— 272

序言

常有人问我，学历史有什么用？对于这个问题，估计不会有标准答案。我的回答往往非常简单，这是我从事的职业。既然是一种谋生的手段，当然需要兢兢业业，认真对待。坦率地说，我个人并无成名成家的念头，无非是担心丢了饭碗而已。说得具体一些，作为北京师范大学的一名教师，我当然希望教给学生一些正确的东西，以免误人子弟。正是基于这种考虑，我一直将探索历史视为生活中不可或缺的重要内容，且总是觉得很充实。

在大学课堂或是其他场合，我曾经多次说过这样的话，中国人聪明绝顶，但缺少严肃、认真的精神，很多事情，似乎都讲究"大概其"，而不是精益求精。记得在早稻田大学留学期间，我在所住的街区亲眼见过一起车祸，一位中年妇女被汽车撞倒，交警来处理善后事宜。在测量车祸过程中的各种数据时，警察们个个趴在柏油路面上，一丝不苟地测着每条线，丈量不同方位的各种距离。当时我突然想到，国内的警察通常是站着用卷尺或皮尺测量，记录相关的大体数据，就算完成任务了。与日本警察的严谨相比，中国交警可能存在很大差距。殊不知，失之毫厘，差以千里，一个数据不准确，就可能会影响到事故责任的判定。这件小事给我留下了异常强烈的印象，甚至是震撼。

于是我经常用这个故事来教育学生，凡事都要认真，否则就会差以千里了。

学术同样是如此，就拿古代文献来说，很多人自认为读懂了古籍，但我敢肯定，真正落实到每个字眼时，恐怕谁也不敢说自己可以完全准确地解释出来。在这种情况下，除了回避以外，恐怕就只有"大概其"了，这种现象恐怕是常见的。有人在一篇论文中有数十处，甚至上百处标点、句读之类的硬伤，居然还有人以为这个人做的是高质量的学问，他的文章有着"深刻的思想和见解"。诚然，这恐怕只是个别现象，但不能不让人产生这样的疑问：连基本史料都读不懂，难道也会有真知灼见？或许在某些人心目中是有的，但稍具学术良知和常识的人，大概都不会如此不负责任地做出判断的。"想法"固然可贵，但弄清事实本身，才是最重要的。

说起来，我从事历史研究也有30多年了，甘苦自知。虽然一直在做断代史某些层面的探索，也无任何成就可言，但平日也不时地思考一些相关的问题。事实上，在笔者看来，历史研究的最终目的无非是追求真相而已，通过对历史上发生过的事情进行仔细的分析综合，尽可能恢复历史的本来面目，这是史学工作者义不容辞的责任。

中国有文字的历史长达数千年之久，越是遥远的时代，留下来的谜团就会越多。因此，要发现历史的真相，谈何容易。姑且不说史料记载的缺乏，就算加上留传下来的实物资料和未来不断出土的新材料，似乎也不足以做到这一点。至少我们对很多事实还是不清楚的，或是知之甚少的。正因为如此，才需要下功夫恢复历史的本来面目，无论是好还是坏，我们都必须将历史上出现过的事情真相尽可能弄清楚。不知为什么，我们的研究似乎都停留在两个极端，要么极好，要么极坏。举例而言，古代的政治体制通常被人为地以专制、集权等词汇加以界定，在这种体制下，腐败自然是无法避免的，这种结论无疑有其充分的合理性。于是，站在当今时代的高度，高扬科学、民主旗帜，去审视古代社会，自然就会是另外一番景象了。更具有讽刺意味的是，那些言必批判专制腐败者，却似乎并未吸取教训，行事也往往并不民主、科学，反而更为独断专行，而且顺者昌，逆者亡。学术界的这类现象并不罕见，有些人道德学问并无过人之处，甚或一无是处，却能在某些人的提携和暗箱操作之下成为学术"带头人"。善言而不能行，言行不一，这大概是自古以来社会精英们的普遍状态，直至今日，似乎并无太大变化，这不能不说是学术的悲剧。

在笔者看来，宋代皇帝远非"专制"二字可以概括，姑且不说君主的权威能否直接渗透到社会的底层，就算在朝廷之内，宋朝皇帝似乎也不太可能为所欲为，这在宋代似乎特别明显。皇帝需要扮演多种多样的角色，在偌大的皇宫，他是一家之主，跟普通百姓家几乎没有太大的差别，无非是多了些嫔妃、宦官等"服务人员"而已。因此，他必须谨慎处理"家庭"内外的各种关系。其实，这并不是很容易的事情。与其他朝代相比，宋代皇帝有一个非常显著的特点，就是子嗣不昌，除了宋末二帝外，宋朝共有16位君主，其中有6人无亲生儿子继承皇位，比例高达37.5%，若加上太宗的兄终弟及，比例就更高了，这在中国古代帝王时代恐怕是独一无二的。在父死无子继的特殊情况下，宋代的皇位传承还是相对顺利的，并未出现大的危机，这不能不让人惊讶。然而，在表象的背后，却夹杂着极其复杂的内外因素，各种政治势力暗中角力，上演了一幕幕精彩大戏。因此，在宋代，表面上看似乎罕有后妃干政、宦官擅权等现象，皇帝的"家"稳定而安静；实际上，宫廷内部的斗争异常激烈，只是表现方式不一样而已，否则就不会出现"狸猫换太子"之类的传说了。这些故事的背后显然隐藏着很多不为人知的事实，也从侧面反映出宋代皇宫并不太平。

宫廷之外，皇帝为一国之君，治国安邦是他们的首要任务。然而，单单依靠一人之力，无论如何是不能完成的。因此，皇帝必须集合各方面的力量，才能将国家机器运转起来，其中最重要的就是调动各级官员的能动性，但要真正做到这一点，无疑是不现实的。毕竟，每个人是不一样的，他们能否为君主效力，取决于复杂的因素。正因为如此，作为万人之上的帝王，需要协调各种利害关系，如君民、君臣之间的关系等。而这恰恰是最难的环节，稍有闪失，恐怕就会危及江山社稷，这是历代君王必须谨慎应对的，宋朝自然也不例外。

自古以来，学术便带有浓厚的贵族色彩，通常情况下，似乎只有社会的精英才有可能从事学术研究。先秦以前，就有所谓"学在官府"的传统，然而，如果单纯地将这句话理解为官府控制学问，恐怕是片面的。大体说来，应该是社会上有身份、有地位之人掌握学问，这种解释大概是有一定道理的。由此看来，学问是高高在上的。正因为如此，才会曲高和寡，也难免有高处不胜寒之感。

以宋朝历史为例，最近数十年来，出版过数量众多的相关著作，这些书大概都只有社会精英们才会去阅读，或者是确实对宋朝历史感兴趣的人才会有雅兴去仔细品味一番。从某种意义上说，这是一种巨大的资源浪费。其实，历史研究不应该是庙堂之上的学问，更不应该是专门为学术而学术的研究，抑或大学里的教材和参考书，而应该是让每个中国人都了解的常识，至少从事研究的学者有义务朝着这样的方向努力。任何国家、民族，如果对自己的历史都缺乏基本认识，恐怕是难以持续发展的。

事实上，大多数人的历史知识很多来源于电视、网络之类的强势媒体，特别是古装戏。坦率地说，我很少看这样的电视节目，因而无权加以评论。然而，受国家广电总局委托，我曾审阅过一些电视剧剧本，由此不得不去看一些还没有进入拍摄阶段的历史剧。应该说，剧本创作人员下了相当大的功夫，但从历史专业的角度来看，不少电视剧的创作人员对很多东西的把握、定位还是不准确，甚至是错误的，更不用说细节了。举一个简单的例子，几乎所有古装戏中，臣子千篇一律地称呼皇帝为"陛下""皇上"，而皇帝则称呼臣子为"爱卿"。实际上至少在宋朝，口语中通常称皇帝为"官家"，而"爱卿"在很多场合是称呼妓女的，皇帝显然不可能以这种极不雅的称谓来称呼自己的下属。诸如此类的例子还有很多，兹不赘述。由此可知，人们从电视、戏曲等媒介所获得的知识和信息与历史本身是存在相当大的距离的，这种状况无疑是需要加以改变的。

一直以来，我都有一种奇特的感觉，我们的教育似乎过于功利，过于强调培养人的专业素养，其实这仅仅是教育的目的之一而已。在笔者看来，民族整体素质的改善和不断提高才是中国未来发展的唯一出路。记得我曾经跟一个日本朋友谈过关于人口素质的话题，我当时以半开玩笑的口吻说过这样的话：如果中国参与世界竞争的人口比例能够达到日本的一半，中国肯定比日本要发达。不知大家是否同意这种看法，或许是我有感而发吧，毕竟中国的人口基数要比日本大得多。正因为如此，作为一名教育工作者，我希望为中华民族人口素质的提高尽一份心，出一点力。

游 彪

2019 年 12 月 11 日

于北京师范大学茹退居

第一章

太祖赵匡胤：建隆元年（960）—开宝九年（976）

太祖赵匡胤档案

姓名：赵匡胤	出生：后唐天成二年（927）二月十六日
属相：猪	去世：开宝九年（976）十月十九日
享年：50 岁	谥号：启运立极英武睿文神德圣功至明大孝皇帝
庙号：太祖	陵寝：永昌陵（今河南省巩义市）
父亲：赵弘殷，追赠宣祖	母亲：杜太后
初婚：19 岁	配偶：贺皇后、王皇后、宋皇后
子女：4 子、6 女	继承人：太宗赵匡义（又名赵光义、赵炅）
最得意：陈桥兵变	最失意：未能统一
最不幸：英年猝死	最痛心：幼子早逝
最擅长：韬略	

宋太祖赵匡胤（927—976），21 岁时，离家外出游历，23 岁投奔到后周太祖郭威帐下，开始征战沙场。后周世宗柴荣继位后，赵匡胤典领禁军，随周世宗征北汉、南唐，战功卓越。29 岁时，拜定国军节度使，30 岁迁义成军节度使。周世宗去世后，32 岁的赵匡胤任殿前都点检，再迁归德军节度使。后周显德七年（960）一月，34 岁的赵匡胤代周建宋，在位共 16 年，50 岁去世。

太祖最主要的成就和贡献是恢复了当时中国大部分地区的统一，他平定二李之乱，吞并荆湖，攻取后蜀，灭南汉，亡南唐，迫使吴越和漳泉称臣，基本上结束了唐中叶以来藩镇林立、军阀割据的局面。太祖又是宋朝"祖宗家法"的重要制定者，其时通行的许多政策对宋代积贫积弱局面的形成产生了重大影响，这些都使他作为一个杰出的政治家和军事家出现在历史舞台

上。太祖一生，从江湖游子到普通士兵，又从士兵到将军，最终成为宋朝的开国君主，其经历极富传奇色彩。

一、黄袍加身：兵变成就的帝王

唐天宝十四年（755）十一月，安禄山起兵反唐。在平叛过程中，唐朝的节度使们拥兵自重，形成了藩镇割据的局面，盛唐逐渐走向衰弱。唐天祐四年（907），朱温迫唐哀帝逊位，建立后梁，中国历史进入了五代十国时期。从后梁建立到后周灭亡这50余年里，各地的将领们无论出身贵贱，只要拥有强兵壮马，就能做天子。为此，他们甚至不惜演出一幕幕亲子杀父、兄弟相残的惨剧。普通百姓生活在战乱不断的环境中，更是朝不保夕，他们迫切希望社会稳定下来。正是在这种情况下，赵匡胤成为时势造就的英雄。

后唐天成二年（927）二月十六日，赵匡胤出生在洛阳（今河南省洛阳市）夹马营。《宋史·太祖本纪》中记载赵匡胤先世为涿州（今河北省涿州市）人，后人遂以为赵匡胤祖籍涿州。但是，咸平三年（1000），赵匡胤的侄

《八达春游图》(局部)

子宋真宗赵恒曾下诏封其祖父宣祖赵弘殷的远房赵氏宗族为官,却在诏书中明确指出保州保塞县(今河北省保定市清苑区)丰归乡东安村为赵氏故里。宋真宗开此先例后,其后的历代皇帝直至南宋高宗都对保州赵氏予以照顾。此时距北宋建国不过40年,宋真宗似乎不会将祖父籍贯弄错。然而,由于史书记载的差异,赵匡胤家族祖籍究竟在何处,尚需进一步探究。

赵匡胤的祖辈做过官,其父赵弘殷为后唐庄宗李存勖的爱将。由于出身将门,赵匡胤自幼便学习骑射,表现出极强的恒心和毅力。他曾找了一匹没有驯服的烈马来练骑术。赵匡胤才坐上马背,那烈马就因不甘被人骑使起性子来,直朝城门狂奔。赵匡胤猝不及防,一头撞在城门上摔了下来。在场的人大惊失色,都以为他必受重伤。哪知赵匡胤却猛地从地上跃起,迅速追上烈马,纵身跃上,将烈马驯服,他自己却似乎并没有受伤。

赵匡胤出生后十几年,朝代两度更迭。其父赵弘殷也在后唐庄宗被杀后备受冷落，官运难济，赵家逐渐衰落。到了赵匡胤21岁时，就连生活也变得十分艰难。赵匡胤正值风华正茂之时，他眼见不能依靠父亲谋取前程，便辞别父母和成婚三年的妻子，离家外出闯荡。

赵匡胤离家后，一路南下，穷困潦倒，受了许多白眼和冷遇。他曾投奔父亲昔日的同僚王彦超，希望能谋得一官半职。王彦超看到赵匡胤落魄的样子，竟像打发乞丐一样，给了他几贯钱，便把他赶走了。赵匡胤无奈中拿着这几贯钱去赌博，哪知手气竟是出奇的好，盘盘皆赢。当他满心欢喜地拿钱离开时，那些输红了眼的赌徒却欺负赵匡胤是外地人，一拥而上，将他按在地上，一阵拳打脚踢，抢了他的钱财之后扬长而去。

两年的流浪生活颇为艰辛，却磨炼了赵匡胤的意志，也开阔了他的眼界。一日，赵匡胤到了襄阳（今湖北省襄阳市）一所寺庙里。院中住持饱经沧桑，知人阅世颇深。他见赵匡胤方面大耳，虽风尘仆仆，却难掩富贵之相，一身不起眼的装束，却透出英伟之气，又见赵匡胤谈吐不凡，胸中自有一番天地，便劝赵匡胤北上——因为南方地区相对较稳定，而北方却是战乱频繁，乱世出英雄。赵匡胤接受了住持的建议，便骑着住持送给他的驴北上。

赵匡胤到了河北邺都（今河北省邯郸市大名县）后，投奔了后汉枢密使郭威。乾祐四年（951），郭威发动兵变，建立了后周，是为周太祖。赵匡胤因战功被升为皇宫禁卫军的一个小头目。周太祖的养子、开封府尹柴荣时常出入皇宫，见赵匡胤颇有才能，便将他调到自己帐下，让他做开封府的骑兵指挥官。周太祖无子，柴荣是皇位继承人。赵匡胤到了未来皇帝的门下，由此真正走上了通往权力顶峰的道路。

显德元年（954），周太祖病死，柴荣继位，是为周世宗。这时，北汉刘崇联合辽国大举进攻后周，周世宗调兵遣将，御驾亲征，赵匡胤随同出征。双方在高平（今山西省高平市）展开激战。战斗开始不久，后周大将樊爱能、何徽等人临阵怯场，自乱阵脚，后周军队呈现溃败之势，而周世宗身边只有赵匡胤和另一个将军张永德所率领的亲兵4000人。危急之时，赵匡胤镇定自若，表现出杰出的军事指挥才能，他建议周世宗兵分两路夹击辽军，得到周世宗的准允。赵匡胤和张永德领兵直扑敌军，赵匡胤高喊为主效忠的口号，士气大振。后周的增援部队及时赶到，投入战斗，周世宗终于打败北汉和辽的联军。

班师回京后，赵匡胤因高平之战的出色表现，被任命为禁军的高级将领，还被周世宗委以整顿禁军的重任。赵匡胤出色地完成了这项任务，使后周军队的面貌大大改观，增强了士兵的战斗力，而他本人也在禁军中树立了很高的威信。

更为重要的是，赵匡胤在整顿军队过程中，逐渐在禁军中形成自己的势力。他结交禁军其他高级将领，其中，石守信、王审琦、杨光义、李继勋、王政忠、刘庆义、刘守忠、刘廷让、韩重赟与赵匡胤结为"义社十兄弟"。此后几年里，赵匡胤又陆续将自己的心腹罗彦环、田重进、潘美、米信、张琼和王彦升等人安排到禁军中担任各级将领，进而从上而下控制了禁军。此外，赵匡胤还网罗人才组成自己的智囊团，他帐下有大批谋士，如赵普、吕余庆、沈义伦、李处耘和楚昭辅等人，后来还有他的弟弟赵匡义。

周世宗素怀统一天下的大志，是位很有作为的皇帝。在他为统一进行的战争中，赵匡胤战功赫赫，官位一步步上升，被封为节度使，逐渐成为周世宗的左膀右臂，掌握了军政大权。但赵匡胤要做皇帝，眼前还有两大障碍，这就是周太祖郭威的女婿张永德和外甥李重进。

张永德和李重进都握有兵权，但李重进的地位比张永德高，张永德心中很不服气，两人之间的矛盾很大。周世宗为此设立了殿前都点检一职，让张永德担任，这样，张、李二人便平起平坐。而张永德与赵匡胤交情深厚，赵匡胤的第一位夫人贺氏去世后，续娶了将军王饶的女儿，张永德赠给赵匡胤大量钱财，让他办了个风光的婚礼。但张永德毕竟是赵匡胤当皇帝的阻碍。显德六年（959），周世宗北征，无意中得到一块木牌，上面写着"点检做天子"，显然是有人事先安排好要陷害张永德，但周世宗还是起了疑心。北征途中，周世宗染病，只得回京。病危时，周世宗又想到了那块神秘的木牌，心想张永德手握重兵，又与李重进争权夺利，因而格外担心张永德发动兵变。于是，周世宗解除张永德都点检之职，换上了自认为很可靠的赵匡胤。赵匡胤一箭双雕，既除去了一只拦路虎，还成为禁军的最高统帅。

除去张永德后，便轮到李重进了。李重进缺乏政治家的远见，虽手握兵权，却没有形成自己牢固的政治势力。但李重进真正被赵匡胤除掉，还是在赵匡胤正式称帝以后才发生的。

后周显德六年（959），周世宗去世，年仅7岁的太子柴宗训继位，即周恭帝。周恭帝继位后，主少国疑，人心浮动，一场早已策划好的兵变便迅速上演了。

显德七年（960）春节，人们正沉浸在欢庆祥和的佳节气氛中，边境却传来了辽国与北汉联合入侵的紧急军情。宰相范质和王溥并未核查消息是否属实，便急令赵匡胤率领军队北上抵御外敌。然而，人们依然记得10年前，河北边境军情入报后汉朝廷，契丹犯边，当时身为后汉枢密使的郭威奉命率大军北征。当军队抵达澶州（今河南省濮阳县）时，郭威忽然发动兵变，自立为帝，建立了后周政权。再加上周恭帝继位前早就流传"点检做天子"之说，人们只觉得眼前之事宛如10年前的翻版。因此，当位高权重的赵匡胤奉命北上时，京城中流言四起，到处都流传着"出军之日，当立点检为天子"。

显德七年一月二日，赵匡胤率军从京城出发。当大军刚出城门时，有个号称通晓天文的军校苗训指着天上说，他看到了两个太阳在相互搏斗，并对赵匡胤的亲信楚昭辅说这是天命所归。这类说法无非是改朝换代之际惯用的伎俩而已。然而，两人煞有介事的谈话迅速在军中传开，军中将士议论纷纷："当今皇上年幼，不懂朝政。我们冒死为国家抵抗外敌，也没人知道我们的功劳。倒不如先立赵点检为天子，然后再北征。"

事实上，赵匡胤早已知道军中将士议论之事，他暗中部署，派亲信郭廷斌秘密返回京城，与心腹将领石守信和王审琦约为内应，一旦大军返京，便由他们打开城门，放赵匡胤等入城。

当日夜里，赵匡胤喝得醉意蒙眬，拥被大睡。到了清晨时分，一夜未眠的将士们握刀持剑，早已环立在赵匡胤帐前，呼声四起，震天动地。有些将士全副披挂，准备径直入帐。守在帐外的赵匡胤之弟赵匡义和心腹赵普见状，连忙进帐唤醒赵匡胤，拥他出帐。帐外将士一见赵匡胤出来，便大声高喊道："诸军无主，愿奉太尉为天子。"（周恭帝继位后，赵匡胤改任归德节度使、检校太尉。）赵匡胤来不及回答，一件黄袍已披在他身上。众将士一齐跪拜在地，山呼"万岁"，呼喊声震耳欲聋。赵匡胤假装推辞，众将士不依，扶他上马南行。赵匡胤佯装无奈，说将士们一定是贪图富贵才强立他为天子的，如果听他指挥，他就同意做天子，如果不听他指挥，他就不能做。众将士都答允。

赵匡胤立即整饬军队回京，早已等候的石守信和王审琦打开城门迎接新皇帝，在众人配合下赵匡胤迅速控制了局势。

正在早朝的后周大臣们得知兵变消息，个个大惊失色，手足无措。宰相范质握着王溥双手，悔恨不该仓促出兵，直握得王溥双手几乎出血。只有大臣韩通立即从朝中回家，企图组织抵抗。但刚进家门，他便被赵匡胤的部将王彦升所杀。

将士们冲进朝堂，逼迫范质、王溥等人来到都点检衙门。赵匡胤见到他们，假装伤心不已，说他受先皇厚恩，今日为将士们所逼，到了这般地步，实在惭愧。范质正想答话，军校罗彦环持剑上前，厉声喝道："我辈无主，今日必得天子！"范质等人面面相觑，深知已无回天之力，只得一齐跪拜在地，口呼"万岁"。

赵匡胤见众官已被收服，立即赶往皇宫，令周恭帝逊位。文武百官就列后，发现尚未制定禅位诏书。哪知，翰林学士陶谷却拿出早已准备好的诏书念给百官听。赵匡胤换上龙袍，接受群臣朝贺，正式登基为帝。由于其所领归德军在宋州（今河南省商丘市），于是定国号为"宋"，改元建隆，定都汴京（今河南省开封市），赵匡胤便是宋太祖。赵匡胤即位后，封周恭帝柴宗训为郑王，恭帝之母符太后为周太后，迁居西京，终生奉养，其后代也受到宋朝历代皇帝的照顾，据说这是赵匡胤亲自立下的规矩。

赵匡胤做了皇帝，很多关于他是"真命天子"的说法便流传出来。道士陈抟骑驴出游，听人说赵点检做了天子，高兴得从驴上摔了下来，拍掌欢笑说天下从此太平了。甚至连赵匡胤的出生和幼年经历，也被人们附以传奇色彩。有传言说赵匡胤出生时体有异香，三日不散，其父便给他取了个乳名叫"香孩儿"。还传说赵匡胤、赵匡义兄弟幼时随母亲杜氏逃避战乱，因年幼，便被杜氏放在箩筐里担着走，陈抟见到了，感叹说："都说当今没有真龙天子，你却将天子挑着走。"事实上，这些都是后人的附会之说。赵匡胤之所以能代周建宋，与五代乱世和他个人的才能是分不开的。

二、杯酒释兵权：皆大欢喜的结局

面对新政权，后周旧臣中识时务者则俯首称臣，但也有不甘任人摆布者，尤其是昔日与赵匡胤一样手握兵权的将领们。周世宗去世后，怀有帝王野心的人又何止赵匡胤一个？只是赵匡胤捷足先登，使其他人失去机会，但这并没有彻底打消他们的念头，他们仍在等待时机去实现他们的帝王梦想，李筠和李重进便是其中代表。

李筠镇守潞州（今山西省长治市）、泽州（今山西省晋城市）、沁州（今山西省沁源县）等州达8年之久，他为人骄横跋扈，连周世宗都不放在眼里。宋太祖即位后，曾遣使者去封李筠为中书令，欲用高官厚禄来笼络这位后周老臣。李筠竟下令将使者拒之门外。经过左右幕僚反复劝说，他才勉强接待了使者，却在招待使者的酒宴上挂起周太祖郭威的画像放声大哭，表示对赵匡胤的强烈不满。此事被北汉国主刘钧所知，刘钧便约李筠同时起兵反宋。李筠长子李守节不同意父亲的做法，但劝阻无效。

太祖得知李氏父子意见不一，便任命李守节为皇城使以探李筠意图。李筠趁机派儿子入京，以窥伺朝中动向。李守节入宫，太祖开口便称他为太子，吓得李守节魂飞魄散，连连叩头表示效忠新君。太祖让李守节回去劝李筠打消造反的念头，哪知李筠不听儿子劝告，于建隆元年（960）四月正式起兵。

然而，李筠狂妄无谋，他没有采纳幕僚们的一些正确建议，竟率军直捣汴京。太祖派大将石守信、高怀德、慕容延钊和王全斌等人率军平叛。而此时，答应出兵相助的北汉国主刘钧却坐山观虎斗，一直按兵不动。石守信领兵在两军的初次交锋中大败李筠，打击了他的锐气。同时，太祖又率军亲征，李筠连遭败绩，退入泽州城。太祖亲自指挥各军攻城，泽州城破，李筠投火自焚，李守节以潞州降宋，李筠之乱被平定。

当李筠反宋时，南方的李重进欣喜若狂，连忙派幕僚翟守珣星夜前往李筠处联络南北夹攻之事。哪知翟守珣却去了汴京，将李重进的计划详细告知了太祖。当时由于应付李筠之事，为避免分散兵力南北作战，太祖让翟守珣回去设法拖延李重进起兵的时间。翟守珣回去后施展巧舌，诋毁李筠不足与谋大事，劝李重进不要轻举妄动。志大才疏的李重进果然中计，没有及时起兵，错失了良机。

李筠之乱平定后，宋太祖便全力对付李重进，改授他为平卢节度使，守青州（今山东省益都县）。李重进拒绝离开扬州，于建隆元年九月起兵。太祖命石守信、王审琦、李处耘和宋延渥等领兵平叛，并再次亲征。这场叛乱不过50天便被平定，李重进自杀身亡，其党羽多被太祖处死。

二李叛乱的平定，不仅慑服了后周的旧臣，更重要的是警示那些武将必须服从新政权。但是，五代时那种"朝为比肩之臣，暮有君臣之分"，骄兵悍将们将弑主篡位视同家常便饭的阴影依旧笼罩在太祖心头。尤其是太祖即位以后，为了酬谢部下拥戴之功，太祖将石守信、王审琦、高怀德等人都任命为禁军的高级将领，执掌军中大权，而二李的相继叛乱，使宋太祖更加确信拥有重兵的武将和藩镇是国运长久最大的威胁。然而，国家处于建立初期，天下四分五裂，进行统一和巩固边防都需要武将统兵征战。太祖心中忐忑不安，遂找心腹赵普商量此事。

太祖问赵普："天下自唐末以来，数十年间，帝王凡易十姓，兵革不息，苍生涂地，这是为何？我欲息天下之兵，为国家建长久之计，有何方法？"赵普说："官家能如此考虑，天地神人之福也。唐末以来，战斗不息，国家不安，其原因无他，只因节镇太重，君弱臣强而已。今所以治之，别无他法，惟稍夺其权，制其钱谷，收其精兵，则天下自安矣。"语未毕，太祖便表示已明白他的意思了。于是，太祖便精心设计了一场夺兵权的酒宴。

建隆二年（961）七月，太祖设宴招待石守信、王审琦等高级将领。酒酣之时，赵匡胤却闷闷不乐。石守信等人忙问原因，太祖遣走左右侍从，说："若非你等出力相助，我怎能有今日？你们的功德，我铭记于心。只是今日做了天子，却常常难以入眠，还不如做个节度使快乐。"石守信等人颇是纳闷，忙问为何。太祖答道："其中缘由极易知晓，做天子如此风光，天下谁人不想？"石守信等人听到往日鲜有隔阂的义社兄弟话中有话，顿觉气氛不对，均表示如今天命已归，无人敢怀有异心。不料，太祖却说："纵使诸位无异心，若你们的部下贪图富贵，将黄袍披在你们身上，那也由不得你们了。"此言一出，石守信等人都冒出一身冷汗，皇帝的话分明是怀疑他们有夺位之心。而且他们都知道臣子一旦被猜忌，后果很严重，便磕头请太祖指点明路。

太祖见时机成熟，便直截了当地说："人生如白驹之过隙，所谓好富贵者，不过欲多积金银，厚自娱乐，使子孙无贫乏罢了。你们何不释去兵权，购买良田，为子孙立永久之业；多置歌儿舞女，饮酒作乐，颐养天年。如此，君臣间无猜嫌，上下相安，岂不为好？"石守信等人跟随太祖多年，深知他说这番话是经过深思熟虑的，便一齐叩谢大恩。

第二日，石守信等禁军将领纷纷上书，称自己有病在身，请求解除兵权。太祖十分高兴，立即同意他们的请求，赐给他们大量金银财宝，授予他们有名无实的节度使官衔。之后，太祖又与这些将军结为儿女亲家，他的长女昭庆公主下嫁王审琦之子王承衍，次女延庆公主下嫁石守信之子石保吉，皇弟赵光美（原名赵匡美，为太祖避讳改名赵光美，后又为避讳太宗改名赵廷美）娶大将张令铎的女儿为夫人。

削夺禁军将领兵权后，太祖曾想让天雄军节度使符彦卿统领禁军。符彦卿是周世宗柴荣及皇弟赵光义的岳父（柴荣的两任皇后、赵光义的一任皇后都是符彦卿的女儿），太祖颇加优遇。但赵普以符彦卿名位已盛，不可再委兵柄为由相谏。太祖不听劝阻，认为自己待符彦卿甚厚，符彦卿不会辜负自己。赵普却反问太祖："官家何以能负周世宗？"太祖默然无语，此事便作罢。太祖也意识到节度使的兵权不能不削，于是，他便上演了第二次"杯酒释兵权"，只是此次略有不同。

开宝二年（969）十月，太祖设宴招待几位掌握兵权的节度使。正饮酒时，太祖却做体恤状，说道："卿等都是国家功臣宿将，戎马一生，本已辛苦，如今还不辞劳苦驻守大镇，实非朕优待贤士之本意。"座下凤翔节度使王彦超颇能揣摩主子心意。太祖早年未发迹时曾投奔王彦超，但被拒之门外，太祖即位后曾当面质问他此事。王彦超却说："臣当年所辖之处乃是小郡，容不下真龙天子。若官家当年留在臣处，怎能有今日？可见上天有意不让臣收留官家，是为了成全官家今日的大业。"太祖听了十分高兴，也没有再和他计较。况且又有地位更显赫的禁军将领之事在先，因此，王彦超一听太祖之言，立即上前奏道："臣本无勋劳，久冒荣宠，今已衰朽，乞骸骨，归邱园，臣之愿也。"另外几位节度使武行德、郭从义、白重赞和杨廷璋虽明白太祖的意图，却不愿解除兵权，纷纷诉说自己当年的攻战经历和沙场艰辛。太祖心中十分不快，冷冷道："此均为前朝之事，何足道哉。"第二日，这五人都被罢任，授以虚衔，其他一些未赴宴的节度使如向拱、袁彦等也相继交出兵权。

太祖吸取唐末五代藩镇之乱的教训，削夺武将兵权，巩固了帝位。但他并没有采用历史上屠杀功臣的做法，这对皇帝和武将来说是皆大欢喜的结局，也充分显示出宋太祖在政治上杰出的御人之术。然而，过分削夺武将兵权，是后来导致宋朝武事不振，形成积弱局面的重要原因。

三、一统天下：太祖未竟之业

太祖巩固了帝位后，便将统一全国之事提上议事日程。但是，唐末五代以来，藩镇林立，南北分裂，割据政权并起，北方还有辽国虎视眈眈。因此，统一并不容易，制定怎样的统一策略成为太祖心中的头等大事。

早在周世宗时，统一的策略是"先北后南"，宋朝建立之初，南方的政权名义上都表示臣服，似乎也可以先进行北伐。但参加过周世宗时代作战的将领们却认为北汉和辽国兵力较强，又结成联盟，不易对付，他们主张先灭南方的弱小政权。究竟采取哪种策略，常常令太祖彻夜难眠。于是，关于统一策略的制定，便有了"太祖雪夜访赵普"之说。

在一个大雪纷飞的隆冬之夜，早已入睡的赵普被一阵急促的敲门声惊醒。他开门一看，大吃一惊，见太祖和皇弟赵匡义站在门外。赵普连忙将太

《雪夜访普图》

祖二人迎入府内，燃起火炉，君臣三人围炉而坐，纵论天下大事。太祖提到统一之事，决定先北后南，问赵普意见如何。赵普沉默片刻，才回道："北汉与辽接壤，若先灭之，日后辽军南下的祸害均由我们承受。不如先平南方，再挥师北上。那北汉弹丸之地，难逃我们手掌。"太祖一听，大笑："此言甚好，我也是此意，先前那番话不过是试探你罢了。"这样，太祖便定下了先南后北的统一策略。

策略制定后，便立即付诸实施。荆湖地区南通南汉，东据南唐，西迫巴蜀，战略地位极为重要。当时，荆湖地区有两股割据势力：一是以江陵（今湖北省江陵县）为中心的南平政权，统治者是高继冲；二是控制湖南的周行逢集团，以朗州（今湖南省常德市）为中心。

建隆三年（962），武平节度使周行逢病死，其11岁的儿子周保权继任。镇守衡州（今湖南省衡阳市）的大将张文表不满其与周行逢共同打下的江山传给了一个孩子，却没有传给自己，于建隆四年（963）起兵造反。周保权一边派大将杨师璠前去平叛，一边遣使向宋朝求援。宋太祖大喜，派大将慕容延钊和李处耘领兵南下，并授以"假途灭虢"之计，即出兵湖南，借道南平，顺便灭之。

李处耘到了襄阳后，依计派人向高继冲借道。昏庸无能的高继冲竟然答应了，还以礼相待。宋军进入江陵城中，迅速占领了城中各处据点，控制了城中局势。高继冲见大势已去，只得奉表称臣。

此时，张文表已被杨师璠斩首，但慕容延钊却依然南下，兵分两路，直逼朗州。周保权见势不妙，忙派大将张从富率军抵抗，结果大败于澧州（今湖南省澧县）。李处耘将几十个身体肥壮的俘虏杀了，令左右分食之，还在几个俘虏脸上刻字，放他们回朗州。俘虏进入朗州城后，将所见之事告诉守城将士，朗州将士惊慌不已，不战自溃。宋军很快破城，俘虏了周保权。

太祖以借道之妙计吞并了荆湖，切断了后蜀和南唐的联系，后蜀已是坐以待毙了。

后蜀后主孟昶奢侈荒淫，政治极为腐败。宋吞并荆湖，孟昶也知自身难保，宰相李昊曾劝孟昶向宋称臣，但被另一大臣王昭远所阻。在王昭远建议下，孟昶在三峡一带驻兵迎战，并于乾德二年（964）遣孙遇、赵彦韬等人携蜡书赴北汉，欲联北汉共同举兵攻宋。

哪知赵彦韬却中途叛变，将蜡书献给了宋太祖。太祖看了蜡书后很高兴，认为师出有名，下令攻蜀。太祖命王全斌、崔彦进和王仁赡率北路军沿嘉陵江南下，刘光义和曹彬则率东路军溯长江西上，两军会师后蜀都城成都。临行前，宋太祖授予诸将阵图，并特别交代刘光义，蜀军在夔州（今重庆市奉节县）设了锁江浮桥，防卫甚严，要取胜，必须先夺浮桥。

孟昶得知宋军攻来，命王昭远领兵抵抗。王昭远只会纸上谈兵，并不会领兵作战。他出征时却夸下海口，说必能取胜，甚至还说夺取中原也易如反掌，但与王全斌等人所率北路军的几次交战，王昭远屡战屡败，从利州（今四川省广元市）直退到剑门（今四川省剑阁县）。剑门是成都的重要屏障，其得失直接关系到成都的安危。孟昶得知王昭远战败，忙派太子孟玄喆率兵增援。但孟玄喆不懂兵事，沿途竟游山玩水、寻欢作乐，他还未到剑门时，剑门就已被宋军攻破，王昭远也做了宋军的俘虏。

《韩熙载夜宴图》（局部）

与此同时，后蜀的三峡防线也被刘光义和曹彬的西路军攻下，刘、曹二人率军进抵夔州。刘光义按照宋太祖的指示先夺浮桥，攻下夔州，打开由长江入蜀的大门。于是，两路宋军长驱直入，沿途所向披靡，于乾德三年（965）元月会师成都。孟昶见大势已去，只得献表投降。后蜀灭亡后，宋太祖又灭了南汉，使得南唐处于宋朝的三面包围中，处境十分险恶。

宋朝建立后，南唐中主李璟便向宋称臣进贡。李璟死后，继位的是后主李煜。李煜是李璟的第六个儿子，天资聪颖，文采出众，善书画，尤其长于诗词歌赋。他给自己取号钟山隐士、莲峰居士，所仰慕的也是远古隐士许由、伯夷和叔齐等人，全然一派文人骚客清逸儒雅的潇洒气派。李煜根本无心政治，只是因为他的几个兄长均已死去，阴差阳错，他便做了国主。

李煜继位后，仍然奢侈享乐，不问政事。其第一任皇后大周后（即昭惠后周娥皇）通书史，善音律，尤工琵琶，还整理和演出盛唐时流行的霓裳羽衣曲，与李煜志同道合，夫妻二人常以填词作曲为乐。大周后去世后，李煜立她的妹妹为后，即小周后。李煜在万花丛中筑亭，覆上红罗，与小周后在亭中寻欢作乐。南唐政事荒废，李煜只能苟且偷安，委曲求全，他主动上表宋太祖，去国号，改称"江南国主"，但太祖并未因此而改变灭南唐的决心。

太祖设反间计除去南唐智勇双全的大将林仁肇。宋太祖在召见南唐使者时，故意让使者见到预先挂在墙上的林仁肇画像，说林仁肇将来投降，先以此为信物，还指着一间空房子说日后将此屋赐给林仁肇居住。使者大吃一惊，忙送信给李煜。李煜果然中计，鸩杀了林仁肇。

除掉林仁肇后，宋太祖便在思考如何渡过长江。太祖早就知道南唐有水深江阔的长江天险，不会轻易投降，便利用双方使节往来的机会，派人侦察江南各地的山川地理和兵力部署，以备灭唐时参考。更幸运的是，有个南唐落魄文人樊若水因考不中进士，上书朝廷又不得答复，心中愤恨，便打算投奔宋朝。为此，樊若水一连数日在长江采石一带假装钓鱼，暗中将长江的阔狭深浅以及礁石的情况探明，绘制成图，献给了太祖，建议宋军在江上搭建浮桥过江。有大臣表示反对，认为长江江阔水深，自古无搭浮桥渡江成功之事。太祖却力排众议，采纳了樊若水的建议，组织训练水师。

准备充分后，太祖便开始找出兵的借口。开宝七年（974）九月，太祖召李煜入朝觐见。李煜知道此行凶多吉少，以身体有病为由，拒绝到汴京。太祖还派大臣李穆为使者去南唐以战争相威胁，但李煜仍不肯北上。太祖便以倔强不朝为由，派曹彬、潘美和曹翰等人率兵征南唐。

曹彬所部在采石搭浮桥渡江成功，大败南唐水陆军队。宋军主力迅速渡江，于开宝八年（975）元月开始进攻南唐国都金陵（今江苏南京），并将金陵围困达9个月之久。这期间，李煜曾两次派大臣徐铉为使者去见太祖，劝他罢兵。徐铉第一次见太祖时，指责太祖师出无名，并说："李煜以小事大，如子事父，未有过失，奈何见伐？"太祖便答："尔谓父子者为两家可乎？"徐铉不能对。第二次，徐铉又为李煜辩解。太祖很不耐烦，按剑怒喝道："不须多言，江南亦有何罪，但天下一家，卧榻之侧，岂容他人鼾睡乎！"太祖既驳回了徐铉的请求，也一语道破天机，志在统一的他是不可能容许南唐存在下去的。

金陵危急，南唐大将朱令赟顺长江而下来救国都，与曹彬部相遇。曹彬派人飞奏太祖，请求派战船拦截唐军。太祖认为远水难救近火，命曹彬在长江沿岸洲浦间竖立长木伪装成桅杆，布成疑兵，以迷惑朱令赟。朱令赟中计，迟疑不决，不敢前进，曹彬大败朱令赟。

此外，宋军还屡败其他南唐援军，使得金陵彻底成了一座孤城。开宝八年十一月，宋军开始攻城，很快攻破金陵。城破之时，李煜正与小周后赋诗填词，一首词尚未填完，二人便已做了俘虏。

宋太祖运筹帷幄，针对不同的割据政权，采取了相应具体的统一措施，取得了一系列胜利，充分展示了他出色的政治和军事指挥才能。灭了南唐后，太祖又对南方仅剩的吴越和漳泉两个割据政权施加压力，迫使他们称臣归附。这样，太祖便把目光转向了北方。

早在灭了后蜀时，太祖曾被一时的胜利冲昏了头脑，想放弃先南后北的策略，转而先夺太原（今山西省太原市）。太祖曾召蜀后主孟昶的母亲李氏入宫，称她为国母，劝她不要悲伤，日后会送她回故乡。李氏说她故乡本在太原，若能让她回太原，她便心满意足。太祖听后十分高兴，以为这是灭北汉的吉兆。

开宝元年（968），北汉国主刘钧病死，他的几个养子和宰相郭无为争权夺利，内部矛盾重重。太祖认为有机可乘，便于同年八月挥师北上，并一举突破了北汉的几道防线，进逼太原城下。然而，北汉虽经历了几次执政者夺权的风波，但太原城的守将却殊死抵抗，丝毫不动摇。辽军又前来增援，最后，宋太祖失败，只得撤军。

灭了南唐后，开宝九年（976）八月，太祖再次出兵北伐。但十月十九日，太祖忽然去世，继位的宋太宗忙于巩固帝位，无暇他顾，便下令撤军。太祖英年早逝，其灭北汉的愿望最终由他的弟弟宋太宗代为实现。然而，太祖最想击败的是辽国，最想收复的是燕云十六州，这两大心愿都未能达成，留下了终生遗憾。而在整个两宋时期，这都是历任统治者长久的梦想。

第二章

太宗赵炅：太平兴国元年（976）—至道三年（997）

太宗赵炅档案

姓名：赵炅（又名赵光义、赵匡义）		出生：天福四年（939）十月七日	
属相：猪		去世：至道三年（997）三月二十九日	
享年：59岁		谥号：神功圣德文武皇帝	
庙号：太宗		陵寝：永熙陵（今河南省巩义市）	
父亲：赵弘殷，追赠宣祖		母亲：杜太后	
初婚：17岁		配偶：尹皇后、符皇后、李皇后（明德皇后）、李皇后（元德皇后）	
子女：9子、7女		继承人：真宗赵恒	
最得意：灭北汉		最失意：雍熙北伐惨败	
最不幸：高梁河之战狼狈逃脱		最痛心：元佐发狂、元僖暴死	
最擅长：附庸风雅			

宋太宗（939—997），本名赵匡义，后因避其兄宋太祖讳改名赵光义，继位后改名赵炅。在其兄弟中，除去早夭者，太宗排行居中，比太祖赵匡胤小12岁，比魏王赵匡美大8岁。他22岁时，参与陈桥兵变，拥立其兄赵匡胤为帝，曾参与太祖统一四方的大业。开宝九年（976），宋太祖驾崩，38岁的赵匡义登基为帝，在位共21年，59岁去世，是宋朝的第二位君主。

宋太宗继位后，继续推进始于后周世宗时的统一事业；鼓励垦荒，发展农业生产；扩大科举取士规模，编纂大型类书；设考课院、审官院，加强对官员的考察与选拔；进一步限制节度使权力，力图改变武人当政的局面，确立文官政治。这些措施是顺应历史潮流的，也为宋朝的稳定做出了重要的贡献。但是因为急功近利，几次北伐攻辽受挫，使得自后周世宗以来所养的精兵强将损失殆尽，逐渐执行守内虚外的政策。晚年政治大计循规蹈矩，使宋

朝渐渐形成了"积贫积弱"的局面,给宋代社会的发展带来了不利的影响。

一、千古之谜:"斧声烛影"的传说

开宝九年(976)十月十九日夜,宋朝的缔造者宋太祖忽然驾崩,时年仅50岁。十月二十一日,晋王赵光义继位,就是后来的宋太宗。宋太祖英年早逝,宋太宗继位又不合情理,于是引出一段千古之谜。

"斧声烛影"

开宝九年十月十九日夜,大雪飞扬,宋太祖命人召时任开封府尹的晋王赵光义入宫。赵光义入宫后,太祖屏退左右,与其酌酒对饮,商议国家大事。室外的宫女和宦官在烛影摇晃中,远远地看到赵光义时而离席,摆手后退,似在躲避和谢绝什么,又见太祖手持玉斧戳地,斧声清晰可闻。与此同时,这些宫女和宦官还听到太祖大声喊:"好为之,好为之!"两人饮酒至深夜,赵光义便告辞出来,太祖解衣就寝。

然而到了凌晨，太祖就已经驾崩了。得知太祖去世，太祖之妻宋皇后立即命宦官王继恩去召皇子德芳入宫。然而，王继恩却去开封府请赵光义，而赵光义也早已安排精于医术的心腹程德玄在开封府门外等候。程德玄宣称前夜二鼓时分，有人唤他出来，说是晋王召见，但他出门一看并无人在，他因担心晋王有病，便前来探视。二人叩门入府见赵光义，赵光义得知召见，却满脸讶异，犹豫不肯前往，还说他应当与家人商议一下。王继恩却催促说："时间久了，恐怕被别人抢先了。"于是，三人便冒着风雪赶往宫中。到皇宫殿外时，王继恩请赵光义在外稍候，自己去通报，程德玄却主张直接进去，不用等候，便与赵光义闯入殿内。

宋皇后得知王继恩回来，便问："德芳来了吗？"王继恩却说："晋王到了。"宋皇后一见赵光义，满脸愕然，但她位主中宫，亦晓政事，心知不妙，便哭喊道："我们母子性命都托付于官家了。"官家乃是宋朝对皇帝的称呼，她这样喊赵光义，就是承认赵光义做皇帝了，赵光义也伤心流泪说："共保富贵，不用担心。"于是，赵匡义便登基为帝。

"金匮之盟"

太祖之死，蹊跷离奇，但太宗抢在德芳之前登基却是事实。太宗的继位也就留下了许多令人不解的疑团，因此，历来便有太宗毒死太祖之说。宋太祖本人身体健康，但在十月十九日夜里突然死亡，而赵光义似乎知道太祖的死期，不然他不会让亲信程德玄在府外等候。

太祖不明不白地死后，太宗为了显示其继位的合法性，便传出了其母杜太后遗命的说法，即所谓的"金匮之盟"。杜太后临终之际，召赵普入宫记录遗命，据说当时太祖也在场。杜太后问太祖何以能得天下，太祖说是靠祖宗和太后的恩德与福荫，太后却说："你想错了，若非周世宗传位幼子，使得主少国疑，你怎能取得天下？你当吸取教训，他日帝位先传光义，光义再传光美，光美传于德昭，如此，则国有长君，乃是社稷之幸。"太祖泣拜接受教训。杜太后让赵普将遗命写为誓书，藏于金匮之中。

然而，由于年代久远，"金匮之盟"的重重迷雾也未能揭开，后人推测是太宗和赵普杜撰出来掩人耳目的。那么，到底宋太祖是否有传位光义之意呢？据说太祖每次出征或外出，都让光义留守都城汴京，太祖时代的军国大事赵光义都参与预谋和决策。太祖即位后曾一度想建都洛阳，群臣相谏，太祖不听，赵光义亲自陈说其中利害，才使得太祖改变主意。赵光义曾患病，太祖亲自去探望，还亲手为其烧艾草治病，光义若觉疼痛，太祖便在自己身上试验以观药效，手足情深，颇令人感动。太祖还对人说："光义龙行虎步，出生时有异象，将来必定是太平天子，福德所至，就连我也比不上。"有人便以此推测太祖是准备将皇位传给太宗的。但是，这样的说法难以经得住推敲，无非是后人的臆测而已。

巩固帝位

姑且不论宋太宗是否毒杀太祖，是否编造"金匮之盟"，这种兄终弟及的皇位继承方式与传统的父子相传相比，可谓名不正言不顺。因此，宋太宗继位后要采取系列措施来安抚人心和巩固帝位。

宋太宗继位后立即改年号为"太平兴国"，表示要成就一番新的事业。而对于"金匮之盟"中的关键人物赵廷美，他任命其为开封府尹兼中书令，封齐王德昭为节度使和郡王，德芳也封为节度使。太祖和廷美的子女均称为皇子皇女，太祖的三个女儿还封为国公主。太祖的旧部薛居正、沈伦、卢多逊、曹彬和楚昭辅等人都加官晋爵，他们的儿孙也因此获得官位。而一些太祖在世时曾加以处罚或欲将加以处罚的人，太宗都予以赦免。

但是，太宗更注重培养和提拔自己的亲信，事实上，这在太宗继位前就已经紧锣密鼓地进行布局了。太宗任开封府尹长达15年之久，正是韬光养晦之时，他在此期间培养了一股举足轻重的政治势力。据统计，光晋王的幕僚便有60人之多。与此同时，赵光义还结交了不少文官武将，即便是太祖的旧部楚昭辅和卢多逊等掌握实权的朝中要员，也都与太宗关系密切，因此，这两人在太宗继位后都升了官。而太宗继位后，他的幕僚如程羽、贾琰、陈从信、张平等人都陆续进入朝廷担任要职，慢慢替换了太祖朝任用的旧臣。此外，太宗还罢黜了一批元老宿将如赵普、向拱、高怀德、冯继业和张美等，将他们调到京师附近做官，便于控制。

不过，太宗改变太祖朝政局的最重要的措施当是扩大科举的取士人数，他在位时期，"第一次科举取士人数比太祖时代最多的一次的两倍还多"。科举考试使不少有才华之人都有机会入仕，而一旦被录取，士子们便青云直上，这些"天子门生"出任各种职务，他们无疑对太宗心存感激，心甘情愿为新皇帝效力。这样，即使当时朝野内外对太宗的继位有诸多非议，太宗也能把权力牢牢地掌握在自己手中，把整个朝廷逐渐变成了服从自己命令和指挥的机构，而"斧声烛影"和"金匮之盟"则成为了后人永远猜不透、解不开的谜团。

二、战与和的抉择：屡遭败绩的皇帝与将士

五代时期，后晋的石敬瑭把燕云十六州献给了契丹，宋朝建立后，迫切希望从契丹手中收回幽燕这一战略要地。宋太祖在位时，大臣们曾想给他加尊号称"一统太平"，太祖却说："幽燕未收，岂可称一统太平！"可见，太祖心中的统一是一定要收复燕云十六州的。为此，太祖还设置了封桩库，储存钱帛，想先用积累的财富从契丹手中赎买燕云十六州，若此计不行，则用这些钱财招兵买马，武力收复燕云，可惜太祖有生之年未能实现这一愿望。

高梁河之战

太宗继位后，先有平海军节度使陈洪进上表献所管辖的漳、泉二州，吴越王钱俶举国归献。后宋朝又灭掉了北汉，此时太宗颇为得意，竟想趁着灭北汉的余威一举收复燕云十六州，给他的统一大业添上最完美最精彩的一笔。倘若实现，其功绩自然超过其兄太祖，真正做到流芳百世、名垂青史。

《宋太宗皇帝实录》（局部）

太平兴国四年（979）五月，太宗不顾群臣反对，从太原出兵，先后收复易州（今河北省易县）和涿州。太宗见连克两城，旗开得胜，更为志得意满，下令直逼燕京（今北京市）。然而，出乎太宗意料的是，辽朝守将耶律学古拼命抵抗，同时，其南院大王耶律休哥也率领精锐骑兵前来增援，已至高梁河（今北京市西直门外），太宗便拔营相迎。战役之初，宋军告捷，辽军伤亡惨重，太宗大喜，以为时局已在掌握之中，便下令猛攻。但是，耶律休哥和大将耶律斜轸从两翼掩杀而来，耶律休哥竟直取太宗，太宗仓皇失措，幸得呼延赞等人护驾逃至涿州。耶律休哥紧追而来，宋军溃不成军，各自逃散。太宗负伤，单人匹马逃奔，与队伍失散，坐骑也陷在泥淖中，危险至极，幸好身边将领赶来将太宗救起。太宗惊魂未定，因负伤不便骑马，便改乘驴车，一路向南狂奔至定州（今河北省定州市），才得有喘息之机，不久便班师回京。

在太宗与大部队失散期间，朝中群龙无首，竟有些大臣打算立太祖长子德昭为帝，这使得太宗对德昭心存猜疑，连累德昭后来自刎身亡。而太宗在此次战役中受了箭伤，这箭伤一直困扰太宗几十年。

高梁河之战是宋太宗转向"守内虚外"政策的关键环节之一。此次战败，使宋初以来经过生聚教训而日益精强的宋军元气大伤，而朝中发生拥戴德昭之事使太宗深为惧怕和担忧。战后，宋太宗竟不听取大臣整饬军纪、精加训练的正确建议，而是倾全力关注内政，尤其是加强对亲族和军队的控制，使得宋军对辽作战逐渐陷入被动。

雍熙北伐与"杨家将"

高梁河之战后，宋辽间曾一度休战，但太宗似乎仍未放弃收复燕云十六州的想法。太平兴国七年（982，即辽乾亨四年），辽景宗去世，12岁的辽圣宗继位，承天皇太后萧绰摄政。宋朝大臣们以为辽国主年幼，母后专政，韩德让宠幸用事，为国人所耻，是天赐良机。太宗认为众臣分析有理，而他也想挽回高梁河惨败的面子，便筹备出兵伐辽之事。不过，此次太宗心有余悸，便坐守京师遥控指挥，只是令曹彬、田重进、潘美和杨业等兵分三路北伐，准备合围燕京。这年是雍熙三年（986），因此，历史上称之为雍熙北伐。

北伐之初，宋军取得一些胜利。但是，三路军马各自为战，缺乏配合，各路将领又邀功心切。曹彬所率东路军取下涿州后因粮草断绝，仅仅十几天便退回雄州（今河北省雄县）。然而，田重进所率的中路军和潘美、杨业的西路军却捷报频传，作为东路军统帅，曹彬自然不甘落后。由于他求功心切，仓促备好粮草北进，遭到萧太后和耶律休哥的合击。宋辽两军在歧沟关（今河北省涞水县东）发生激战，宋军大败，沿途弃甲抛戈，极为狼狈。曹彬东路战败影响了整个战局，宋太宗得知前线战况，十分懊丧，立即调整部署，命曹彬返回，田重进驻定州，潘美和杨业护边境云州（今山西省大同市）、应州（今山西省应县）、朔州（今山西省朔州市）、寰州（今山西省朔州市东北）四州百姓内迁。

辽朝耶律斜轸率军追杀，宋军无力抵抗。潘美率军败至代州（今山西省代县），杨业建议避开辽军锋锐，偏师出击，保护百姓先退，但监军王侁却弃杨业的正确主张不顾，指责杨业畏敌不战，迫使杨业从代州出兵。杨业出行前与潘美、王侁相约率伏兵在陈家谷口（今山西省朔州市西南）接应，潘美表示同意。但杨业在陈家谷口被辽军所困，王侁、潘美得知杨业战败时惊慌不已，竟"忘"了与杨业的约定，领军撤回代州。

杨业父子率领残部在陈家谷口奋力死战，见援军未到，杨业便命儿子杨延昭（又名杨延朗）杀出血路，飞马求援。辽兵漫山遍野杀来，杨业部下大多战死，他的另一个儿子杨延玉也为国捐躯。杨业自己身受十几处创伤被俘，却不顾威逼利诱，绝食三日而死。杨业战死，边境震惊。宋军将士纷纷弃城弃阵南逃，辽军深入宋境，一时间，哀鸿遍野。宋太宗痛失良将，下诏旌表杨业，赏赐杨家，并处罚潘美和王侁。

杨业本是北汉开国君主刘崇麾下，颇受刘崇赏识，还被赐名刘继业。后来北汉末代国主刘继元降宋，杨业亦随其归附，太宗便命杨业恢复其本名，予以重用。杨业之子杨延昭也是一员英勇善战的将领。真宗时，辽军入侵，杨延昭奉命守边。他治军严明，能与将士同甘共苦，颇受士兵的爱戴。杨延昭驻守边疆20余年，屡建奇功，辽军很是畏惧他，称他为"杨六郎"。杨延昭也很得民心，他去世后，灵柩运回京师，河朔百姓都前来相送。百姓们泪流满面，非常悲伤。杨延昭之子杨文广也是一名将领。范仲淹镇守陕西时，杨文广曾在他麾下任事。杨文广还随狄青平侬智高叛乱，建立战功。英宗曾夸奖杨文广，很是赏识他。后来，辽军夺取代州地界，杨文广献阵图和取幽燕之策，但是没有等到实现，他便去世了。

杨业和他的后代的事迹被民间传为"杨家将"的故事，为了表达对潘美的强烈憎恨之情，潘美被塑造成了十恶不赦的太师潘仁美。故事中，杨业共有七子二女，六郎杨延昭娶后周柴氏后人柴郡主为妻，生子杨宗保，杨宗保娶穆桂英，生子杨文广。在太平兴国四年（979）攻辽时，宋太宗被困幽州城。杨大郎假扮太宗前往辽营投降，转移辽军注意力，太宗则安全逃脱。但是，诈降之策被辽军识破，两军发生激战。杨家七子中大郎、二郎和三郎均战死，四郎被俘，后改名木易，被辽国公主招为驸马，五郎则出走五台山，出家为僧，这就是极有名的"金沙滩之战"。

雍熙北伐中，杨业领六郎和七郎出征。陈家谷被困，杨令公被俘后撞死李陵碑前，七郎回来求救，却被潘仁美乱箭射杀，六郎与众人失散获救。但潘仁美怕皇帝知道自己不出兵救援，便派人追杀六郎，六郎逃回汴京，诈死躲在家中。宋朝皇帝为表彰杨门忠烈，为杨家建无佞府、天波楼，还立有"文臣过楼下轿，武将过楼下马"的规定，表示对杨家的尊重。后来，辽军再次入侵，朝中无将可派，寇准使计逼杨六郎出征。辽军摆下天门阵，杨宗保去穆柯寨取降龙木破阵，却被寨主之女穆桂英招为夫婿。穆桂英代杨六郎挂帅出征，大破天门阵。仁宗时，宋朝与西夏发生战争。杨家男儿此时均已战死，只有文广年幼。于是，穆桂英再次挂帅，领杨家十二寡妇出征，大破西夏。杨家将的故事一直演绎到后来杨文广率领杨家将破侬智高为止。至今，杨家将的故事仍在流传，但这些并不符合历史事实。

对外政策的转变

雍熙北伐之所以惨败，宋太宗责任重大。与其兄宋太祖相比，太宗的武功征伐是远远不及的。太祖出身行伍，有着丰富的战争经验，相反，太宗在继位前虽然立过战功，但并未经历过重大的战役，少了许多实战经验。而且，宋太宗又自以为是、刚愎自用，再加上秉承太祖削夺武将兵权的做法，每次出征前都制定了兵法阵图，让将领们依计行事，却完全不顾前线战场的主动性和灵活性，犯下兵家大忌，严重束缚了将领们的手脚，这就是宋代祖宗家法中极其重要的"将从中御"。此外，宋太宗将北伐将士兵分三路，却又不能统一指挥，使之互相配合，使得三路兵马极易被辽军分割击溃。

雍熙北伐的惨败对于宋太宗乃至整个朝廷的影响都很巨大。一时间，朝廷上下都弥漫着一股恐辽情绪。而后来四川又发生了王小波、李顺起义，宋与西边党项族政权的战争也多有败绩，这使得宋太宗焦头烂额，不得不重新考虑他的内外政策，施政策略上发生了很大变化，渐渐地从积极应对外敌演变成为消极抵抗和守内虚外，这种政策的制定与实施给两宋时期带来了极为严重的后果。

雍熙北伐之后，宋朝廷对于与辽的关系，有人主战，也有人主和。主和派的主张过于屈辱求和，太宗在感情上难以接受，而主战派主张加强边防将领兵权，任贤修政，再图北伐，太宗虽然赞成却不打算实行。端拱元年（988，即辽统和六年），辽再度南侵，宋太宗虽不是谈辽色变，但想起出师御辽终是满面愁容，心中无半点把握，善于察言观色的赵普就以此时正逢隆冬季节不宜出师为由上表，太宗不动声色便顺水推舟同意了。

太宗晚年，萧太后气势逼人，多次向宋朝摆开进攻的阵势，还帮助西夏国主李继迁削弱宋朝的力量，宋太宗却只命宋军在边境疏河道，建立军寨作为屏障。若辽军入侵，不许出兵，除非迫不得已，只许沿城布阵，却不许离寨进攻。太宗在晚年奉行黄老无为的思想，不主张生事和变革，遇事以缄默为荣，对外对内都是如此，这些措施都直接影响到以后的真宗、仁宗两朝。

三、诗赋书法：附庸风雅的君主

太宗想通过收复燕云十六州来超越太祖的功业，但他的这种想法终因对辽作战失利而不能实现。太宗也深知在武功征伐方面，他要逊色兄长太祖许多，于是，他把目光转向了文化建设。太宗欲建设臣服于自己的精神文化王国，从而来控制现实政治，以摆脱弑兄夺权之嫌。

伐辽失败打击了太宗的锐气，他曾经说过这样的话："朕每读《老子》至'佳兵不祥之器，圣人不得已而用之'，未尝不三复以为规戒。王者虽以武功克定，终须用文德致治。"在这种思想支配下，太宗朝广开科举，编修类书，而太宗自己也喜欢舞文弄墨。太宗的御制文集，共5115卷、轴、册，又有御书纨扇数十，俱藏于龙图阁中。

好作诗赋

太宗喜欢吟诗作赋。早春时节，逢降春雨，太宗便作《喜春雨诗》。郊外狩猎，也作诗赐给臣子。其子许王元僖暴死，便作《思亡子诗》。太宗还撰有《銮舆凯旋赋》《淳化大言赋》《乾道御制春赋》等。太宗好写诗赋，便是军旅之中也不忘自己的这一爱好。平定北汉后，太宗得意至极，便撰《太平兴国平晋赋》，并令随从文臣均作赋，还写了《平晋诗》二章，令大臣们唱和。据说北汉平定后，大臣宋白曾上《平晋颂》，太宗便夜里将宋白召至自己行宫，加以褒奖，还说："俟还京，授尔书命之职。"不久，宋白果然升官。太宗征契丹还京时，作有诗云："銮舆临紫塞，朔野冻云飞。"太平兴国五年（980），太宗北上亲征，作诗云："一箭未施戎马遁，六军空恨阵云高。"其实辽军早已满载而归了。雍熙北伐失利，因诸将违诏失律，太宗便作自勉诗赐给身边大臣。

然而，太宗出身于五代乱世的武将之家，父兄均为大将，自己从小亦学习骑射，并不精通文墨。太宗的诗文质朴言实，并无高明之处，但他却乐于此道，是因为他在武功上不能做到如他的年号那样"太平兴国"，便从文化层面上去追求这种境界。

首先，太宗好与臣子们和诗，欲造就文儒之盛的升平景象。扈蒙作应制诗，有句云："微臣自愧头如雪，也向钧天侍玉皇。"太宗便和诗云："珍重老臣纯不已，我惭寡昧继三皇。"太宗曾召宰相和大臣在后苑赏花，当时正是暖春季节，花红柳绿，太宗心中高兴，便说："春风暄和，万物畅茂，四方无事，朕以天下之乐为乐，宜令侍从词臣各赋诗。"于是开宋代赏花赋诗之先例。太宗曾作除夕、元旦诗各二章赐近臣，令众人相和，翰林学士张洎上表数千言，阐释太宗诗中之意，太宗龙颜大悦，便命宰相奖励张洎。

其次，太宗还时常赐诗给大臣以联络君臣感情，表现出一幅君臣和乐融融之象。郭贽为皇子侍读，太宗赐诗曰："该明圣典通今古，发启冲年晓典常。"张齐贤任宰相时，其80多岁的老母得太宗召见，太宗赐诗云："往日贫儒母，年高寿太平。齐贤行孝侍，神理甚分明。"太宗重用贾黄中为参知政事，召见贾母王氏，称她为孟母，并作诗赐之，奖赏甚厚。赵普出贬外地，太宗在宫内设宴，赐诗给赵普，赵普捧诗而泣："官家赐臣诗，当刻于石，与臣朽骨同葬泉下。"

此外，太宗朝，那些写诗赋颂扬帝德的人常常被升官。除了上面提到的宋白外，还有大臣田锡，他被派为地方官，心中很不乐意，便献升平诗20章，太宗阅罢大悦，便改任他为京官。田锡还上过《乾明节祝圣寿》诗，太宗看后对宰相夸奖田锡有文行，又敢言事，甚可赏也。还有一个叫李度的官员，做了10年地方官不得升迁，有个小宦官便把李度的诗传入宫中，太宗颇为赏识，便改授李度为京官。京城开凿金明池，李昌龄献诗，太宗大为嘉奖，便擢为右拾遗、直史馆。太平兴国四年（979），太宗诸子出阁，李若拙献颂称旨，也被升官。通过类似活动，太宗无疑笼络并控制了这些写诗作赋的官员。

太宗如此优遇文臣，尚嫌不够，还欲使武将知文儒之盛，竟召将军们前往秘阁观书。这种风气下，有些武将竟然也能作诗了。武将曹翰会作诗，还编有《玉关集》，有诗句云："曾因国难披金甲，耻为家贫卖宝刀。他日燕山磨峭壁，定应先勒大名曹。"太宗读后称赞其写得很好。武将习文，则多少能消除他们身上的一些骄悍之气。太宗提倡文事，竟然是与限制武将兵权的措施相配合来改变武人当政局面的。

精于书道

宋太宗不仅喜欢诗赋，还喜欢书法。成都人王著擅草书和隶书，独步一时，太宗召他入宫，向他学习书法。开始时，王著只是说太宗书法不够火候，到后来，便直夸太宗书法绝妙，功力之深，便是王著本人也不及。且不论王著所说是否为阿谀之辞，宋太宗对书法的喜爱却是一发不可收。

太宗善草、隶、行、八分、篆和飞白六种字体，尤其是他的飞白书，善书法的人见了都称奇妙。太宗喜欢书法，连铸钱币的事也不放过。国家铸"淳化元宝"钱，太宗亲自书写，并作真、草、行三种字体，颇有让全国百姓均来观赏皇帝得意作品之意。

更多的时候，太宗喜欢将自己的书法作品赐给大臣。太宗时常赐飞白书给李昉等人，他赐飞白书给向敏中表示欣赏，后来向敏中被任为枢密直学士。苏易简曾作《大言赋》献给太宗，太宗看后甚是嘉赏，便草书宋玉的《大言赋》赐给苏易简。据说太宗每到夏天都要御书团扇赐给馆阁学士。太宗赐给宰相飞白书，似乎还讲究公平原则。有一次，宰相吕蒙正等人均得到太宗所赐飞白书，偏偏寇准出使在外未得，待寇准还朝，太宗赐近臣飞白书各一轴，却赐给寇准飞白草书18轴，大有在此一次补齐之意。

太宗赐给臣子书法表示欣赏和厚爱，在人事任用上，则多少会偏向这些大臣，因此，大臣们也纷纷以得到太宗书法为荣。苏易简续编《翰林志》二卷，太宗见后颇为嘉赏，作诗赐之，并御笔批云："诗意美卿居清华之地也。"苏易简当即请将太宗所赐诗刻在石头上，以昭后世。太宗便以真、草、行三种字体书其诗，命人刻好遍赐近臣，还飞白书"玉堂之署"四个大字交苏易简悬在翰林院，说："此永为翰林中美事。"苏易简说："自有翰林，未有如今日之荣也。"一时间，群臣作诗称颂。翰林院名声大振，翰林学士一职更显得清贵。光太宗朝，翰林学士中升为宰执的便有钱若水、苏易简、贾黄中和张洎等十几人，翰林院成为进入执政要员行列的一大捷径。

后来，崇文院秘阁建成，秘书监李至便上书请太宗如翰林院"玉堂之署"那样赐新的匾额。于是，太宗以飞白书"秘阁"，还设宴召大臣观看，又赐诗以称赞此事。秘阁与昭文馆、史馆、集贤馆并列，是国家收藏图书典籍之地，后来又收藏了太宗自己的书法和诗文，地位也更显得重要。各地名儒被召试入阁供职，日后加以重用，秘阁也就成了储才之地。

不仅院阁间以挂太宗所书匾额为荣，就连苏易简和吕蒙正两位大臣，为争太宗书法，竟也发生争吵。太宗赋诗一首以赐张洎和钱若水，张洎揣摩皇帝心思，又上疏数千言解诗中之意。太宗赐诗嘉奖，赐张洎诗一首，还赐以四体书前所赋诗一幅，其中草书最为绝妙。苏易简见了忙磕头，请太宗将书法赐给他，吕蒙正也请求以赐。两人相争，不可开交，苏易简只得对太宗说："是臣先请求的。"堂堂朝廷重臣说出这样的话来，似乎有些无赖，但是太宗听了却放声大笑，心中十分高兴，便将书法赐给了苏易简。吕蒙正是太宗朝首次科举的状元，仕途极为顺利，可谓太宗一手提拔起来的重臣。而苏易简也颇受太宗赏识，他曾因为母亲年老，急于升官，便献诗给太宗说："玉堂臣老非仙骨，犹在丹台望泰阶。"太宗见后便任他为参知政事。吕、苏二人均通晓宦海之术，因此才在太宗面前争赐书法。

太宗去世以后，真宗命人将太宗御书编成30余卷，以于阗玉水晶檀香为轴，以青紫绫相裹，放在金漆柜中，藏于建在含元殿西南隅专门藏太宗文字的龙图阁中。真宗多次召集近臣观览太宗书法作品，称赏不已，并作《太宗圣文神笔颂》，亲书刻碑，以美其事，以墨本赐近臣，甚至还下诏将太宗御书墨迹遍赐天下名山胜境。如此一来，太宗的书法便如钱币上的字体那样能广为人鉴赏。

但是，太宗一朝的诗赋和书法的作用不仅仅在于观赏，深谙权术的太宗还以此驾驭群臣，尤其是与文臣的升迁录用联系在一起，去造就一种他所满足的"太平兴国"，倒也不失为一种很有效的方式。

四、传位立储：无奈而痛苦的决定

太宗继承了太祖的皇位，若按照"金匮之盟"的约定，赵廷美是皇位第一继承人，理当传位给皇弟廷美。但是，自古帝王传承多为父死子继，太宗也不例外。

赵普的角色

太宗曾以传国之事询问开国功臣赵普的意见。赵普一生读书不多，但好读《论语》，并从中学到一些治国之道，他曾对太宗说："臣平生所知，诚不出此（指《论语》）。昔以其半辅太祖定天下，今欲以其半辅官家致太平。"因此被人称为"以半部《论语》治天下"。

赵普在太祖时代以佐命元臣之身在中枢机构执政，达14年之久，与太祖私交甚好，被视为左右手。太祖时代的系列重大事件如陈桥兵变、杯酒释兵权、制定统一战略等，赵普都发挥了相当重要的作用，他的权势一度在晋王光义之上。赵普还反对过太祖以晋王光义为储君，因此，他与太宗的关系极为微妙。

太宗继位后，赵普也做过几年宰相，但其地位已远远不及太祖时代，颇受压抑和冷漠。太宗要维护自己的权力，对赵普这样的太祖旧臣自然心存猜忌，何况两人还曾一度是政敌。然而，赵普始终是开国元勋，太宗要安抚人心，也需要利用这样的元老重臣，于是才有赵普为相之事。而赵普沉浮宦海几十年，深知"一朝天子一朝臣"的道理，在身家性命随时有危险的情况下，政治态度自然会发生一些变化。赵普在太宗定储一事中扮演了极为特殊的角色，当太宗向他询问传国之事时，他心知太宗心意，便说："自古帝王传位乃是父传子，当年太祖已误，官家今日还能再误吗？"此言一出，不久，赵普便重新为相。

德昭兄弟之死

太祖去世后，还留有两个儿子德昭和德芳。太宗继位之初，封德昭为节度使和郡王。太宗征辽时，德昭从征幽州。高梁河之战，宋军惨败，宋太宗只身逃脱，不知所踪。朝中群臣无首，便有人商议立德昭为帝。后来，太宗生还，此事便作罢。班师回京后，按照惯例，应该对作战将士论功行赏，但此次太宗还京多日也不行平定北汉之赏，军中将士不免议论纷纷。德昭便为将士们请赏，认为即使与辽作战败了，还是应该赏赐平北汉有功的将领。太宗听后很不高兴，就说："待你做了皇帝再赏赐也不迟。"此言一出，德昭惶恐万分，低头垂泪，默然而出。

德昭所处地位本就微妙，而叔父那番话分明又是怀疑他有夺位之心，日后难全其身，又思及父母早亡，兄弟二人不得保，满腹心事竟无处诉说，顿生短念，回来后便自刎身亡。太宗得知此事大为惊讶，赶过来见其死状，抱尸痛哭："痴儿何至此邪！"下令厚葬，德昭死时年仅29岁。两年以后，德芳又不明不白地死去，年仅23岁。于是，威胁太宗皇位的两大"隐患"被消除了。

廷美之死

德昭兄弟死后，对皇位能构成威胁的就只剩下魏王廷美了。太宗虽然不敢明目张胆地对廷美下手，但只有除掉其弟，才能保证将皇位传给自己的子孙。为此，太宗绞尽脑汁，于是便想到赵普。赵普在自己政治生涯遭受危机之时因提醒太宗不可"一误再误"而复出为相，自然知道日后该怎么做，况且为了打击一向排挤自己的政敌卢多逊，即使廷美一向与赵普并无过节儿，赵普也无情地对廷美下手了。

赵普命人将卢多逊私遣堂吏交通廷美之事上奏皇帝，说卢多逊盼太宗早日晏驾，廷美就能继位，廷美还送卢多逊弓箭等物。太宗大怒，借题发挥，严惩卢多逊及其同党。后又有大臣王溥等74人联名状告卢多逊及廷美怨望诅咒，大逆不道。卢多逊被削夺官爵，其同党不少被处死，廷美被勒归私第，其儿女不再称皇子皇女，女儿被取消公主称号。

赵普除掉卢多逊，太宗仍然不放心，担心廷美死灰复燃。恰好此时，开封知府李符落井下石，上言说廷美不思改过，反多怨望。于是，廷美被降为涪陵县公，"安置"到房州（今湖北省房县）。太宗还命人严加监管，限制廷美自由。廷美气愤难平，两年后便死在房州，时年38岁。

廷美死后，太宗便对外称廷美乃是乳母陈国夫人耿氏的儿子，并非杜太后所生，这样就彻底将廷美排除在皇位之外。当时，杜太后早已去世，太宗兄弟也只剩下他一人，太宗所言也无人反驳，因此，到底廷美是谁的儿子，恐怕也只有太宗自己最清楚了。

经过上述各种卑鄙的手段，太宗彻底清除了将皇位传给儿子的障碍。但是，太宗皇位继承人的挑选却并非一帆风顺。

元佐被废

太宗长子赵元佐（又名赵德崇）自幼聪明机警，长得又像太宗，颇为太宗喜欢。元佐有武艺，善骑射，还随太宗征太原、幽蓟。

太宗迫害廷美时，元佐颇为不满，力加营救，请免其罪，但未能成功。廷美死于房州，元佐得知此事，悲愤成疾，竟然发狂。左右仆从若有小错，元佐即以刀剑砍杀。后来，太宗命太医治理，才稍有好转。

然而，雍熙二年（985）重阳节，太宗召集几个儿子在宫苑中设宴饮酒作乐，因元佐病未痊愈，就没有派人请他。散宴后，陈王元佑（又名赵德明、赵元僖）去看望元佐。元佐得知设宴一事，极为生气，说："汝等与至尊宴射，而我不预焉，是为君父所弃也。"他怨气难平，到了半夜，索性放了一把火焚烧宫院。一时间，殿阁亭台，浓烟滚滚，火光冲天。太宗得知后，猜想可能是元佐所为，便命人查问，元佐具实以对。太宗怒不可遏，欲绝父子之情。众人求情无果，元佐被废为庶人。有人说元佐是在装狂，以表示对父亲的不满和对皇位的拒绝。

太宗去世后，其妻明德皇后李氏曾打算立元佐为帝，但元佐并不知情，所以未受牵连。元佐的同母弟弟赵恒（又名赵德昌、赵元休、赵元侃）继位后对元佐甚好，还努力帮他治病，只是元佐在赵恒做了皇帝后，终生未见他。元佐于仁宗天圣五年（1027）去世，享年63岁。在真宗继位后，元佐竟能安享富贵达30年之久，实在是幸运。

元僖暴死

在元佐焚宫这件事中，有一特殊人物不得不说，即陈王元佑。宴会后，元佑去元佐府中，不知说了什么，竟惹得元佐纵火焚宫，而后太宗又知元佐宫中起火并非偶然，此事难以查明。但元佐被废后，雍熙三年（986）七月，元佑改名为元僖，并封开封府尹兼侍中，成了准皇储。

同年，雍熙北伐失利。赵普上著名的《谏雍熙北伐》奏疏，颇得太宗嘉赏。后来，元僖也上疏论及伐辽之事，为太宗采纳。太宗、元僖和赵普在处理对辽事宜方面有了很多的共识。而元僖见太宗优待赵普，便与赵普交好，更是上疏建议太宗重新任用赵普为相。端拱元年（988），赵普第三次为相，威权一时又振。竭力支持和拉拢赵普的陈王元僖也进封许王，更加巩固了皇储地位。赵普罢相后，元僖又与宰相吕蒙正关系密切起来。

然而，事不如人愿。淳化三年（992）十一月，元僖早朝回府，便觉得身体不适，不久便去世了。太宗极为悲伤，还写下了《思亡子诗》。元僖之死，是其侍妾张氏下毒所致。元僖不喜正妻李氏，宠爱张氏。张氏欲下毒毒杀李氏，却不慎毒死了元僖。后来，太宗发现受元僖宠爱的张氏曾做出过很多僭越礼制之事，而元僖却一无所知，于是对元僖大为不满，遂降低了其葬礼的规格，还惩罚了很多官员。

元僖本得太宗喜爱，又与宰相交好，朝中还有不少大臣建议立他为太子，本是春风得意之时，却死于非命，而死后又被太宗所厌，实是可叹。

立储传位

元佐被废，元僖暴死，太宗因在高粱河之战中受伤，晚年被箭疾所扰，也知该立储君，便就此事询问寇准。在寇准建议下，襄王赵元侃被立为太子，改名为赵恒，不过太子本人却整日提心吊胆。

太宗册立太子，大赦天下，京师之人见到太子都欢呼为"真社稷之主也"，太宗得知后很不高兴，马上召见寇准说："四海心属太子，欲置我何地？"皇帝尚在世，太子如此深得人心，自然为皇帝所忌，有哪个皇帝不希望权力都为自己所操控呢？况且此前在安史之乱中，就有太子李亨遥拜唐玄宗为太上皇而自立为帝之事，尤其是五代以来，子侄逼宫之事更是史不绝书，因此，太宗心中自然不痛快。幸得寇准说："官家择所以付神器者，顾得社稷之主，乃万世之福也。"太宗听后才消气。

随着病情加重，宋太宗又开始担心太子能否顺得继位。在此情况下，大臣吕端被推到了风口浪尖之上。吕端为相时已61岁，担任宰相前，他在地方和京城都做过官。吕端为人稳重、镇静，又信奉黄老思想，这与太宗晚年追奉清静无为的政治信仰相符合，因此，吕端颇得太宗赏识。据说在重用吕端之前，太宗曾写过《钓鱼诗》，诗云："欲饵金钩深未达，磻溪须问钓鱼人。"这是太宗以周文王自诩,而将吕端比作姜太公。当时,曾有人反对用吕端为相,说他为人糊涂,太宗说:"吕端小事糊涂,大事不糊涂。"坚持用吕端为相,而吕端也不负所托。至道三年(997)三月,太宗驾崩,李皇后与宦官王继恩等人企图撇开太子赵恒,另立元佐为帝,幸得吕端处置得当,才得以保证赵恒登基,便是后来的真宗皇帝。一代君主宋太宗去世,标志着宋朝开创局面的结束,守成时代的到来。

第三章

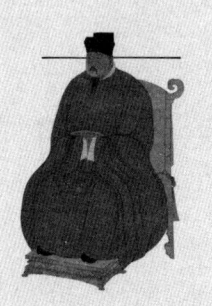

真宗赵恒：咸平元年（998）—乾兴元年（1022）

真宗赵恒档案

姓名：赵恒（又名赵德昌、赵元休、赵元侃）		出生：开宝元年（968）十二月二日	
属相：龙		去世：乾兴元年（1022）二月二十日	
享年：55岁		谥号：应符稽古神功让德文明武定章圣元孝皇帝	
庙号：真宗		陵寝：永定陵（今河南省巩义市）	
父亲：太宗赵匡义		母亲：李皇后（元德皇后）	
初婚：18岁		配偶：潘皇后、郭皇后、刘皇后、李皇后、杨皇后	
子女：6子、2女		继承人：仁宗赵祯	
最得意：泰山封禅		最失意：澶渊之盟	
最不幸：常年病痛缠身		最痛心：多名子女夭折	
最擅长：装神弄鬼			

宋真宗，名赵恒（968—1022），曾名赵德昌、赵元休、赵元侃，生于开宝元年（968）十二月二日，太宗第三子，至道元年（995）被立为太子。至道三年（997）太宗去世，真宗登皇帝位。乾兴元年（1022）二月二十日去世，享年55岁，在位26年，葬于永定陵。

真宗不是太宗的长子，母亲也不是皇后，原本没有资格继承皇位。当大哥赵元佐发疯、二哥赵元僖暴死之后，轮到了赵恒继承皇位。真宗继位之初，勤于政事，分全国为15路，各路转运使轮流进京述职，蠲免五代以来的欠税。但是与久经沙场的太祖、太宗不同，从小生活在深宫中的赵恒性格较为懦弱，缺乏开拓创新的决心和勇气，在他看来，坚持太宗晚年推崇的黄老无为思想，继续守成的局面是最好的选择。宋辽签订澶渊之盟后，真宗在政治上没有什么作为，反而致力于封祀之事，粉饰太平，广建宫观，劳民伤财，使得宋王

朝的"内忧外患"日趋严重。

一、和平降临：澶渊之盟背后的故事

自太宗雍熙北伐惨败后，北宋对辽国就一直心存畏惧，逐渐由主动进攻转为被动防御，相反，辽国对北宋却是步步紧逼，不断南下侵扰。自咸平二年（999）开始，辽国陆续派兵在边境挑衅，掠夺财物，屠杀百姓，给边境地区的居民带来了巨大灾难。虽然宋军在杨延昭、杨嗣等将领率领下，积极抵抗辽军的入侵，但辽国骑兵进退速度极快，战术灵活，给北宋边防带来的压力日益增大。

真宗朝著名宰相寇准，对宋辽关系产生了很大的影响。寇准（961—1023），华州下邽（今陕西省渭南市北）人，在很多文学作品中常被戏称为"寇老西儿"。寇准不到20岁就考中进士，仕途比较顺利，为人生性豪爽，不拘小节，是个很有个性的人。太宗时期，有一次在大殿奏事，寇准的话很不符合太宗的心意，太宗愤而离去，寇准居然不顾君臣之礼，竟扯住太宗的衣服不让他离开，太宗被他搞得极为尴尬。或许正是因为寇准的直率，太宗才比较信任他，在立太子等国家大事方面也征求他的意见，真宗能顺利登上皇位也有他的一份功劳。因此，真宗非常信任寇准，后来任命他为宰相。

景德元年（1004）闰九月，辽国萧太后和圣宗亲率大军南下，深入宋境，围攻定州（今河北省定州市），来势汹汹。此消息传至京城，朝野震惊，真宗急召群臣商量对策，主和、主战两派各持己见，莫衷一是。王钦若、陈尧叟等人主张迁都金陵（今江苏省南京市）或成都避难，而宰相寇准则力排众议，坚决要求真宗北上亲征，以安定民心，鼓舞士气，击退辽军的进攻。宰相毕士安、大将高琼等人也竭力反对南迁，原想一逃了之的真宗极不情愿地把南迁计划压了下来。为了防止王钦若再向真宗进言，寇准便把王钦若调离京城，出任地方官，朝廷中的主迁派失去了核心人物，懦弱的真宗没有了得力大臣的支持，终于决定亲征，却迟迟不肯出发。

为了催促真宗早日启程亲征，寇准颇费了一番心思。前线战事日趋紧急，急报一封接着一封发到朝廷，寇准故意扣留下来，先不让真宗知道，等积多了一并呈给真宗看。真宗一见这么多急报就慌了手脚，忙问寇准该怎么办。寇准不紧不慢地说："官家是想尽快解决此事呢，还是想慢慢来？"真宗当然是想尽快解决。于是寇准夸下海口：只要官家御驾亲征，此事五日之内就能解决。真宗无奈之下，只得同意立即出征。此后，朝廷确定了亲征的相关事宜，安排雍王赵元份（又名赵德严、赵元俊）留守京城，真宗于十一月二十日出发亲征。

两天之后，真宗一行抵达韦城（今河南省滑县东南），但前方战况不明，大将王超的部队又没有按照事先约定南下接应，真宗开始犹豫，是否按原计划继续北上。此时随行的官员中，有人主张尽快撤退到金陵，也有些人主张撤回京城。寇准则坚决反对撤退，他对真宗说："官家现在只能前进，不能后退！河北诸军日夜盼望官家到来，若是现在撤退，军心必然大乱，辽军趁势前来攻打，恐怕到不了金陵就成了辽军的俘虏。"真宗听后大惊失色，加之有其父太宗亲征失利的前车之鉴，于是不敢再提撤退之事。

与此同时，辽军继续南下，其主力早于真宗到达澶州（今河南省濮阳县）城下。宋朝大军行动迟缓，十一月二十五日才到达澶州南城。澶州以黄河为界，分南、北两城，南城相对较为安全。真宗看到河对岸烟尘滚滚，就想留在南城，不去北城。寇准劝真宗："宋军的主力都在北城，官家如果不去北城，亲征就没有任何意义了。再说各路大军已经陆续到达澶州，不会有什么危险。"高琼也劝真宗过河，不等真宗同意，高琼就催促卫兵们护送真宗前进，真宗勉强到了北城，在城楼上召见了各军将领。宋军将士看到城楼上的黄龙旗，得知皇帝到了，立即高呼万岁，士气大振。

巡视完毕，真宗把军事大权交付给寇准，他相信寇准的能力，而生性懦弱的真宗内心还是颇为忐忑，生怕出现意外。其实寇准等人内心的忧虑绝不亚于真宗，只是不能表露出来而已。为了稳住真宗，寇准每日与知制诰杨亿等人饮酒作乐，装出毫不在意的模样。真宗看到寇准胸有成竹的样子，情绪才逐渐稳定下来。

宋、辽双方在澶州相持了十余日，军事形势本来对宋军相当有利，宋军坚守辽军背后的城镇，又在澶州城下射死辽军统帅萧挞凛。辽军唯恐腹背受敌，于是秘密派人来求和。真宗此前就一直优柔寡断，并没有与辽军一决胜负的信心，早在亲征之前，真宗就曾经暗中派遣曹利用前往辽营议和，只是因为战事激烈，曹利用一直未能到达辽营。辽国主动提出议和，正中真宗下怀，于是急忙催促曹利用前去议和。

经过几番交涉，两国最终议和成功，和约规定：北宋每年输送给辽国绢20万匹，银10万两；双方为兄弟之国。因该盟约在澶州签订，其西有湖泊曰澶渊，澶州亦名澶渊郡，故史称"澶渊之盟"。

据说曹利用在议和之前曾面见真宗，询问给辽国财物的数量限度。真宗提出了可以接受的底线——100万。寇准知道后威胁曹利用："皇上虽然说可以给

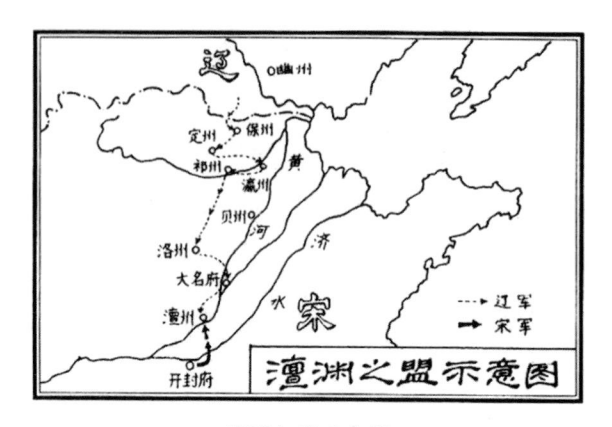

澶渊之盟示意图

100万，但是你要是超过30万，回来我就砍你的头。"曹利用最后果真以30万代价谈判成功。曹利用回来之后，真宗派宦官去问他答应给辽多少钱物。曹利用没有回答，只伸出三个手指。来人回去告诉真宗，曹利用伸出三个手指，估计是300万吧。真宗惊叫："太多了！"逐渐冷静下来后，真宗居然认可了如此巨大的赔付数额："能了结此事，300万就300万吧。"等到召见之时，曹利用只是一味谢罪，真宗问他到底许给辽朝多少财物，曹利用说许了30万。真宗大喜，重重奖赏了曹利用。

澶渊之盟是宋真宗在有利的军事形势下屈辱求和的结果，对宋而言，这是丧权辱国的和约，不仅燕云十六州的失地未能收回，而且要输金纳绢以求辽国不再南侵，此后辽更不断需索，使北宋国威扫地。但对宋辽双方而言，澶渊之盟以后，大致保持了百余年之和平，对两国之间的贸易关系、民间交往和各民族之间的融合不无好处。

二、粉饰太平：天书与封祀闹剧

澶渊之盟签订以后，真宗大大地松了一口气，宋朝虽然赔了一些财物，但换来宋辽两国的相安无事，在真宗看来是值得的。对当时力主亲征的寇准，真宗也心存感激，因此在战后一段时期内，真宗对寇准言听计从，这种情况引起了王钦若的嫉妒和不满。

王钦若身材瘦小，脖子上长有肉瘤，被戏称为"瘿相"。他善于揣测真宗的意图，极尽巴结奉承之能事，颇受真宗宠信。早在真宗当太子时，王钦若就曾鼎力帮助他渡过难关。至道二年（996），开封府所属17县都因为遭灾被免了税。有人上报太宗，说开封府夸大灾情，意图收买人心。生性多疑的太宗对这件事非常重视，立即派人去调查此事。真宗当时兼任开封府尹一职，如果调查属实，对真宗无疑会带来极为不利的影响，甚至是毁灭性的打击。幸好负责调查的官员回来说灾情属实，其中有一位叫王钦若的官员还声称，有几个县的灾情比上报的还要严重，太宗才放心。真宗了解事情的经过后，十分感激王钦若，若干年后提及此事，对王钦若还大加赞赏。事实上，王钦若是个欺上瞒下、阿谀奉承之人。真宗派王钦若、杨亿等人负责主持《册府元龟》一书的编撰工作。真宗非常重视此书的编写，经常亲自审稿。凡是真宗赏识的部分，王钦若就设法让真宗知道是自己写的；凡是真宗批评或是不满意的部分，他就设法让真宗认为是杨亿等人所为。其实就文才而言，王钦若无论如何是不能与当时文坛领军人物杨亿相提并论的。通过这些或明或暗的手腕，王钦若逐渐成为真宗最为赏识的大臣之一。

一天退朝，真宗目送寇准离开，王钦若对真宗说："官家尊敬寇准，是认为他对国家有非凡的功劳吗？"真宗点头称是。王钦若说："澶州一役，官家不以为耻，反而认为是寇准的功劳，臣实在不解。"真宗愕然，忙问王钦若为什么这么说。王钦若说："签订这种城下之盟，春秋时期的小国都感到羞耻，官家是大国天子，反而与外夷议和，这不是很可耻的事情吗？"真宗脸色一变，极不是滋味。王钦若又进一步说："澶州之役，有个极恰当的比喻，犹如赌博，赌徒快输光了，就把剩下所有的钱都拿出来下注，这叫作孤注一掷。寇准就是把官家当作这孤注，用您的性命来做最后一搏！"本就懦弱的真宗顿觉如五雷轰顶，原来寇准竟然如此不顾自己的安危。这本来是王钦若挑拨离间，目的无非是陷害寇准，但真宗居然以为言之有理，于是渐渐疏远寇准，最后找了个借口罢免了他的宰相职务。

王钦若的一番话，使得真宗越想越窝囊。于是他找来王钦若，问他有什么办法可以洗雪耻辱。王钦若知道真宗无心打仗，便故意对真宗说："要想雪耻，官家可以再次出兵，夺回燕云十六州。"真宗哪里还敢与辽朝作战，只好找借口说不想让百姓再受战争之苦，问他有无其他良策。王钦若顺水推舟："官家不愿打仗，唯有进行封禅，才可以使四海膺服。但是自古以来，一般是先有祥瑞之事，或是建立了很大的功勋，才会封禅。"真宗低头不语，王钦若又说："天降祥瑞，原本不易。但是古来的祥瑞，有几件是真的呢？虽是人力所造，但只要官家相信，就与真的无异。"这番话显然是在诱使真宗人为地创造条件。真宗拿不定主意，担心宰相王旦会反对。王钦若说："我把官家的意思告诉王旦，他不会反对。"

王旦出身名门，老成持重，主张严守祖宗之法，深得真宗信任。景德三年（1006），王旦被任命为宰相，在相位长达12年之久。王旦行事谨慎，能顾全大局。真宗亲征澶州时，王旦随行，由于负责留守京城的雍王赵元份突然去世，真宗命他回京城处理善后事务，王旦特意将寇准叫到真宗面前，问真宗："如果十日之后接不到捷报，应当如何？"真宗沉默良久，说："立皇太子。"实际上，这是把江山社稷托付给了王旦，可见真宗对他深信不疑。王旦也颇有宰相的风范，知人善任，不计个人恩怨，举荐了许多德才兼备的人才。寇准多次抨击王旦，但王旦并不计较这些，还常常在真宗面前称赞寇准。寇准被罢枢密使后，私下托人去求王旦，希望能得到使相之职。王旦故作惊讶地说："使相之职，岂是可以私下求人得到的吗？"寇准为此对王旦十分不满。后来寇准被授予使相之职，他十分高兴地对真宗说："如果不是官家，我怎么能获得此种殊荣呢？"真宗告诉他这是王旦推荐的结果。寇准听后深表惭愧，自叹不如。真宗、寇准等人都十分敬佩王旦的为人，凡事都与他商量。

王钦若把真宗的意图告知王旦，王旦心中虽然很不情愿，但最终还是勉强同意了。尽管如此，真宗仍然顾虑重重，没有下定决心。一日，真宗遇到精通儒学的杜镐，就问他古时候"河出图，洛出书"之类的典故，杜镐说那是圣人以神道教导世人的做法。杜镐与王钦若的话如出一辙，真宗就不再犹豫了。第二天，真宗便将王旦召入宫中，特别赐宴。宴会结束，真宗又赐给王旦一个酒坛，并特地提醒他："这酒很好喝，拿回去与夫人共享吧。"王旦回到家，打开酒坛，却发现里面装满了稀有的珍珠。王旦明白了，王钦若跟他谈论过的事情，就要实行了，真宗是要用这些珍珠堵住自己的嘴。

大中祥符元年（1008）一月三日，有人奏报左承天门门楼南角挂着一块黄绢。真宗一面派人前去察看，一面跟群臣说："去年十一月的一天夜里，朕刚要就寝，忽然满屋放光。朕正在惊讶，忽然看见一位神仙，穿着红衣，戴着闪烁星光的帽子。他对朕说：'你应该在正殿做黄箓道场一个月，上天将降赐天书《大中祥符》三篇。'朕正要详问，这神仙就消失了。于是朕就按照这位神仙的建议在建元殿建了黄箓道场，已经一月有余了，朕都没有撤去。莫非这是天书？"奉命察看的使者回来报告，那黄绢长约两丈，系着像书卷一样的东西，外面用青绳缠着，封处隐隐有字。真宗装出一副吃惊的样子："这一定是天书了！"于是王旦等人齐集殿阶，跪拜称贺。真宗率领文武大臣，前往承天门迎接天书。

到承天门后，真宗先对着黄绢行礼，然后命人到屋顶上把它取下来。王旦接过跪下，献于真宗，真宗又拜了三拜，接了过来，把黄绢送至黄箓道场，命陈尧叟启封。陈尧叟先读黄绢上的文字："赵受命，兴于宋，付于恒。居其器，守于正。世七百，九九定。"打开黄绢，里面有天书三幅，语句类似《尚书·洪范》《道德经》。天书第一幅称赞真宗能以孝道和仁政治理国家，第二幅告诫真宗要清静节俭，第三幅祝赵宋天下国运昌盛永远延续。读完天书，真宗跪受，把天书收于一个金匮之中。次日，真宗在崇政殿接受百官的祝贺，遣官祭告天地宗庙社稷，大赦天下。

天书降临不久，兖州（今山东省济宁市兖州区）百姓一千余人赴京，请求真宗到泰山封禅。真宗亲自接见了他们，并赐给他们钱物。真宗故意推辞，说封禅是大事，不能轻易决定。此后，官员、赴京赶考的举子、军队官兵、少数民族首领、僧人道士等纷纷向真宗上书，请求封禅。真宗都没有同意。四月一日，皇宫内又发现了第二份天书，内容与前一份相同。这一次，真宗终于下诏宣布十月份前往泰山举行封禅大典。

《景德四图·北寨宴射》

在紧张筹备封禅大典的过程中，各地不断传来出现"祥瑞"的消息。时而某地长出巨大的灵芝，时而某处仙鹤飞翔。来自泰山的祥瑞最多，这些都是由在泰山准备封禅事宜的王钦若和赵安仁等人一手炮制的。比如泰山附近出现了"苍龙"，泰山上的王母池水变成了紫色，等等。最大的祥瑞是泰山上也出现了天书，据王钦若所报，泰山脚下的一个叫董祚的木匠在醴泉亭北面发现了一块黄绸子，上面有字，于是他把绸子交给了皇城使（负责皇城警卫的官员）王居正。王居正看到上面有皇上的御名，就马上通知了王钦若。真宗得知后，亲自将天书迎入宫中。

十月四日，封禅队伍浩浩荡荡地出发了。天书用玉辂载着，由专人护送，走在队伍的最前面。真宗头戴通天冠、身穿绛纱袍跟在天书的后面。经过17天，真宗到达泰山。

十月二十四日，封禅仪式正式举行。真宗身着华贵的礼服，享祀昊天上帝，左陈天书，陪以太祖、太宗灵位。然后命群臣在泰山下享祀五方帝以及诸路神灵。礼成之后，由王旦亲自将盛玉册、玉牒的金匮、玉匮封好，放进事先准备好的石匮中。山上山下的官员、百姓高呼万岁，封禅仪式宣告结束。第二天，真宗又在附近的社首山举行"禅地祇"的仪式，其过程大致与封泰山相同。

在澶渊之盟签订后的十几年间，国家相对稳定，正是整理内政、发展生产的大好时机，而真宗却把主要精力放在装神弄鬼、东封西祀之类的事情上，不仅耗费了大量人力、物力，而且无暇顾及朝政，进而积攒下许多社会问题，给后世留下了巨大隐患。

三、寇准丁谓之争：宫廷内外的较量

真宗晚年，朝中官员分成两派进行着激烈的政治斗争。一派是以寇准为

首，有李迪、王曾、杨亿以及宦官周怀政等人，另一派是以刘皇后、丁谓为首，包括曹利用、钱惟演等人。

如前所述，王钦若向真宗进谗言，寇准被罢宰相之职，出任地方官。此时真宗正热衷于封禅，寇准虽已被贬，但十分配合真宗自欺欺人的迷信活动。他不仅主动要求参加封禅大典，还向真宗汇报辖地乾佑山出现"天书"，于是真宗逐渐恢复了对他的信任。天禧三年（1019），王钦若罢相之后，真宗再次任命寇准为宰相，同时，丁谓被任命为参知政事（相当于副宰相）。

丁谓原本是靠寇准推荐才得到重用的，因迎合真宗搞天书降临、建宫观而深得真宗信任，因而丁谓对寇准毕恭毕敬。一次宴会时，寇准的胡须沾上了菜汤，丁谓亲自帮寇准整理干净。寇准鄙视地笑着讽刺他，参知政事是国家的重臣，竟然为上司捋胡子！弄得丁谓下不了台，从此怀恨在心。丁谓很有才华，精通琴棋书画，但心术不正，为人奸诈。一日，真宗赏给八位大臣每人一条玉带，而库房里只剩下七条，真宗就拿自己所用的一条补上。丁谓很想得到真宗佩戴的那条，但又不便明说，于是他留下真宗那条玉带，把库房那七条分发给其他七位大臣。几天后，大臣们前去谢恩，真宗看到丁谓没有佩戴新的玉带，很是奇怪。丁谓假惺惺地说："我已经有玉带了，官家赏赐的那条太珍贵，我不敢要，准备还给官家。"真宗听了很感动，就把那条玉带赐给了丁谓。丁谓得到了自己想要的东西，还给真宗留下了为人坦诚的良好印象。

天禧四年（1020），真宗病情恶化，几乎无力处理国家大事，朝廷出现权力真空。于是两派政治力量围绕各自权力和利益展开了激烈的争夺。随着病情加剧，真宗预感到了某种不祥之兆，于是找宦官周怀政商议后事，准备由太子监国。周怀政与寇准关系密切，便把真宗的意思告诉了他。于是寇准秘密面见真宗，希望能让太子监国，同时还请求罢免丁谓，真宗同意了。

寇准找杨亿草拟诏书。杨亿深知此事关系重大，起草诏书时连身边服侍的人都不让靠近，但寇准贪杯，酒后泄露了机密。

丁谓得知此事后，决定联合刘皇后，反击寇准。刘皇后原本中立，并不倾向于任何一派。寇准为人正直，不屑于刻意奉承刘皇后。曾经有人状告富商王蒙正霸占别人的盐井，寇准主张严惩王蒙正，而王蒙正和刘皇后之兄刘美（实为刘皇后前夫龚美）是儿女亲家，刘皇后自然对寇准极为不满。相反，丁谓意识到了刘皇后地位和权力的重要性，因而千方百计地加以巴结。此次寇准秘密谋划让太子监国，事先完全未与刘皇后商量，终于激怒了刘皇后。刘皇后与丁谓、钱惟演等人联手，秘密策划弹劾寇准。

由于病情时好时坏，真宗的情绪不稳定，原本懦弱的性格此时更加脆弱，容易受身边人的左右，丁谓等人利用真宗的病情，经常在他面前进谗言。商量好对付寇准等人的计划后，丁谓和曹利用等人面见真宗，要求罢免寇准，刘皇后从旁支持。据史书记载，真宗因为生病，竟然忘记了与寇准的约定，同意了丁谓等人的要求。但究竟真宗是因为生病，还是迫于后党的压力而同意丁谓等人的要求，现在已不得而知。天禧四年七月，寇准被罢免宰相。丁谓等人想把寇准赶出京城，以绝后患，但真宗没有同意。这表明真宗似乎依然眷顾并信赖寇准，并无要彻底抛弃他的想法。直到发生周怀政事件，寇准的处境才急转直下。

周怀政原是太宗从战场上捡来的孤儿，在真宗朝中后期颇得真宗信任。在"天书降临"事件中，周怀政就是登梯子到屋顶取天书的那个宦官。在东封西祀过程中，周怀政也格外卖力。真宗东封泰山，周怀政奉命主持修建工程，其后屡次监修宫观。真宗非常信任他，甚至安排周怀政照顾自己唯一的儿子赵祯。同时，周怀政与寇准私人关系十分密切。

寇准被贬之后，周怀政自然成了刘皇后、丁谓等人的眼中钉。为了保住寇准的地位，保全自己的身家性命，周怀政不遗余力地争取让真宗收回成命。

但在刘皇后、丁谓的阻挠之下，周怀政无法见到真宗，处于孤立无援的境地。在这种情况下，周怀政做了最坏的打算，与其被动地等着刘皇后等人收拾自己，不如冒险发动一次政变，杀死丁谓，重新让寇准做宰相，让太子登基，真宗做太上皇。于是周怀政秘密联络杨崇勋、杨怀吉、杨怀玉等人，准备在七月二十五日起事。然而，在事发前一天晚上，杨崇勋、杨怀吉突然反悔，到丁谓那里去告密。丁谓半夜赶到曹利用家商议对付周怀政的办法。第二天清晨，曹利用就入宫逮捕了周怀政，这次尚未发动的政变宣告失败。最后，周怀政被真宗处斩。

丁谓又与刘皇后合谋，揭发当年寇准上报的"乾佑天书"是寇准、周怀政、朱能等人搞出来的骗局。真宗下令逮捕朱能等人。朱能狗急跳墙，杀死朝廷派来的使者，率众叛乱，后被镇压，朱能自缢而死。

周怀政及"乾佑天书"案牵连了许多人。寇准既是周怀政一贯支持的宰相，又是"乾佑天书"的始作俑者，自然会受到严厉的惩罚。他先被贬到安州（今湖北省安陆市），最后又被贬到道州（今湖南省永州市道县）。真宗去世后，他又被贬到雷州（今广东省湛江市南），不久死在那里。凡是与寇准关系密切的官员都受到牵连，寇准的女婿王曙、枢密副使周起等一批官员和宦官被贬职外放，其中追随朱能的军官刘益等11人被活活钉在木桩上示众三天，然后被砍下四肢，再砍头处死，另外多人被处死、流放、充军。

排挤了寇准等人，丁谓的地位更加巩固。但是丁谓与刘皇后的联盟是非常短暂的。真宗去世后，就发生了雷允恭事件。雷允恭也是真宗身边的一个宦官，因为揭发周怀政而得宠。他与刘皇后、丁谓的关系都比较密切，是两人之间的联络人。真宗去世后，雷允恭负责修建真宗的陵墓，仗着刘太后、丁谓这些掌控朝政的靠山，他竟然擅自移动皇陵的位置，最后导致无法按时完工。刘太后大怒，不顾丁谓的劝阻，处死了雷允恭。刘太后与丁谓之间的关系出现了难以弥合的裂痕。早就想除掉丁谓的王曾抓住这个机会，单独面见刘太后，指控丁谓的罪行，并成功地说服了刘太后，丁谓被贬出京城，罪名是与雷允恭勾结，祸乱朝廷。后来又被贬到崖州（今海南三亚崖州区），此后再也没有回到朝中。

丁谓被贬之后，王曾晋升为宰相，但他并不赞同真宗尊神崇道那一套做法，他与冯拯、张知白等人试图改变这种风气。那些伪造的"天书"，在王曾的建议下，也随真宗一起埋于地下。为了答谢"天书"的降临而修建的玉清昭应宫后来也在一次大火中焚毁，刘太后决定不再重建，真宗与丁谓等人合谋导演的一出出闹剧终于落幕了。

四、幕后的女人：温柔而强悍的刘太后

真宗先后有三位皇后，第一位妻子潘氏是名将潘美第八个女儿，在真宗继位之前就去世了，后被追封为皇后。郭氏是真宗第二任妻子，真宗继位后封为皇后，景德三年（1006）去世。真宗第三位皇后，就是著名的刘皇后。真宗去世之后，刘皇后垂帘听政，把持朝政达11年之久。作为宋代八位摄政皇后之第一人，这位对北宋政局产生过重要影响的皇后，一生颇具传奇色彩。

刘氏（一说本名刘娥）是四川成都人，生于开宝二年（969）。刘氏出身贫寒，从小父亲就死了，跟随外祖母家的亲戚四处流浪，十几岁时就嫁给银匠龚美为妻。后来，龚美带着刘氏到京城做生意。龚美生意不好，走投无路，就想把刘氏卖掉。

真宗（当时还是襄王）的幕僚张旻见过刘氏后，觉得她聪慧貌美，想起真宗曾说起想纳一个四川女子做侍妾，于是张旻就安排两人见面。真宗见到刘氏后非常满意，便把她买了下来。刘氏颇得真宗的欢心，两人如胶似漆，

形影不离。其父太宗知道此事后大怒，勒令真宗把刘氏逐出襄王府。父命难违，但真宗实在舍不得刘氏，于是偷偷把刘氏寄养在张旻家。张旻安排家人悉心照顾刘氏，自己为了避嫌，每天睡在襄王府，以免招致不必要的怀疑，甚至是杀身之祸。

真宗做了皇帝之后，仍然没有忘记刘氏，就把她接到了皇宫，疼爱依旧。刘氏在宫中的地位不断上升，大中祥符五年（1012）已经升为德妃（正一品）。当时郭皇后已经去世，在后宫中，刘氏的地位最高，离皇后只有一步之遥。

刘氏不仅温柔美丽，且生性机敏，通晓书史，对国家大事也颇具见识。真宗批阅文件，刘氏常陪伴左右。凡有疑难，刘氏总能提供恰当的建议，因而深得真宗信任。在郭皇后去世之后，真宗有意立刘氏为后，但他也知道刘氏的出身是最大的障碍。

真宗拿不定主意，就找参知政事赵安仁商量。因为刘氏的出身卑微，赵安仁反对立她为皇后。真宗听了很不高兴。第二天又找王钦若商量，并把赵安仁的意见告诉了他。王钦若对真宗说："官家不如问问赵安仁，看他认为应该立谁为皇后。"改天，真宗问赵安仁该立何人为皇后，赵安仁建议："德妃沈氏是前朝宰相沈义伦的后人，可以做皇后。"真宗次日跟王钦若说明了赵安仁的意见，王钦若说："官家不说，我也知道他会这样说，赵安仁过去曾经做过沈义伦的门客！"真宗觉得赵安仁徇私，就罢免了他的官，下决心立刘氏为后。但刘氏为人处事颇为谨慎。当真宗决定立她为后时，宰相王旦忽然请病假，刘氏担心王旦持反对意见，就劝说真宗推迟此事。后来王旦上疏表示同意立刘氏为后，这件事情才最终确定下来。

大中祥符五年十二月二十四日，刘氏正式被册立为皇后。刘氏由银匠之妻成为一国的皇后，绝非单单因为美貌。此时的刘氏已经40多岁，早已过了花样年华，吸引真宗的是她的智慧、能力。精明能干的刘氏把后宫的事务处理得井井有条，同时在朝政方面能给真宗以帮助，真宗十分信任这个陪伴他多年的枕边人，甚至有一点依赖她。当真宗的身体状况日趋恶化时，刘氏便顺理成章地帮丈夫处理朝廷日常政务，裁定重要的军国大事。另外，刘氏的前夫龚美将自己的妻子卖给真宗之后，也留在真宗身边为其效力。真宗继位后，龚美改姓刘，与刘氏兄妹相称。由于刘氏的关系，龚美此后平步青云，逐渐掌握了京城军权，成为刘氏最为得力的助手之一。真宗统治晚期，刘氏权力越来越大，成为实际上的统治者，其一举一动，对当时的政局，尤其是寇准、丁谓两派之间的斗争，产生了决定性的影响。

刘氏虽受真宗宠爱，自己却没有生下一儿半女。正巧，真宗看上了刘氏宫里的一个侍女李氏，受到真宗宠幸的李氏于大中祥符三年（1010）产下一子（也就是后来的仁宗）。当时刘氏还没有被封为皇后，她可能认识到自己不会再有孩子了，于是接受了李氏的这个孩子，由她和另外一个嫔妃杨氏共同抚养，严禁宫人向孩子说明真相。真宗很宠爱刘氏，默许她抱养李氏之子。拥有子嗣，对刘氏能册立为皇后，以及真宗死后顺利垂帘听政具有重要的意义。聪明的刘氏十分明白儿子对她的重要性，不管是出于真心还是假意，刘氏都充当了一个合格母亲的角色，细心地抚育皇子赵受益（即赵祯），母子感情十分融洽。这位皇子从小就叫刘氏"大娘娘"，叫杨氏"小娘娘"，一直认为刘氏就是自己的亲生母亲，直到刘氏去世后，他才知道真相。

真宗先后有五个儿子，但都陆续夭折。赵受益的降生，使真宗中年得子。真宗自然喜出望外，向来十分疼爱他。等到赵受益年纪稍大一点，真宗就细心地为他挑选侍读，关注他的学业，培养他成为自己的接班人。天禧二年（1018）中秋节，真宗正式下诏册立8岁的赵受益为皇太子，并改名为赵祯。

乾兴元年（1022）二月，真宗病情急剧恶化。弥留之际，真宗放心不下年幼的太子，丁谓等人向真宗保证将全力辅佐太子，真宗这才稍稍安心。二月二十日，真宗于延庆殿驾崩，享年55岁。太子赵祯继位。遗诏规定：

尊刘皇后为皇太后，在仁宗成年之前代为处理军国大事。真宗时代结束之后，开始了长达 11 年的刘太后垂帘听政时代。

第四章

仁宗赵祯：天圣元年（1023）—嘉祐八年（1063）

仁宗赵祯档案

姓名：赵祯（又名赵受益）	出生：大中祥符三年（1010）四月十四日
属相：狗	去世：嘉祐八年（1063）三月二十九日
享年：54岁	谥号：体天法道极功全德神文圣武睿哲明孝皇帝
庙号：仁宗	陵寝：永昭陵（今河南省巩义市）
父亲：真宗赵恒	母亲：李宸妃
初婚：15岁	配偶：郭皇后、曹皇后、张皇后（谥号不详）、张皇后（温成皇后）
子女：3子、13女	继承人：英宗赵曙
最得意：狄青大胜而归	最失意：对西夏三战皆败
最不幸：生前未能与生母相认	最痛心：晚年未能得子
最擅长：知人善任	

　　宋仁宗赵祯（1010—1063），真宗之子。大中祥符三年（1010）出生，大中祥符八年（1015）封寿春郡王，天禧二年（1018）封升王，立为太子。乾兴元年（1022）继位，由刘太后垂帘听政，明道二年（1033）太后死，始亲政。仁宗在位42年，是两宋时期在位时间最长的皇帝。仁宗早年生活在养母刘太后阴影之下，作为一个守成之君，能守祖宗法度，性情文弱温厚，其武功谋略不及太祖、太宗，在与西夏王朝的长期对峙中表现平平，宋王朝屡战屡败，军事上处于弱势地位。然而，仁宗知人善任，也想解决当时社会存在的诸多弊端，提拔重用了一大批对当时和后世都产生重大影响的人物，因而其在位时期名臣辈出。总体而言，仁宗赵祯算是一个有所作为的皇帝，他的一生充满了悲剧色彩，但其中也不乏悲天悯人的情怀。

一、身世之谜:"狸猫换太子"的传说

关于宋仁宗赵祯的身世,有一种流传至今的说法,这就是"狸猫换太子"的故事,主人公的传奇经历几乎家喻户晓,妇孺皆知。清末成书的小说《三侠五义》称刘妃、李妃在真宗晚年同时怀孕,刘妃工于心计,为了争当正宫娘娘,将李妃所生之子换成了一只剥了皮的狸猫,污蔑李妃生下了妖孽。真宗大怒,将李妃打入冷宫,而将刘妃立为皇后。后来,天怒人怨,刘妃之子夭折,而李妃之子在经过波折后被立为太子,并登上皇位,这就是仁宗。在包拯的帮助下,仁宗得知真相,并与已双目失明的李妃相认,而已升为皇太后的刘妃则畏罪自缢而死。

自宋朝以来,由于小说、戏曲等各种为人们喜闻乐见的艺术形式的演绎,仁宗生母之谜日益鲜活生动,备受世人关注。尽管历朝历代增加、删改了不少真实或虚假的内容,戏曲和小说两种艺术形式中情节也不尽相同,然而,这一故事本身就是一件大案。仁宗究竟是真宗皇后刘氏之子,还是宫人李氏亲生,无论是小说,还是戏曲,几乎众口一词,认定仁宗是李氏所生,而非刘皇后之子。

事实也大体如此，李氏本是刘皇后做妃子时的侍女，庄重寡言，后来被真宗看中，成为后宫嫔妃之一。在李氏之前，真宗后妃曾经生过五个儿子，但都先后夭折。真宗处于无人继承皇位的难堪境地，心急如焚。据史书记载，李氏有身孕时，跟随真宗出游，不小心碰掉了玉钗。真宗心中暗卜道：玉钗若是完好，当生男孩。于是命左右取来，玉钗果然完好如初。这一传说从侧面反映出真宗求子若渴的迫切心态，也是真宗无奈之余求助神灵降子的真实写照。虽然不尽可信，但可以肯定的是，李氏后来的确产下一男婴。真宗中年得子，自然喜出望外。而这个男孩便是日后的仁宗赵祯，他还未来得及睁开眼睛记住自己亲生母亲的容颜，便在父皇真宗的默许下，被一直未能生育的刘氏据为己子，生母李氏慑于刘氏的权势，只能眼睁睁看着自己的孩子被别人夺去，却不敢流露出任何不满情绪，否则不仅会危害自身，也会给亲生儿子带来灾难。

乾兴元年（1022），13岁的仁宗继位，刘氏以皇太后身份垂帘听政，权倾朝野，作为一名女性，其行为已然突破了古代妇女不参政的传统。后人或许是出于男权意识，或许是基于正统观念，便将刘氏比作唐代的武则天，对她当政非议甚多。加上宋初有过兄终弟及的先例，而真宗又确有一个能干的弟弟泾王赵元俨，于是便出现了许多传闻，说刘氏在真宗临终时，以不正当手段排斥赵元俨，从而攫取了最高权力。最典型的一种说法称，在真宗病逝前最后一刻，真宗用手指了指自己的胸，又伸出五指，再展三指，以示意叩榻问疾的诸大臣。后有人臆测，当时真宗是想让自己的弟弟，也即小说戏文中知名度极高的"八千岁"元俨摄政并辅佐赵祯。但刘氏于事后派人对大臣解释说，官家所示，仅指三五日病可稍退，别无他意。泾王元俨闻听此事后，发现自己已然成为刘氏当权的障碍，为了避免遭到刘氏的残酷政治打击，他立即闭门谢客，不再参与朝中之事，直至刘氏去世，仁宗亲政。

然而，传闻毕竟不是事实。据可靠资料记载，真宗病危时，唯一不放心的就是自己年幼的儿子，生怕皇位落入他人之手。于是，他最后一次在寝殿召见了朝中大臣们，宰相丁谓代表文武百官在真宗面前信誓旦旦地做出承诺，皇太子聪明睿智，已经做好了继承大统的准备，群臣定会尽力辅佐。更何况有皇后居中制裁军国大事，天下太平，四方归服，倘若有人敢有异议，便是危害江山社稷，罪当万死。这实际上是向真宗保证将全力辅佐新皇帝，绝不容许有废立之心。真宗当时已经不能说话，只是点头微笑，表示满意。事实上，真宗晚年，刘氏的权势越来越大，基本上控制了朝政，再加上宰相丁谓等人的附和，因而真宗的担心并非毫无道理。为防患于未然，真宗留下遗诏，要"皇太后权同处分军国事"，相当于让刘氏掌握了最高权力。

这样，仁宗就在养母的权力阴影下一天天长大了。刘太后在世时，他一直不知先皇嫔妃中的李氏（仁宗继位后，刘太后将李氏由婉仪晋升为顺容）就是自己的亲生母亲，这大概与刘太后有直接关系，毕竟她在后宫及朝廷内外都能一手遮天。在这种情况下，恐怕不会有人冒着生命危险告诉仁宗身世秘密。明道二年（1033），垂帘听政十余年的刘太后病重，仁宗亲政，这个秘密也就逐渐公开了。至于是谁最早告诉仁宗实情的，现在已很难弄清楚，凡是那些与刘太后不和的人均有可能向仁宗说明真相，但可能性最大的当是"八千岁"皇叔赵元俨和杨太妃。赵元俨自真宗死后，过了十余年的隐居生活，闭门谢客，不理朝政，在仁宗亲政之际，赵元俨突然复出，并告以真相，应该是情理之中。杨太妃自仁宗幼年时期便一直照料其饮食起居，仁宗对她也极有感情，在宫中称刘皇后为"大娘娘"，呼杨太妃则为"小娘娘"，杨太妃在那样的政治环境中说出实情也是极有可能的。无论如何，仁宗了解了自己的身世。

蒙受了20多年的欺骗，生母也不明不白地死去。当仁宗知道自己的身世后，其震惊程度无异于天崩地陷。他抑制不住内心的悲伤，一面亲自乘坐牛车赶赴安放李妃灵柩的洪福院，一面派兵包围了刘太后的住宅，以便查清事实真相后做出处理。此时的仁宗不仅得知了自己的身世,而且听说自己的亲生母亲竟死于非命,于是,他一定要打开棺木查验真相。当棺木打开,只见以水银浸泡、尸身不坏的李妃安详地躺在棺木中,容貌如生,服饰华丽,仁宗这才叹道:"人言岂能信?"随即下令遣散了包围刘宅的兵士,并在刘太后遗像前焚香,道:"自今大娘娘平生分明矣。"言外之意就是刘太后是清白无辜的,她并没有谋害自己的亲生母亲。

其实,李氏是在临死时才被封为宸妃的,刘太后在李氏死后,最初是想秘而不宣,准备以一般宫人礼仪举办丧事。但宰相吕夷简力劝大权在握的刘太后,要想保全刘氏一门,就必须厚葬李氏,刘太后这才意识到问题的严重性,于是决定以高规格为李氏发丧。生母虽然厚葬,但未能冲淡仁宗对生母李氏的无限愧疚,他一定要让自己的母亲享受到生前未曾得到的名分。经过朝廷上下一番激烈争论,最终决定将真宗即位后册封的第一位皇后郭氏列于太庙之中,而另建一座奉慈庙分别供奉刘氏、李氏的牌位。刘氏被追谥为章献明肃皇太后,李氏被追谥为庄懿(后改为章懿)皇太后。奉慈庙的建立,最终确立了仁宗生母的地位,同时也意味着年轻的仁宗皇帝在政治上日益成熟,逐渐摆脱了刘太后的阴影。

二、逆反之爱:废后风波与国母之争

安排完生母后事,仁宗表面上并未过分追究刘太后及其亲属,这大概是一时权宜之计。事实上,随着年龄的增长,仁宗与养母之间的矛盾逐渐凸现出来,尤其是在自己的婚姻大事上,仁宗更是明显地感到太后的专横。仁宗最初看上了并非官宦但家境殷实的王蒙正的女儿,他也曾向刘太后提起过此事,但武断的太后根本不予理会,借口这个王姓女子"妖艳太甚,恐不利少主"，硬是将这个"姿色冠世"的少女许配给了刘美的儿子刘从德。刘美即当年带刘氏进宫的银匠龚美，只可惜他在刘氏被册为封皇太后之前就去世了，留下了两个儿子，刘从德便是其长子，太后此举无疑有报答前夫的意味。然而，这一许配，却极大地伤害了少年皇帝，使他失去了意中之人。

然而，王蒙正与刘太后联姻时，其父亲极不赞成，阻拦不住，竟然大骂："我们王家世代为民，从来没有与外戚通过婚，今后必定要遭受灾祸！"没想到此话当真应验了，十年后，王蒙正私通父亲的婢女，生下了孩子又不承认，担心其分走自己的财产，于是被婢女告到官府，经审核确认，证据确凿，王蒙正被除名编管，发配岭南。仁宗特地下诏，禁止其女以国戚身份进入皇宫，其子孙也不得与皇族联姻，这种处罚大概与仁宗发泄他积蓄多年的怨恨有关。

就这样，仁宗喜欢的姑娘被许配给刘从德后，太后也准备尽快为15岁的皇帝完婚，于是选了几个有身份的少女进宫，作为皇后候选人，其中有已故中书令郭崇的孙女郭氏，已故骁骑卫上将军张美的曾孙女张氏。当时，仁宗一眼就相中了张姓女子。本来，皇帝选中谁，就可以立为皇后，但仁宗的意愿再次遭到太后的阻挠。原来，太后审视后认为张姓女子不如郭姓女子，在未与仁宗商量的情况下，便自作主张以张氏为才人，而册立郭氏为皇后。这一决定又一次使年轻的仁宗遭受沉重的打击，进而造成他此后长时间对正宫的冷漠，也直接导致了最后的废后风波。

郭皇后有刘太后做靠山，她不但不懂得谦让和宽容，更是逐渐养成了骄横自恣的性格。太后死后，她依然旧习不改，仍沿用太后时的规矩，垄断后宫。而仁宗亲政，却力图摆脱刘太后的影响，其中一项重要变化就是后宫嫔妃纷纷得宠。当时最受仁宗宠爱的两个美人是尚氏和杨氏。尚美人的父亲封官受赐，恩宠倾动京城，引起郭后的嫉恨，几番与尚氏发生冲突，尚氏自然也少不了在仁宗面前诋毁郭后。一次，尚氏当着仁宗的面讥讽郭后，郭后怒不可遏，上前要抽尚氏耳光，偏巧仁宗跑过来劝架，结果一巴掌落在皇上的脖颈上。仁宗大怒，令宦官阎文应传来宰相吕夷简，让他"验视"伤痕，其实是为其废后寻求支持。随后，仁宗下诏，称皇后无子，愿意当道姑，特封净妃、玉京冲妙仙师，易名净悟，别居长宁宫。此诏一出，朝廷大哗，甚至引发了台谏官员在皇帝寝宫门前集体进谏这一前所未有的事件。郭后被废，名义上是她长时间未能生育皇子，实际上是仁宗发泄对已故刘太后不满的一种体现。

郭皇后被废以后，仁宗让宋绶草拟废后诏书，其中便有"当求德门，以正内治"的话，意思是从有教养的家庭中选取秀女。刘太后虽已不在人世，仁宗也已亲政，但在选后的问题上他却一直未能如愿。当时，左右人领来一个姓陈的女子进宫，颇得仁宗欢心。陈氏是寿州茶商之女，父亲靠捐纳谋得一个小官，不具高贵的门第。宋绶说："官家若以贱者正位中宫，不就与前日诏书所言背道而驰了吗？"宰相吕夷简、枢密副使蔡齐等人也纷纷劝说。负责给皇上供药的太监阎士良颇得仁宗信任，他也劝谏仁宗不要立陈氏为后。这样，在众人的反复劝说下，仁宗不得不另立中宫，勉强将宋初名将曹彬的孙女选为皇后。

正因为如此，仁宗对这次婚姻似乎并不是很满意，因为其中夹杂着浓厚的政治色彩。因此，进入中年以后，仁宗最宠爱的女人是张美人。张美人后来进封贵妃，虽然她在死后才被追册为皇后，但其生前的威势，并不亚于正宫娘娘曹皇后。张贵妃是河南洛阳人，祖先是吴人，吴越王归宋，其家迁到河南定居。不幸的是其父张尧封进士及第不久就去世了，母亲在齐国大长公主府上做歌舞女，将女儿带在身边。大长公主见这个小女孩灵巧可爱，便召入宫中做乐女，那时她才8岁，由宫人贾氏代养。一次宫中宴饮，被仁宗看中，于是得宠。庆历八年（1048）十月十七日，张氏被封为贵妃。张氏在短短几年内，就由末等的才人直升至最高等级的贵妃，距离皇后仅一步之遥，可知仁宗对她特别宠爱。

虽然张贵妃聪明伶俐,深得仁宗喜爱,但在"士大夫与皇帝共治天下"的大背景下,她也不能为所欲为,不仅进封皇后没有希望,甚至连其伯父张尧佐进封宣徽南院使这样虚职的事也因遭遇台谏官的猛烈攻击而作罢。一天,仁宗正准备上朝,张贵妃送仁宗至殿门,拉着仁宗说:"官家今日不要忘了宣徽使!"仁宗答道:"放心!放心!"结果在殿上,仁宗正准备下达任命张尧佐的诏书,包拯便站出来上言,陈述不应给予张尧佐任命的理由,长篇大论,很是激动,唾沫都溅到仁宗脸上。于是仁宗不得不收回了成命。张贵妃遣宦官探问,得知包拯犯颜直谏。等仁宗回到宫中,张贵妃迎上前去,又想为其伯父美言。仁宗用袖子擦着脸不耐烦地说:"今天包拯上殿,唾沫都溅到我脸上了。你只管要宣徽使,不知道包拯是谏官吗?"

皇祐六年(1054)一月八日,31岁的张贵妃暴病身亡。仁宗感念张贵妃生前的柔情与善良,悲痛无比地对左右人说,当年颜秀等人发动宫廷叛乱时,张贵妃不顾自身安危,挺身而出保护自己。当年天下大旱,为了替他分忧,又是张贵妃,在宫中刺臂出血,书写祈雨的祷词。于是,在左右宦官的支持下,仁宗最后决定用皇后之礼,为贵妃张氏发丧。一生都梦想着登上皇后之位的张贵妃,终于在死后穿上皇后的殓服,享受到宗室、大臣们的参拜告奠。由于担心朝野的反对,仁宗干脆在治丧的第四天宣布追册贵妃张氏为皇后,赐谥温成。正宫曹皇后在世,却另追册贵妃为后,于是出现了一生一死两位皇后,如此逾礼之事,旷古未闻。台谏连续上奏反对追册,仁宗皆置之不理。为了自己心爱的女人,仁宗赵祯下令"禁乐一月",京师唯一的活动便是为温成皇后举丧。

仁宗为了自己一生中最重要的两个女人——生母和爱妃,不顾朝野内外的巨大非议,毅然进行了两次重大的追册,这种感情是真挚的。同样,知人善任的仁宗对自己看中的臣子,无论是文臣,还是武将,都会给予相当的信任,这种信任也是坦诚的。但是,早年母后临朝的阴影和自己不幸的婚姻造就了他文弱、忧郁而又犹疑不定的性格,使得这种信任很难经得起世事沧桑的考验。

三、忧患之际:变革先行者——范仲淹

仁宗登基以来,宋王朝内忧外患日渐严重。至庆历年间,北宋和西夏开始了全面的边境战争,北宋军队三战皆败,而国内又出现诸多起义、兵变和叛乱面对。面对这种情势,仁宗不得不设法解决这些社会问题,以巩固赵宋王朝的统治。

范仲淹以推行新政而名满天下,他与仁宗的相识可追溯到天圣年间,当时,范仲淹初到京城任秘阁校理就大胆上书给垂帘听政的刘太后,认为皇帝以九五之尊,不应率百官行跪拜之礼为太后祝寿,而应由宰相代之。当时朝中大臣虽均知皇帝上寿行礼之事不妥,但竟无人敢言。同年,范仲淹又上书太后,请求还政于仁宗。结果,太后未予理睬。范仲淹便愤然请求出外担任地方官。这给20岁的仁宗留下了深刻的印象,也使他第一次真正深切地感受到了臣僚的拥戴。

范仲淹字希文,苏州吴县(今江苏省苏州市)人,端拱二年(989)生,两岁时父亲便死了,其母改嫁。少年范仲淹虽身世不幸,但胸怀大志,他曾经在一座神庙里询问神灵:"我将来能当宰相吗?"神说不能。于是仲淹便道:"不能当宰相,做个良医如何?"虽说这一记载不甚可信,但这正是范仲淹济世救人理想的自然流露。正因如此,早年学习条件艰苦,人所不堪,他却能刻苦攻读,力学不懈,甘之如饴。范仲淹后来回忆道,年少时他和一位姓刘的同学在长白山一座寺庙里学习,每天煮两升粟米粥,等它冷了切成四块,

曹皇后

早晚各吃两块，再把十几根荠菜切碎装在碗里，烧熟当菜吃，就这样过了三年。大中祥符四年（1011），23岁的范仲淹在得知自己的家世后，告别母亲，来到了号称北宋四大书院之一的应天书院，他在书院读书仍然异常勤奋，寒冬腊月，读书困倦了，就用冷水浇浇脸，昼夜不停，整整五年就寝时未曾解衣。艰苦的求学生涯不仅使他掌握了丰富的学识，更重要的是磨炼了他的意志。

由于仁宗对范仲淹的人品已经有所了解，因此，亲政后立刻将范仲淹召回京城，升任右司谏。此时，朝野上下很多人直接或间接地攻击太后垂帘听政期间决策上的失误。范仲淹此前虽然强烈要求太后还政，甚至因此受到不公正的待遇，但他却并未借机报复，反而劝仁宗说："太后受先帝遗命，保护您十多年，一些小小的过失，当遮掩的要遮掩，要保全太后的声名。"仁宗听了很是感动，下令不许议论太后垂帘时的事情，由此越发敬重和信任范仲淹。从那时起，范仲淹便成为仁宗心目中能进行全面改革的最佳人选。

庆历三年（1043），北宋与西夏之间初步达成和议，仁宗便迫不及待地将55岁的范仲淹从西北前线召回到中央任枢密副使。同年八月，范仲淹升任参知政事。在仁宗的支持下，范仲淹开始了以整顿吏治为核心的新政，力图使有才能和德行的人得到提拔和重用，这是范仲淹的理想，也正是仁宗孜孜以求的目标。但是，改革从根本上触及了许多官员的既得利益，赞成改革的人实际上并不多，新政施行不久就受到多方面的攻击。很多人指责范仲淹等人拉帮结派，是"朋党"。仁宗便召范仲淹询问："从来都是小人好结朋党，难道君子也结党吗？"范仲淹答道："臣在边疆时，看见勇于作战的人自结为党，朝廷也是这样，邪正各有其党，唯圣上明察。一心向善的人结为朋党，对国家有什么坏处呢？"而就在此时，欧阳修也进呈了著名的《朋党论》，表达了对范仲淹的支持。仁宗对此极为不满，而朝野上下对此更是一片反对之声，甚至连同样得到仁宗信任的宰相章得象也在仁宗面前攻击范仲淹等人为朋党。更有夏竦之辈诬称当时的名儒石介已为富弼起草了废旧立新的诏书，要废掉仁宗。夏竦之辈诬陷范仲淹、富弼、欧阳修、石介等人犯下大逆不道之罪，仁宗此时虽表示不信流言，但进一步加深了对范仲淹一派相互标榜的反感。随着改革的进行，仁宗不单听到了众多反对的声音，更重要的是，他自己对朋党也极度敏感。自太祖立国以来，宋王朝的最高统治者就下大力气防范臣僚结党。恪守祖宗家法的仁宗，无论如何也不能容许自己身边有一个结党的政治集团，于是，他不得不做出了痛苦而又无奈的决定。

庆历五年（1045）一月，辽、西夏对宋的威胁相继解除，犹疑不定的仁宗在矛盾和权衡中，先后罢去范仲淹、富弼和认同新政的宰相杜衍，让他们去担任地方官，短暂的"庆历新政"遂告失败。

11年前，因上书极谏而谪守睦州的范仲淹在走访了东汉名士严子陵的祠堂后写下了《严先生祠堂记》，其中有"云山苍苍，江水泱泱，先生之风，山高水长"这样的绝词妙句。此时，被罢官的范仲淹又访问了一位山间隐士魏疏，然后在诗作《访陕郊魏疏处士》中直白地吐露了自己的心迹："我亦宠辱流，所幸无愠喜。进者道之行，退者道之止。"意思就是宠辱不惊，进退顺其自然。此后不久的庆历六年（1046），范仲淹应好友滕子京之约为千年名胜岳阳楼作记，留下了争光日月的千古名句"先天下之忧而忧，后天下之乐而乐"，这是对中国士人情怀的完美阐释，也是范仲淹一生的真实写照。

仁宗和范仲淹的改革是对宋王朝内部的积弊开战，目的是解决内忧的困扰，要最终实现这些愿望，或许尚可假以时日，而外部边患的压力却是实实在在而又迫在眉睫的。仁宗亲政以来，接连出现了西夏元昊的叛宋和广源州首领侬智高的入侵，严重威胁到北宋王朝的统治，此时无良将可用的仁宗急需杰出的军事将领。于是，普通士兵出身的狄青就逐渐进入了求贤若渴的仁宗的视野。

四、狄青：尴尬的将军

狄青后来成为仁宗最为欣赏和信任的一员武将。后世小说把他塑造成一个战神的形象，说他从黄禅老祖那里得到兵法和仙术，是受命于天，专门来解除宋朝边患的"武曲星"，他与当世的"文曲星"包拯，被人们一同视为救宋室于危难之中的一代名臣。

狄青世代为农，宝元年间，元昊叛宋，狄青应召入伍，投入抗击西夏军队的战斗。当时宋军经常打败仗，士兵普遍产生了畏惧西夏军队的情绪，士气低落，而狄青每次作战都身先士卒，披散着头发，戴着铜面具，手持利刃冲入敌阵，往往所向披靡，从而大大鼓舞了士气。在对西夏战争的4年中，狄青经历大小25战，身上留下了8处伤痕。由于作战英勇，狄青得到了当时主持西北战事的韩琦和范仲淹的赏识。二人对狄青礼遇有加，范仲淹还送给他一部《左氏春秋》并告诫他说："将领若不知天下古今之事，顶多只是匹夫之勇。"于是，狄青潜心苦读，研习历代将帅兵法，自身修养不断得以提高。

仁宗得知他的威名和事迹后，打算召他进京询问御边方略，后因战事紧迫，狄青难以离开前线，仁宗就让他画出作战地图送至京师。狄青士兵出身，当时脸上仍然留着从军时的刺字。仁宗曾专门下诏让他将脸上的刺字印记用药除去，狄青却这样回答仁宗："官家以功擢臣，不问门第，臣之所以有今日，正是因为如此，臣愿意留着印记，用以激励军心，所以不敢奉诏。"仁宗由此更加器重和信任这名爱将。宋夏议和后，仁宗便立刻将狄青升为马步军副都指挥使，后又授以枢密副使之职。

皇祐年间，广源州首领侬智高入侵，数年间，先后攻陷宋朝数州之地，并围困广州达两月之久，朝廷派遣的增援部队屡战屡败，仁宗感到极度失望，又一次想到了狄青。而狄青也在仁宗最需要他的时候主动请战，并向仁宗保证，有能力平定叛乱。他慨然说道："我起自行伍，要报效国家，唯有上阵杀敌，愿亲率大军，前往平叛，誓将贼首捕获，押送至殿门之下。"仁宗听罢狄青的陈述，非常感动，他似乎看到了宋军胜利的希望，于是，任命狄青为荆湖北路宣抚使、提举广南东西路经制盗贼事，统一指挥岭南诸军。

狄青到前线后，最初按兵不动，令大军休整10天。侬智高得到情报，自然放松了警惕。不料狄青在侬智高防守松懈的第二天，一昼夜急行军，率大军越过了昆仑关，在归仁铺（今广西壮族自治区南宁市东北）摆好了阵形。侬智高失去了昆仑关天险，只得拼死力战，其兵势很盛，宋军前锋孙节力战而死，前阵眼看抵挡不住，诸将大惊失色。这时，狄青从容站起，手持一面白旗向上一挥，几队蕃族骑兵从左右两侧同时杀出，直插敌阵，至此，侬智高军全线溃败，狄青挥军掩杀50里，直下邕州城（今广西壮族自治区南宁市）。有关狄青与侬智高归仁铺之战，时人笔记的记载很是丰富，战况非常精彩，其中尤其强调了狄青善于用智，如在大战前，狄青为了鼓舞士气，暗地里准备好一枚两面均相同的铜钱，誓师时，便用这枚铜钱当众占卜道，"若得正面，我军必胜"，结果连掷数次，尽得钱的正面，使军士以为必有神助而信心大增；又如连续三夜大设宴会，命军士夜里尽情歌舞，自己则假借醉酒的名义退席，暗中智取昆仑关。其事虽不一定全是事实，但至少表明狄青是一位有勇有谋的战将。

狄青能顺利讨平侬智高，除了自身善于用兵，还离不开仁宗的信任。时人曾有这样一段精彩评论："为将之道有三：曰智，曰威，曰权。……观狄青之智高也，可谓能施其智而奋其威，以取胜于当世矣。然青之所以能若是者，由仁宗专任而责成之也，是得君之权者也。使不得君之权以便其事，则何以有功？"按宋朝惯例，武将领兵出征，一般要遣文臣为副，以宦官监军。仁宗却毅然破例行事，独任狄青统一负责岭南军事。至捷报传来，仁宗大喜道："朕常观魏太祖曹操雄才大略，然而多是谲诈的手段；唐庄宗李存勖也算是豪杰，行军打仗，基本上没有失败的，但即位后，沉迷于游猎而没有节度，对臣子的赏罚也不讲规则。这两个皇帝，只具备将帅之才，而无人君之量，可惜啊！"显然仁宗对自己知人善任很是得意。在狄青征南凯旋还不到一个月时，仁宗更是力排众议，升其为枢密使。

仁宗欲拜狄青为枢密使时，朝野舆论大哗。宰相庞籍援引了祖宗先例，劝说仁宗道，太祖时曹彬战功卓著，但太祖也只是赏赐给他大量金帛，而未予枢密使职位。然而，仁宗居然在大臣们极力反对的情况下，仍将没有什么过失的枢密使高若讷罢免，以狄青补枢密使的空缺。狄青被拜为枢密使，何以会有如此的轰动？其原因之一是升迁的速度过快，二则是以士卒的身份擢升为枢密使。这两条均与赵宋的祖宗家法相左，完全违背了太祖立国以来防制武人的国策。枢密院为掌控军政的最高权力机构，但在重文轻武的宋代，自太祖、太宗以来，武将出掌枢密院者屈指可数，逐渐形成专以文臣为枢密使的惯例。仁宗这一有悖常理的任命为狄青的人生悲剧埋下了伏笔。

由于仁宗的鼎力支持，狄青得到这一不寻常的升迁。这一现象既未被朝中大臣所接纳，也引起朝野上下对狄青一举一动的瞩目和揣测。一次，狄青家夜间焚烧纸钱祭奠祖先，事先忘记了通知负责消防的厢吏，结果，厢吏连夜报告开封府。虽然，府吏迅速赶到时，"火"已灭了许久，但第二天，城中便盛传狄枢密家夜有怪光冲天。显然，狄青家中的任何异动都会成为控制社会舆论的文人们的谈资和口实。家中夜有怪光冲天，这在中国古代涉及非常严肃的政治问题，常被看作臣子有图谋不轨之心的自然表象，甚至更被视为改朝换代的征兆。在这种情况下，狄青已然成为功高盖主的人物，因而这些谣传对他具有极强的杀伤力。除此以外，各种类似的传闻也相继而起，有人说狄青家里养的狗也长出了奇怪的角；更有甚者，声称在京师发大水时，见到狄青身穿黄衣坐在相国寺的大殿上，这无异于给狄青穿上了帝王象征的"皇袍"。这除了因为至和、嘉祐年间盛行谶纬巫术，主要还是基于政治上的不安，朝中大臣甚至包括当年相当赏识狄青的名臣韩琦，都担忧狄青有可能功高盖主，篡夺皇位。其实，这种担忧正是宋代重文轻武的必然结果。

虽然，对种种关于狄青的传言，仁宗并非全信，群臣对狄青的攻击和猜测，仁宗也一直有所保留，但他毕竟不能无动于衷，因为这些终究都直接关系到自己的皇位和性命。终于，至和三年（1056），性情文弱的仁宗又一次在极度的矛盾中，在朝野舆论的巨大压力下做出了无奈的决定，罢免了狄青的枢密使一职，出任陈州（今河南省周口市淮阳区）知州。据说，狄青将行时，对旁人说："我此行必死无疑，陈州有一种梨，叫青沙烂，今去此州狄青必烂死。"这表明，狄青似乎预感到了不祥之兆，也意识到陈州之行定然不会给自己带来平安。结果，与张贵妃的命运极为相似，第二年，狄青便暴病死于陈州，时年 50 岁。仁宗得知，悲痛万分，追赠中书令，并亲自题其碑曰"旌忠元勋"。狄青死后得到如此高的荣誉和礼遇，这是仁宗对一代名将的最后交代，更是他内心无限愧疚的流露。

范仲淹、狄青是仁宗时代众多历史人物的典型代表，他们的命运与仁宗时期的内忧外患紧密相连，作为文官、武将之杰出者，他们的结局有着某些相似之处，他们都为挽救大宋王朝做出过巨大努力，结局却都带有浓浓的悲剧色彩，这大概与仁宗的性格和他们所处的时代密切相关。作为一个守成之君，仁宗坚守祖宗法度，千方百计地防范朋党，以致他不得不在最后关头放弃了范仲淹的改革。作为一位性情文弱的帝王，在宋朝防制武人的基本国策下，对自己甚为器重的狄青，他似乎也别无选择。

第五章

英宗赵曙：治平元年（1064）—治平四年（1067）

英宗赵曙档案

姓名：赵曙（又名赵宗实）		出生：明道元年（1032）一月三日	
属相：猴		去世：治平四年（1067）一月八日	
享年：36岁		谥号：宪文肃武宣孝皇帝	
庙号：英宗		陵寝：永厚陵（今河南省巩义市）	
父亲：濮王赵允让		母亲：仙游县君任氏	
初婚：16岁		配偶：高皇后	
子女：4子、4女		继承人：神宗赵顼	
最得意：为生父正名分		最失意：与养母曹太后失和	
最不幸：英年早逝		最痛心："濮议"中出贬御史官员	
最擅长：发疯			

　　英宗赵曙（1032—1067），真宗弟商王赵元份（前为雍王，后改封商王）的孙子，濮王赵允让（谥号安懿，又称濮安懿王）的儿子。嘉祐七年（1062）立为皇太子，封巨鹿郡公。嘉祐八年（1063）仁宗驾崩，英宗继位。

　　英宗不是仁宗的亲生儿子，本与皇位无缘，作为北宋第一位以宗子身份继承大统的皇帝，应该说，他很幸运。但他体弱多病，继位之初便大病一场，而不得不由曹太后垂帘听政，后虽亲政，但不久便病故，在位仅5年，这在两宋诸帝中也是鲜见的。英宗同他名义上的父亲仁宗一样，也是一位很想有所作为的帝王，但他近乎偏执地恪守孝道，使得他继位之初便与曹太后矛盾重重。亲政不久，更是演出了一场震惊朝野的追赠生父名分的闹剧，等到这场争议得以平息，他的生命也走到了终点，于是，振作国势的改革大业只好留给他的儿子宋神宗去完成。

一、仁宗丧事：哭丧非亲子

英宗本名赵宗实，是濮王赵允让的儿子。他4岁时就被仁宗和曹皇后接到宫中抚养，后因仁宗的亲生儿子出生，才回到王府。仁宗三子相继夭折之后，由皇后抚养了四年的宗实本应被召回宫中，但此时仁宗非常宠爱贵妃张氏，自然希望能有个亲生儿子。因此，收养宗子的事便一拖再拖。由于仁宗晚年多病，一直未能得子，在韩琦、司马光等朝中大臣的反复劝说下，才最终下定决心，准备建储。

异常巧合的是，英宗的生父濮王赵允让也有相似经历。赵允让是太宗第四子商王赵元份的儿子，也是宋真宗的侄子，真宗在所立的悼献太子赵祐夭折后，一度将赵允让接到宫中养育，准备立为太子，后来仁宗出生，方又将赵允让送回王府。赵允让最为人称道的便是他对母亲的孝顺。一年夏天，他的母亲楚国太夫人偶感风寒。尽管酷暑难耐，但为了母亲的健康，允让坚持陪母亲住在一间没有窗户的屋子里。楚国太夫人去世，他异常悲痛，出丧时，披麻戴孝步行十余里，扶棺至顺天门。赵允让这一至孝的品行，似乎全都遗传给了他的儿子英宗。

嘉祐六年（1061）的一天，仁宗召见韩琦等朝中大臣，告诉他们自己早有立太子之意，并咨询韩琦等人，究竟应该立谁为太子。看来此时仁宗尚且举棋不定，在没有亲生儿子的情况下，他似乎难以做出决断。然而，韩琦诚惶诚恐地回答："我等做臣子的岂敢议论这样的大事情，还是圣上您独自裁断。"这无疑是在故意回避所讨论的话题，于是仁宗只好说出了自己的想法，此前宫中曾抚养过两个宗子，年龄小的性情非常纯朴，但有些木讷，年龄大些的那个表现还不错。看来仁宗心中已有较为成熟的考虑。于是，韩琦问这个宗子的名字，仁宗说叫赵宗实，得到仁宗的明确答复后，韩琦等人便齐声称赞圣上英明，从此遂定下了太子人选。

然而，赵宗实对太子名位却并不是非常感兴趣，他接到宗正寺的任命后，一再推辞，不肯接受。在中国古代，这是一个很有意思的现象，为了取得皇位继承权，许多宗室子弟相互争斗，甚至骨肉相残，而赵宗实却力推不就，两者形成鲜明对比。其实，这与他老成持重、恪守孝道的性格有关。一方面，此时宗实正居父丧，笃孝的他无论如何也不愿因皇子之位而有亏孝道；另一方面，他一夜之间忽然得到天下最为尊贵的位置，不知是祸是福，前途未卜，而且，他已经有过被接进宫后又被送回的经历，因而更能体会皇宫内的种种情形，或许是其中的诡诈与钩心斗角给他留下了难以磨灭的印象，所以他对未来的不确定性充满了恐惧。

就这样僵持了一年多，在群臣的劝说下，仁宗于嘉祐七年（1062）八月决定正式立宗实为皇太子，赐名曙。赵宗实此时父丧已除，但他仍不愿接受太子之位，以生病为借口数十次上书推托。王府记室周孟阳是宗实的亲信，他质问宗实这是何故，宗实回答道，不敢求福，但求无祸。他似乎有着某种莫名的恐惧，在他看来，太子之位不一定是好事，反而有可能招致灾难。周孟阳开导他说，现今天下人都知道您是皇位的继承人，您一直推托不接受，假若让别人登上皇位，您就能平安无事吗？显而易见，周孟阳的一番话正中要害，也正是宗实面临的最为现实的问题，一旦他人成为太子，宗实不但永无宁日，恐怕还有性命之忧。宗实听罢，才恍然大悟，勉强接受了任命。将入宫时，他对家人说道："一定要照看好房舍，皇上若是有更合适的人选，我会立刻回来的。"这表明他对太子之位尚无足够的把握。因此，进宫时除了几箱书，他几乎没带随从和行李。

半年后，仁宗驾崩，赵曙奉遗诏继承大统，是为英宗。英宗即位后前几天表现出相当的政治才干，赢得了群臣的拥戴。不料好景不长，继位后第四天晚上，英宗忽然得病，连声大呼有人要杀他。至第八天，为仁宗举行大殓，英宗病情突然加重，在先皇灵柩前号呼狂奔，在场众人不知所措，丧礼也无法正常进行。幸亏宰相韩琦当机立断，拉下帷帘，抱住英宗，又唤来几名宦官，要他们加意护持，实际上是要他们死死看住英宗，不许他乱说乱动，从而避免了更为尴尬场面的出现。

英宗自得病以来，情绪十分不好，不仅对宫中的宦官、宫女随意责骂，而且对曹太后、朝中大臣也甚为不恭。一次，宰相韩琦端着药送到英宗嘴边，英宗只饮了一点就推开了，汤药洒了宰相一身，恰巧被曹太后看见，便忙命人取衣给韩琦换上，韩琦非常谦恭，认为这是作为臣子应该做的事情，因而不敢劳动太后。曹太后由衷地感叹道："相公殊不易。"皇子在近旁端药服侍时，英宗也不闻不顾，而对曹太后，他的态度更是恶劣，不仅不予理睬，甚至还常常揶揄挖苦，使曹太后非常难堪。可见英宗的病是精神上的，病根在心里，他拒绝服药，似乎也自有他的道理。

更不可理喻的是，这一年十一月是为仁宗皇帝送殡的日子，作为先皇之子，英宗本该亲自前往拜祭，然而到了那一天，他居然称病不出，致使殡仪不成。在朝野内外的巨大压力下，拖延了四天之后，英宗终于极不情愿地来到集英殿祭奠仁宗。为父皇祭奠当然要痛哭流涕，以示孝行，可英宗连一滴眼泪也没有流下来，于是群臣大哗。这不仅是感情深浅的问题，在宫廷礼仪上也完全说不过去，于是礼官便想出一个办法，决定自今开始采用新法，名曰"卒哭"，从而掩饰英宗对养父之不孝。

英宗心病的因由不得而知，但他与曹太后感情不融洽则是不争的事实，这很可能是英宗致病的重要因素之一。虽然英宗嗣位在一定程度上是曹太后决定的，但曹太后却因谗言的离间，不喜欢这个过继的儿子。这样，英宗继位之初，便出现了一场严重的政治危机。

在英宗不能主持国务的情况下，群臣请曹太后垂帘听政，权同处分军国事。"权"也就是临时代理的意思，英宗身体一旦好转，曹太后就应还政。但是，由于曹太后与英宗之间的矛盾日渐加深，曹太后就迟迟不肯还政。一次，曹太后竟问韩琦汉代昌邑王的事情，明显有废英宗之意。英宗也对韩琦说："太后待我少恩。"于是，从稳定国家的大局出发，韩琦、司马光、欧阳修等朝中大臣在两宫之间做了大量的调停工作。

欧阳修劝曹太后的话很是婉转恳切，他说："当年仁宗宠妃张氏是何等骄恣，太后您都能心平气和地容忍，这是天下人都知道的。今天您和义子之间反而不能容忍吗？先帝在位日久，有恩于天下，故一旦逝世，天下人拥戴新帝，不敢怀有他意。今日，太后您一位妇人，臣等五六个书生，如违背了先帝遗愿，天下谁肯听从！"欧阳修这番议论是话中有话，软中带硬，既对曹太后的美德大加褒赞，也明确地要求曹太后遵从先皇遗训，不得有二心。曹太后听完这番类似溜须拍马的肺腑之言，长时间沉默不语，这表明她内心深处已然被触动。作为顾命重臣，韩琦的言语则更为直率，他对曹太后说，臣等只能在外面见到皇上，后宫却必仰仗太后。皇上若失照管，太后也未必能安稳。太后照顾皇上，众人自然拥戴皇上。韩琦这番动之以情、晓之以理的话完全没有了欧阳修的遮遮掩掩，明确表示要曹太后一心拥戴英宗，甚至用了警告和威胁的口气，迫使曹太后彻底放弃了废掉英宗的念头。曹太后听罢宰相这番态度强硬的话，气得脸色发青，但也只能不发一言，因为她深知，朝廷内外无论如何也不愿再出现一位像当年刘太后一样权倾朝野的女人。

而对英宗，群臣的劝解则明显没有了对曹太后时的那种绵里藏针和咄咄逼人，更多的是和颜悦色的引经据典、真心实意的谆谆教导。司马光对英宗说，生育之恩大，养育之恩更大，希望英宗能像东汉章帝那样孝顺太后，这样朝廷内外的谣言就会自行消散。显然司马光还是力图站在不偏不倚的立场进行劝解，而以果敢著称的名相韩琦的劝说比起司马光则带有明显的倾向性。韩琦对英宗说道，官家之有今日，皆太后之力，恩不可不报，然即非天属之亲，愿加意承奉，便自然无事。接着又诚恳道，自古圣帝明君不算少，但独称舜为大孝，这是为何呢？父母慈而子孝，这是常人都能做到的，不值得称道。唯有父母不慈而子能尽孝道，这才值得称道。只恐官家尚未做到这一点，父母岂有不慈爱子女的！韩琦这一席话，实际上是肯定了英宗对曹太后的指责，即认定曹太后有不对的地方，以此为大前提方才展开议论，无非是想告诉英宗，虽然太后不是亲生母亲，或许也缺少慈爱，但如果您仍然能够尽孝，那才是能与圣人相媲美的美德，天下人最为敬仰这样的圣明君主。英宗听罢大为感动，因为表示对曹太后尽孝，一来可以控制关于母子不和的谣言，收揽人心，为自己日后亲政做好铺垫；二来可以树立一个至孝的明君形象，而这正是英宗梦寐以求的，一举两得，何乐而不为呢？于是，从此以后英宗再也不当众数落太后的不是，再加上韩琦面对不利于英宗的流言蜚语丝毫不为所动，众人知韩琦一心拥戴英宗，谣言也就渐渐少了。

新的一年开始了，为了盼望英宗早日康复，朝中群臣费尽心思，拟出年号"治平"二字，治者，天下大治也，同时也蕴含皇上疾病得治之意；平者，天下太平也，同时也包含了盼望英宗平安的意思。虽然韩琦等人的调停使英宗与曹太后的关系得到了一定的缓和，但是，眼看英宗的病一天天好转，曹太后却仍没有还政的意思。于是，为了表示自己已能料理万机，英宗于治平元年（1064）四月二十八日在一群臣僚的陪同下，乘车出皇城，到相国天清寺和醴泉观祈雨。由于这是新皇帝病愈后的第一次出城，道路两旁围观的百姓很多，不断传来欢呼声。据说，韩琦为了证明英宗精力充沛，基本可以做到不知疲倦地处理政务，还于某日拿出 10 件急需处理的公务请求圣裁，英宗一一做出了正确批复。韩琦拿着已有批复的公务又去请示曹太后，不出所料，"太后每事称善"，很是满意。

这样，包括制造舆论在内，迫太后还政的一切准备工作已经就绪，剩下的问题就是用什么方式来促使曹太后自己提出撤帘的建议。一天，群臣向曹太后禀事，待同僚退下后，韩琦单独留下，请求太后允许他辞去宰相之职，到地方为官。曹太后先是大吃一惊，继而明白了宰相的意图，道："相公安可求退？该退的是我，老身当居深宫，却每日在此，甚非得已，且容老身先退。"韩琦明知曹太后的话并非出自情愿，却马上顺水推舟，历数前代那些贪恋权势的垂帘者，又说今日皇太后慨然允诺皇帝亲政，是前代那些人所不及的。曹太后听得不耐烦，正要起身回宫，韩琦赶上前，追问道："台谏也有章奏，请太后还政，不知太后决定哪一天撤帘？"曹太后也不回答，起身就走。韩琦环顾左右，大声命令仪鸾司撤帘，帷帘拉开，犹能见到屏风上面曹太后衣服的影子一闪而过。曹太后见大势已去，朝中大臣都执意要求自己还政，于是，当天便从宫中传出手书，表示要还政于英宗。

二、名分之争：围绕"濮议"的角力

英宗亲政仅半个月，宰相韩琦等人就向英宗提议请求有关部门讨论英宗生父的名分问题。当时仁宗逝世已有 14 个月，英宗批示，等过了仁宗皇帝大祥再议，也就是待到满 24 个月再说，这显然是英宗为了减少追封的阻力而做出的姿态。治平二年（1065）四月九日，韩琦等再次提出这一议题，于是，英宗出诏将议案送至太常礼院，交两制以上官员讨论。由此引发了一场持续18个月的论战，这就是北宋史上有名的"濮议"。

结果，以王珪为首的两制认为，濮王于仁宗为兄，英宗应称其为皇伯，而以韩琦、欧阳修为首的宰执们则认为，英宗应称其为皇考，他们还请求英宗将两种方案都提交百官讨论。英宗和宰执们原以为，大臣中一定会有人迎合他们的意图，谁知情况恰恰相反，百官对此反应极其强烈，大多赞同两制官员的提案。一时间，朝中议论纷纷。就在这时，曹太后闻讯，亲自起草了诏书，严厉指责韩琦等人，认为不应当称濮王为皇考。英宗预感到形势的发展于己不利，不得不决定暂缓讨论此事，等曹太后回心转意再说。

这样，经过长时间的争论，英宗和韩琦等人逐渐意识到，要想取得这场论战的胜利，曹太后的态度是关键，只有争取曹太后改变态度，釜底抽薪，才能给两制和百官以致命一击。治平三年（1066），中书大臣共同议事于垂拱殿，当时韩琦正在家中祭祀，英宗特意将其召来商议，当时即议定称濮王为皇考，由欧阳修亲笔写了两份诏书，交给了皇上一份。到中午时分，太后派了一名宦官，将一份封好的文书送至中书，韩琦、欧阳修等人打开文书，相视而笑。这份文书正是欧阳修起草的诏书，不过是多了太后的签押。曹太后一直与养子英宗不和，这一次竟不顾朝廷礼仪和群臣的反对，尊英宗的生父为皇，确实令人费解。于是，便有了诸多传言。有人说，这一关键性的诏书乃是曹太后前日酒后误签，次日，曹太后酒醒，方知诏书内容，但后悔已经晚了。另一传说则称，曹太后手诏的出台，是中书大臣韩琦、欧阳修等人交结太后身边的宦官，最终说服了曹太后。但无论如何，白纸黑字，曹太后是不能抵赖的。

不管曹太后的诏书是否出于情愿，却正合英宗的心意，于是，英宗立刻下诏停止讨论。同时又将宰执们召来，商量如何平息百官的情绪，以稳定时局。韩琦对英宗只说了一句"臣等是奸是邪，官家自然知道"，便垂手不言。

欧阳修则更是非常明确地对英宗道出了自己的观点："御史既然认为其与臣等难以并立，官家若认为臣等有罪，即当留御史；若以为臣等无罪，则取圣旨。"英宗犹豫再三，最后还是同意了欧阳修等人的意见，将吕诲等三名御史贬出京师。英宗明白这三个人是无过受罚，心中也很过意不去，特地对左右人道："不宜责之太重。"同时宣布，濮王称亲，以茔为园，即园立庙。英宗的这项决定，遭到了朝臣的坚决抵制，包括司马光在内的台谏官员全部自请同贬，甚至英宗在濮邸时的幕僚王猎、蔡抗均反对称亲之举，这是英宗万万没想到的。在严厉处分吕诲等人的同时，英宗又不得不拉拢反对派主要人物王珪，许以执政职位，可以说是软硬兼施。为了生父死后的名分，英宗绞尽脑汁，用了各种手段，耗费了18个月的光阴，才最终达到目的，英宗笃孝的品行就以这种奇特的方式体现了出来。其实，"濮议"并非单纯的礼法之争。司马光等朝中大臣坚持濮王只能称皇伯，是希望英宗能以此收服天下人心，维护统治集团内部的团结。而韩琦、欧阳修等掌握实权的宰执们考虑的问题则更现实，深知仁宗已死，太后已无能为力，他们要一心一意地拥戴英宗。

三、励精图治：力图成为有为之君

英宗虽然多病，行事甚至有些荒唐，但刚继位时，还是表现出了一个有为皇帝的风范。仁宗暴亡，医官应当负有责任，于是，主要的两名医官被英宗逐出皇宫，送边远州县编管，其他一些医官，唯恐也遭贬谪，便在英宗面前求情，说："先皇起初吃这两人开的药还是很有效的，不幸去世，乃是天命，非医官力所能及。"英宗正色道："我听说这两个人都是由两府推荐的。"左右人道："正是。"英宗便道："如这样，我就不管了，都交给两府去裁决吧。"众医官一听，都吓得魂飞魄散，暗暗惊叹新皇帝的精明与果断。显然，英宗行事，很有些雷厉风行的风格，与滥施仁政的仁宗有着很大的不同。不仅如此，英宗也是一个很勤勉的皇帝。当时，辅臣奏事，英宗每每详细询问事情始末，方才裁决，处理政务非常认真。

更重要的是，英宗继续任用仁宗时的改革派重臣韩琦、欧阳修、富弼等人，面对积弱积贫的国势，力图进行一些改革。一次，英宗问欧阳修道："近日屡有天灾，言事者多称是因为朝廷不能进贤任能，不知这是为何？"欧阳修回答："近年进贤之路的确太窄，我也常常与韩琦讨论此事。"可见欧阳修是有备而来，乘机进行劝谏。英宗很是惊讶，忙问道："此话怎讲？中书经常推荐一些人，我不是也大都加以任用了吗？"显然英宗对自己的用人政策还是比较满意的。欧阳修却指出了问题的另一方面。他认为，自官家亲政以来，自己和韩琦、富弼有感皇恩，精心挑选内外官员，而官家也用人不疑，这是过去所不能比的，但所选之人多为擅长于钱粮刑名的强干之才，并非文学之士。欧阳修的这番话，先对英宗的知人善任大加褒赞，转而指出了以前所选人才过于单一的问题。英宗听罢深有所悟，决定广泛招揽人才，韩琦、欧阳修等人举荐了20人以应馆阁之职，英宗令均予召试。韩琦等人开始还认为选的人太多，英宗道："我既然要你们举荐，为的就是从中选贤，岂能嫌多？"可见英宗励精图治、奋发有为的迫切心情，他对以前旧的选任体制进行大胆的改革，甚至走得比当时劝说英宗力图改革的欧阳修等人还要远、还要快。

不仅如此，英宗还非常重视书籍的编写和整理。治平元年（1064），司马光写成了一部《历年图》进呈给英宗，英宗对此大加赞赏。两年以后的治平三年（1066），司马光依据《史记》，参以他书写成《通志》八卷，大约即是后来的《资治通鉴》的前八卷。英宗对此予以充分肯定，他鼓励司马光继续编写下去，等书成之后再颁赐新书名。他还同意了司马光自己选聘助手并组织编写历代君臣事迹的机构——书局的请求，批示将书局设在崇文院内，特允许其借调龙图阁、天章阁、昭文馆、史馆、集贤院、秘阁的书籍。崇文院是北宋的国家图书馆，下设秘阁与"三馆"，"三馆"即昭文馆、史馆、集贤院，这些都是皇家藏书之处。其中秘阁所藏尤为精品，有从"三馆"中挑选出的万卷珍本书以及皇帝收藏的古玩和墨迹。龙图阁、天章阁是太宗、真宗的纪念馆，所藏除二人的真迹、文集外，还有图书、典籍等重要文物。不仅如此，英宗还批准提供皇帝专用的笔墨、缯帛，划拨专款，供给书局人员水果、糕点，并调宦官进行服务。英宗皇帝的批示，极大地改善了司马光编修史书的条件，使编写《资治通鉴》的宏伟事业自一开始就有了坚实的后盾。司马光为了报答英宗皇帝的知遇之恩，在此后漫长的19年里，将全部精力都耗在《资治通鉴》这部巨著的编纂上。应该说，史学巨著《资治通鉴》的最后编成也有英宗赵曙的一份功劳。

虽然英宗有一定的政治才能，却因病英年早逝，享年36岁，空有一番抱负无从施展，但给他的儿子神宗留下了机会与挑战。

第六章

神宗赵顼：熙宁元年（1068）—元丰八年（1085）

神宗赵顼档案

姓名：赵顼（又名赵仲鍼）		出生：庆历八年（1048）四月十日	
属相：鼠		去世：元丰八年（1085）三月五日	
享年：38岁		谥号：体元显道法古立宪帝德王功英文烈武钦仁圣孝皇帝	
庙号：神宗		陵寝：永裕陵（今河南省巩义市）	
父亲：英宗赵曙		母亲：高皇后	
初婚：19岁		配偶：向皇后、朱皇后、陈皇后	
子女：14子、10女		继承人：哲宗赵煦	
最得意：熙河战争的胜利		最失意：亲人反对变法	
最不幸：英年早逝		最痛心：永乐城战役的失败	
最擅长：改革			

　　宋神宗，名赵顼（1048—1085），原名赵仲鍼，英宗长子，生母为皇后高氏。治平三年（1066）十二月立为皇太子。英宗死后继位。在位18年，病死，终年38岁，葬于永裕陵（今河南省巩义市西南堤东堡）。

　　神宗继位之时，宋朝统治将近百年。宋初制定的许多政策，其弊端已经渐渐显露出来，官场腐败盛行，财政危机日趋严重，百姓生活困苦，各地农民起义不断，辽、西夏等国在边境虎视眈眈。面对这种情形，神宗对太祖、太宗皇帝所制定的"祖宗之法"产生了怀疑。年轻的神宗有理想，勇于打破传统，他深信变法是缓解危机的唯一办法。于是，神宗登基之后，在王安石的辅助之下，开始了一场两宋历史上空前绝后的大变法，在政治、经济、军事等方面进行了诸多改革，对赵宋王朝产生了巨大的影响。

　　神宗进行变法并非一时冲动，早在少年时代，神宗就已经心怀壮志，希望

能改变国家的命运。在成长的过程中，神宗形成了自己的人生观、价值观，这些直接决定了他当政之后务实、创新的治国理念。

一、踌躇满志：少年天子胸怀大志

庆历八年（1048）四月十日，赵顼降生在赵曙府邸。赵曙原本只是普通的皇室成员，但因为仁宗没有子嗣，幸运的赵曙被选中，成为皇位继承人，是为英宗，而赵曙子孙的命运也由此发生了天翻地覆的变化。英宗共有四子：长子赵顼，次子赵颢，三子赵颜，四子赵頵，赵颜出生不久就夭折了。在剩下的这三子中，不论学识，还是人品，赵顼都最为出色。

少年时代的赵顼，天性好学，对知识求之若渴，经常因读书而废寝忘食，英宗只得常常吩咐内侍去敦促他休息。身为皇位继承人，没有科举考试的压力，赵顼仍孜孜不倦地学习，其品质的确难能可贵。赵顼这种勤奋好学的精神，在他继位之后依然保持着。在他读过的诸子百家中，他最崇尚法家，十分敬佩商鞅敢于变法的魄力。赵顼继位之后，打破传统、实行变法的决心和信心也许就来自他对商鞅的崇拜。在近20年的皇帝生涯中，神宗一直兢兢业业，勤于政事，整日与大臣们商讨变法事宜，很少流连后宫。史书记载，赵顼性格谦逊，十分注重礼节，举止皆有常度。侍讲王陶为赵顼兄弟讲学，赵顼领着弟弟赵颢前去拜见王陶，毫无皇子的傲慢之气。对于自己周围的幕僚和随从，赵顼也是宽厚待人，很少责罚。

赵顼的祖母曹太后是个颇有见识的女子，但英宗与她的关系一直不好。有一次英宗说话得罪了曹太后，曹太后很难过，哭着跟群臣抱怨，还归咎于赵顼和赵颢两兄弟。面对曹太后的无端指责，赵顼没有记恨，而是越发尊敬曹太后。赵顼的孝顺最终感动了曹太后，祖孙二人冰释前嫌，相处十分融洽。神宗继位之后，他与曹太皇太后的关系仍然十分亲密。神宗退朝晚了，曹太皇太后就会亲自在门前等候他回来，还经常亲自给神宗送去一些喜欢吃的点心。神宗也十分尊重曹太皇太后，许多重要决策下达之前总是询问她的意见。元丰二年（1079）十月，曹太皇太后病重，神宗亲自照料侍奉，十几天衣不解带。曹太皇太后去世之后，神宗茶饭不思，悲痛欲绝，这种真挚的亲情在充满尔虞我诈、血雨腥风的宫廷中是十分少见的。然而，也正是这种亲情在一定程度上束缚了神宗的手脚，因而变法过程中来自后宫的压力也就更具影响力。

赵顼好学、谦逊、孝顺，具备英明君主应有的素质，又是嫡长子，所以朝中大臣一致认为他是皇位最佳继承人。治平三年（1066）十二月，英宗病情恶化，朝中重臣韩琦、文彦博等人请求英宗早立皇太子，以安定人心。英宗也意识到自己病情严重，决定立赵顼为皇太子。英宗亲自写下"立大王为皇太子"，大王指的就是赵顼，但谨慎的韩琦要求英宗书写清楚，防止以后出现争议。于是英宗又在后面加上"颍王顼"三个字。英宗写好之后，韩琦命翰林学士草拟诏书，正式册立赵顼为皇位继承人。

治平四年（1067）一月，英宗崩于福宁殿。赵顼即皇帝位，时年20岁。

据说，英宗驾崩时，韩琦等人守候在病床前，等待皇太子赵顼前来。赵顼还未到，英宗的手忽然动了一下，曾公亮大惊，如果英宗未死，不知该如何收场。韩琦镇定自若，坚持按原计划由赵顼继位，设若英宗醒来，就尊为太上皇。正是因为此时朝中多是忠心耿耿的老臣，大家都从稳定大局着想，顺利完成了皇位的传承。

神宗是一位有理想有作为的政治家，从小就胸怀大志，希望能成就一番事业。赵顼还在颍王府之时，就经常与颍王府记室参军、直集贤院韩维一起讨论国家大事，希望施展抱负，为国效力。看到国家衰弱不振，赵顼满怀忧虑。他曾穿上全副盔甲去见他的祖母曹太后，并问道："娘娘，我穿着这副盔甲好吗？"表达了自己要重振国威的决心。

神宗继位之时，宋王朝已经走过了鼎盛期，各种社会问题逐渐凸现出来。英宗本想有所作为，但是因为身体不好，无法处理朝政，反而积累了更多的问题。面对父祖辈留给自己的诸多难题，神宗没有慌张，他开始思量如何才能摆脱面临的困境。从治平四年（1067）一月继位到熙宁二年（1069）二月正式开始变法之前，神宗下诏广开言路，征求各方面的意见；在财政上量入为出，节省开支，希望通过这些措施可以缓解危机。

当然，神宗明白，这些久积之弊并非一朝一夕可以消除的，要想彻底根除这些毒瘤，唯有施行变法，但是变法事关重大，非他一人可以完成，他急需一位得力大臣协助自己。神宗把希望放在三朝元老富弼身上，当他满怀热情地向富弼询问如何才能富国强兵时，这位曾经与范仲淹一起推行"庆历新政"的大臣，竟然回答："官家临御未久，当布德行惠，愿二十年口不言兵！"已经全无当年改革的豪情壮志。

富弼的话语犹如一盆冷水泼在神宗的头上，让他大感失望。这些元老重臣的进取意识似乎已经消磨殆尽，只知道一味地守旧，他们所提的富国强兵的建议也无外乎"节约""用贤"之类的老生常谈，毫无新意，神宗意识到在他们中间没有自己需要的帮手。于是，他把视野转向了要求改革的中下层官吏，从中寻找与自己志同道合的臣子，从而携手开始一场轰轰烈烈的变革。

二、富国强兵：宋神宗与王安石的理想

王安石（1021—1086），字介甫，号半山，临川（今江西省抚州市）人，世称临川先生。庆历二年（1042），22岁的王安石考中进士，历任江苏、浙江、安徽等地的地方官。在任期间，王安石勤政爱民，体察民间疾苦，对基层社会情况有了较为充分的认识。这为他此后的改革积累了丰富的经验。与此同时，王安石文学造诣深厚，与韩愈、柳宗元、苏轼等人并称"唐宋八大家"。当时文坛领袖欧阳修赞叹王安石："翰林风月三千首，吏部文章二百年。老去自怜心尚在，后来谁与子争先。"意思是后来人是无法超越王安石的文学成就的，评价之高，不难想见。

王安石对仕途的规划与他人不同，绝大多数官员都争着做京官，而王安石却屡次辞去进京升官的机会，选择在地方上埋头苦干近20年之久。许多人推荐他，王安石托故不出，像欧阳修、文彦博这样的朝廷大员，也三番五次地希望他出任京职，都被他拒绝了。嘉祐三年（1058）十月，在多次推辞无效的情况下，王安石被调回京城开封，担任三司度支判官。由于政绩突出，嘉祐五年（1060）王安石被任命为同修起居注。这一官职是清要之职，晋升的机会很大，但王安石多次推辞，不肯受命。最后朝廷实在没办法，直接派人把委任状送到王安石家，王安石竟然躲进厕所之中。但是朝廷一再下令，王安石才被迫接受这一官职。

多年的地方官经历，使得王安石对北宋社会问题有了深刻的认识，政治上也逐渐成熟起来。在京期间，王安石将积存于心中多年的想法，写成了著

名的《上仁宗皇帝言事书》，上呈给仁宗皇帝。这份言事书指出，宋王朝内部潜伏着诸多矛盾与危机，并针对这些问题提出了改革的具体意见和办法，希望能扭转积贫积弱的局面。这篇万言书不仅是王安石本人政治立场和见解的高度概括，而且成为此后指导变法的总路线，对宋代政治、经济、文化产生了深刻的影响。但是，仁宗似乎并无进取之心，加之忙于立储之事，王安石的这份万言书没有引起仁宗和执政大臣的重视。

嘉祐八年（1063），王安石因母亲去世而离职。在此后的四年间，王安石在金陵（今江苏省南京市）兴办书院，收徒讲学，陆佃、龚原、李定、蔡卞等人此时都是王安石的弟子，这为后来变法培养了一批人才，也为变法做了舆论上的准备。

虽然王安石当年所上的万言书没有引起仁宗的注意，要求改革的愿望未能实现，但他因此受到主张改革的士大夫的广泛关注，成为这一群体的代表人物。大家把变法图强的希望寄托在他身上，一时间天下公论："金陵王安石不做执政大臣，是王安石的不幸，也是朝廷的不幸。"朝野上下舆论纷纷，王安石身价倍增，一时间成为妇孺皆知的名人。

神宗对王安石也是倾慕已久。在未继位之前，神宗就看过王安石的那篇言事书，非常赞赏王安石的见解。神宗身边的亲信韩维也是王安石的崇拜者，在给神宗讲解史书时，每每到神宗称好时，就说："这不是我的观点，而是我的朋友王安石的见解。"韩维升为太子庶子时，又推荐王安石取代自己担任此职。通过这些间接了解，虽然神宗没有见过王安石，但王安石在神宗心目中的形象已是非常高大。神宗继位后，立即召王安石入京，长时期非常信任他，太子时代的这种影响无疑是十分重要的。

神宗任用王安石，朝中议论纷纷。王安石的性格比较执拗，人称"拗相公"。他一心治学而不修边幅，经常蓬头垢面出现在众人面前。仁宗在世的时候，有一天宴请群臣，大臣们在池塘边钓鱼。王安石对钓鱼没什么兴趣，在钓鱼的时候专注思考其他事情，竟然把盘子里的鱼饵都吃光了。仁宗以为，误食一粒鱼饵尚情有可原，但是把整盘鱼饵都吃光，实在不符合常理，所以他感觉王安石是个奸诈之人，很不喜欢他。在保守传统的人们眼中，王安石是个古怪的人，甚至有人从王安石的面相上断言其"眼中多白"，是奸臣之相，以张方平、苏洵为首的官员反对神宗重用王安石。但这些沸沸扬扬的议论并没有动摇神宗的决心，他决定把王安石召到身边亲自考察。

神宗先是任命王安石为江宁知府，几个月之后召为翰林学士兼侍讲。熙宁元年（1068）四月，王安石入京受命。神宗一听王安石来京，异常兴奋，马上召其进宫。神宗与王安石晤面之后，神宗听取王安石有关政治、财政经济以至军事上的改革谋略之后，深深感到王安石就是能与自己成就大业的人才。而王安石亦被神宗励精图治、富国强兵的远大抱负所折服，君臣二人为了共同的理想和信念走到了一起。不可否认，神宗的改革理想之所以在继位之初就能付诸实施，与王安石有着密切关系。

熙宁二年（1069）二月，神宗任命王安石为参知政事（相当于副宰相），主要负责变法事宜。同时神宗调整了人事安排，组成新的执政班子。神宗任命的五位执政大臣有"生老病死苦"之称。"生"指王安石，他正生机勃勃地筹措变法。"老"指曾公亮，他年近古稀。"病"指富弼，他因为反对变法而称病不出。"死"指唐介，他反对变法，每日忧心忡忡，变法刚开始就病死了。"苦"指赵抃，他不赞成变法，但又无力阻止，成天叫苦不迭。

王安石要求变法，既不是为了升官发财，也不是为了满足个人野心，完全是出于一片报国之心。虽然贵为宰相，王安石在生活方面却极为朴素，他从未贪污一分钱，也不接受别人的礼物。金钱对他似乎毫无吸引力，他连自己俸禄的数量都不清楚，拿回家之后，任家人随便花销。王安石这种无私为国的精神感动了神宗，在他眼里，王安石不是普通的臣子，而是自己的良师益友，两人之间的关系已经超出了君臣之谊。变法前期，神宗对王安石言听计从，几乎所有大事都要与王安石商量。新法实行之后，引发了巨大的反对声浪，矛头直指王安石。神宗虽然有过迟疑和动摇，但最终还是坚定地站在王安石一边。

正是因为神宗对王安石的信任，变法才得以迅速实行。在王安石的主持下，均输、青苗、农田水利、免役、市易、保甲、方田均税、保马等诸项新法相继出台。这些新法涉及的方面比较广泛，几乎涵盖社会的各个方面。

这场变法使得宋王朝又重新恢复了生机与活力，新法的实行，大大增加了国家的财政收入，社会生产力有了巨大发展，垦田面积大幅度增加，全国高达七亿亩，单位面积产量普遍提高，多种矿产品产量为汉代、唐中叶的数倍至数十倍，城镇商品经济取得了空前发展，国家军队的战斗力也有明显提高。

然而，变法并非一帆风顺，而是充满坎坷的过程，神宗和王安石不得不面临着巨大的考验。

三、曲折的实践：风云涌动的朝廷与后宫

神宗与王安石等人大张旗鼓地改变沿袭已久的各种制度，势必激起朝野内外的强烈反响。朝中以司马光为首的守旧派反对王安石进行的变法，每一项新法颁布之后，朝廷中都会出现近乎白热化的争论。

在现代许多人的心目中，司马光是个因循守旧、食古不化的顽固分子，其实不然。面对严重的社会问题，司马光也主张改革现状，并提出自己一整套治国主张。司马光不止一次向神宗进言，要从用人、理财等方面缓解已经出现的各种弊端。但随着变法的深入，司马光与主持变法的王安石之间分歧越来越大。就其竭诚为国来说，二人是一致的，但在具体措施上，各有偏向

与侧重。

正是因为如此，变法派与守旧派展开了激烈的斗争。不仅朝中的司马光、范镇、赵瞻纷纷上书陈述对新法的不同看法，就连在京外的韩琦、富弼等元老重臣也不断向神宗表达自己对王安石及其新法的不满。司马光与吕惠卿为了青苗法还在神宗面前争辩不已。神宗虽预料到实行变法会遇到阻力，但守旧派反对的声音一浪高过一浪，却是他始料未及的。与此同时，另一股势力也在影响着神宗，那就是来自后宫的巨大压力。

因为新法的实行，触及了宗室、外戚的切身利益。例如，神宗和王安石变革宗室子弟的任官制度，使不少远房的金枝玉叶失去了得到官职的机会，因而招致他们的强烈不满。这些宗室子弟不仅向朝廷上书，甚至围攻王安石本人，拦住他的马，对王安石说："我们和皇帝都是同一祖先，相公不要为难我们。"王安石严词拒绝了他们的要求，人群才不得不散去，可见，当时失去往日特权的宗室子弟非常愤怒。朝廷没收了向皇后父亲的部分财产，曹太皇太后的弟弟也受到了违犯市易法的指控，他们自然十分仇视王安石。以两宫太后及皇后、亲王为首的宗室外戚抓住一切机会诋毁新法。一次，神宗同他的两个弟弟歧王赵颢、嘉王赵頵一起玩击球的游戏，双方以玉带为赌注，嘉王却说："我若胜了，不求玉带，只求废除青苗、免役法。"曹太皇太后是个认为"祖宗法度不宜轻改"的守旧派，在变法争论最为紧张激烈之时，两宫太后就常常在神宗面前哭泣，曹太皇太后更是对神宗说："王安石是在变乱天下呀！"神宗与祖母之间感情极好，见到祖母如此伤心难过，心里必是十分内疚，恰恰此时，其弟弟歧王赵颢也从旁劝说神宗应该遵从曹太皇太后的懿旨，新法是不会带来什么好处的。神宗心烦意乱，怒斥歧王道："是我在败坏天下，那你来干好了！"这是将心中的怒气和痛苦发泄在了弟弟身上。歧王诚惶诚恐，失声痛哭。神宗面临朝廷和后宫的双重阻力，内心的烦躁、矛盾可想而知。

巧合的是，自从新法颁行之后，各地就不断有异常的自然现象出现，像京东、河北突然刮起大风，陕西华山崩裂，一时间人心惶惶。那些别有用心之人利用这些抨击变法，说这些是上天对人间的警告。熙宁七年（1074），北方大旱，民不聊生。神宗为此忧心忡忡，他也开始相信这是上天的某种预警，并对自己继位以来所实行的一系列新法进行反思。正在此时，一个叫郑侠的官员向神宗上了一幅流民图，图中所描绘的景象使神宗大受震动，无数的百姓流离失所，卖儿鬻女，惨不忍睹。神宗本想通过变法，使百姓安居乐业，他万万没想到竟然会是这样的结局。第二天，神宗就下令暂罢青苗、免役、方田、保甲等十八项法令。尽管这些法令不久在吕惠卿、邓绾等人的要求下恢复，但是，神宗与王安石之间开始出现裂痕，互相的信任也受到严峻的考验，这对变法派而言，无疑是不祥的讯息。

反对变法势力当然不会放弃这样的机会，他们继续大肆抨击王安石以及新法。在这种巨大压力之下，王安石向神宗提交了辞呈。神宗最初没有同意，但在王安石的坚持下，最终同意王安石推荐官员代替自己的职务，这表明神宗并未完全放弃富国强兵的理想，而是要继续推行变法。于是王安石安排韩绛和吕惠卿主持朝廷事务。熙宁七年四月，王安石第一次罢相离开京城，出任江宁（今江苏省南京市）知府。

王安石离京之后，变法运动由韩绛、吕惠卿等人负责。此时，变法派的中坚力量为了各自的利益走上了不同的道路。吕惠卿是个极有野心的人，王安石离开后，他提拔亲族吕升卿、吕和卿等人，扶植自己的势力。同时打击变法派内部的其他成员，妄图取代王安石的地位。他打着变法的招牌，肆意妄为，引起朝中大臣的不满。韩绛等人强烈请求王安石返京复职，神宗也认为，只有王安石，才能挽回局面，熙宁八年（1075）二月召王安石回京复职。

王安石虽然回京了，但吕惠卿没有放弃自己的野心。他再也不是当年那个积极帮助王安石变法的得力助手，不仅不协助王安石推行新法，反而处处妨碍，公然挑拨神宗与王安石的关系。神宗发觉了吕惠卿的阴谋，最终将他贬出京城，但是变法派团结的阵营已经分裂。神宗此时将近而立之年，近十年的经历使得这位少年天子日趋成熟，对于变法有了自己更深的理解和打算，不再事事依靠王安石。君臣之间的分歧越来越大，因而改革之路越走越艰难。

熙宁九年（1076）六月，王安石的爱子王雱病逝，这对他的打击极大。王安石坚决求退，神宗于十月第二次罢免了王安石的相位。王安石带着壮志未酬的遗憾和满腹的伤悲离开了京城，结束了自己的政治生涯，退居金陵，潜心学问，不问世事。

王安石离开了，但神宗并未放弃改革的既定路线。王安石第二次罢相之后的第二年，神宗宣布改年号为"元丰"，从幕后走到台前，亲自主持变法。然而，变法依旧伴随着反对的声音，神宗亲自主持的新法同样遇到朝中群臣的异议。失去了王安石，神宗本就很伤心，现在又要独自面临巨大的压力，不免有些恼火，于是他决定实行更为强硬的手段来推行新法，严惩反对变法的官员。苏轼不幸成为这次政治斗争的牺牲品。

苏轼（1037—1101）是北宋文坛成就卓越的大家，与父亲苏洵、弟弟苏辙

苏轼

并称"三苏",其文章为天下所传诵,声名逐渐超过欧阳修,成为文坛领袖。但这位名满天下的才子在仕途上颇不得志,在他将近40年的官宦生涯中,有三分之一的时间是在贬谪中度过的。

元丰二年(1079),也许是苏轼一生中最黑暗的岁月。四月,苏轼调任湖州(今浙江省湖州市),他按照惯例向宋神宗上表致谢,谢表中有"知其生不逢时,难以追陪新进;查其老不生事,或可牧养小民"一句,多少带点发牢骚的意味。主张变法的一些人抓住这个机会,指责苏轼以"谢表"为名,行讥讽朝廷之实,妄自尊大,发泄对新法的不满,请求对他加以严办。御史李定、何正臣、舒亶等人,更从苏轼的其他诗文中找出个别句子,断章取义,罗织罪名。如"东海若知明主意,应教斥卤变桑田",说苏轼是在指责兴修水利的措施;苏轼歌咏桧树的两句"根到九泉无曲处,世间惟有蛰龙知",被人指称为影射皇帝。"皇帝如飞龙在天,苏轼却要向九泉之下寻蛰龙,不臣之心,莫过于此!"这些人通过对苏轼诗文的"解读",认定他讥讽皇上和新法,罪大恶极,理应处以死刑。于是朝廷便将苏轼免职逮捕下狱,押送京城,交御史台审讯。与苏轼关系密切的亲友,如苏辙、司马光、张方平、王诜,甚至已经去世的欧阳修、文同等20多人都受到牵连,这就是历史上著名的"乌台诗案"。"乌台"是御史台的别称,据《汉书·朱博传》记载,御史府(台)中有许多柏树,常有数千只乌鸦栖息在树上,晨去暮来,号为"朝夕乌"。因此,后人将御史台称为"乌台"。

苏轼下狱后,其长子苏迈一直照顾他。在等待最后判决的时候,苏迈每天去监狱给他送饭。由于父子不能见面,所以暗中约好,平时只送蔬菜和肉食,如果有死刑判决的坏消息,就改送鱼,以便苏轼早做心理准备。有一天苏迈有事,不能去给父亲送饭,就托一个朋友代劳,但苏迈忘记告诉朋友他和父亲的约定,偏巧那个朋友给苏轼送去了一条鱼。苏轼一见大惊,以为自己难逃一死,便写了两首绝命诗给弟弟苏辙。

其一：

圣主如天万物春，小臣愚暗自亡身。
百年未满先偿债，十口无归更累人。
是处青山可埋骨，他年夜雨独伤神。
与君世世为兄弟，更结来生未了因。

其二：

柏台霜气夜凄凄，风动琅珰月向低。
梦绕云山心似鹿，魂飞汤火命如鸡。
眼中犀角真吾子，身后牛衣愧老妻。
百岁神游定何处？桐乡知葬浙江西。

苏辙看到哥哥的两首绝命诗，痛哭流涕，悲伤不已。他立刻上书神宗，希望能以自己的官爵赎去其兄之罪。神宗欣赏苏轼的才华，并没有将其处死的意思，只是想借此警告那些反对变法的官员，名气再大的官员，要是对变法持异议，都将受到惩罚，颇有杀鸡给猴看的政治意味。神宗读了这两首绝命诗，感动之余，也不禁为如此才华所折服。加上当朝多人为苏轼求情，赋闲在家的王安石也劝神宗，圣朝不宜诛名士，就连重病在床的曹太皇太后也为此事责备神宗，神宗遂下令对苏轼从轻发落，贬其为黄州（今湖北省黄冈市）团练副使。经过一百多天的牢狱生活，苏轼离开京城，前往黄州。巨大的挫折并没有改变苏轼豪爽的性格，饱经忧患的人生体验反而激发了他创作的热情，在黄州的日子，苏轼写下了"大江东去，浪淘尽，千古风流人物"等脍炙人口的诗句。

"乌台诗案"发生后，神宗没有停止改革的进程，亲自对熙宁年间的变法措施加以调整，继续推行，并着手对官制进行了一次大的改革，使变法运动进入一个新的阶段。变法是一条异常艰辛的道路，其间神宗虽然有过怀疑和动摇，但最终还是坚持下来。忧国忧民的神宗把自己所有的精力和热情都投入这场大变法之中，为实现富国强兵的目标而努力着。

四、难得的胜利：河西走廊的开通

神宗君臣下大力气整顿内政，虽然历尽艰难，但还是取得了很好的效果，总体上使北宋国力有所增强，在这种情况下，神宗决意要对威胁宋朝边境安全的问题做出反应。

其实，神宗一直就想痛击西夏，洗刷祖先所蒙受的耻辱，树立宋朝的大国地位。熙宁元年（1068），一个叫王韶的官员给神宗上了三篇《平戎策》，对神宗的对外政策产生了很大的影响。王韶（1030—1081），江州德安（今江西省德安县）人，嘉祐年间中进士后，曾任建昌军（今江西省南城县）司理参军，是个不可多得的军事人才。《平戎策》建议朝廷先收复河湟（今甘肃陇西县以西，岷县、临洮县等沿洮河一带地区），使得西夏腹背受敌；再控制吐蕃与羌族诸部，孤立西夏；然后攻打西夏，这样就可以将其收服。神宗觉得王韶的分析与战略战术十分正确，大加赞赏，其主张后来成为宋朝对西夏用兵的指导思想。同时，由于这篇《平戎策》，原本默默无闻的王韶得到了神宗的赏识，被委以重任，前往西北施展自己的抱负。

对于神宗主动出击的边疆政策，朝中大臣意见不一，富弼、司马光等人纷纷上书，希望神宗慎重考虑对西夏的政策，不要贸然发动战争。而王安石力排众议，全力支持王韶。熙宁四年（1071）八月，神宗设置洮河安抚司，任命王韶为长官，开始经营河州（今甘肃省临夏市西南）、湟州（今青海省乐都县南）地区。在河湟地区，吐蕃部落的势力很大，一直是宋、辽和西夏拉拢的对象。王韶到秦州（今甘肃省天水市）之后，了解到青唐城（今青海省西宁市）的俞龙珂是最大的番部，西夏和渭源羌人都想笼络他。于是王韶只带数人到俞龙珂的营帐，对其晓以利害，劝其归顺，并留宿在他的帐中，以示诚意。俞龙珂颇受感动，率部下12万人归顺大宋。俞龙珂十分崇敬宋朝的清官包拯，于是神宗为其赐名为包顺。在包顺的支持下，王韶得以深入吐蕃各部，为收复河湟地区扫平了道路。

熙宁五年（1072）五月，神宗升古渭寨（今甘肃省陇西县）为通远军，令王韶掌管军事，打算以此为基地，巩固陇右，打击西夏。王韶一边训练军队，一边开垦荒地，发展边贸，把这里经营得有声有色。七月，王韶率军西进，攻取武胜城（今甘肃省临洮县），在此筑城，改名为熙州。不久，神宗下令建置熙河路，以熙州为首府。王韶在熙州周围修建了许多桥梁和城堡，奠定了宋军西进和南下的基地。熙宁六年（1073），王韶又率军攻克河州，宋朝军队名声大振，岷州、宕州、洮州、叠州（今甘肃省岷县、宕昌县、临潭县、迭部县）的羌酋纷纷归顺宋朝。

捷报传来，神宗非常高兴，亲自到紫宸殿接受百官朝贺，并解下自己的玉带送给王安石，感谢他对王韶开拓熙河的支持。王韶立了大功，得到神宗的重用，官职一升再升，最后被任命为枢密副使。当时王韶被人称为"三奇副使"，意思是他献奇策、奏奇捷、受奇赏。

熙州、河州、洮州、岷州、叠州、宕州等地区的千里土地，安史之乱以后就被吐蕃各部落所占有，至此全部收归宋朝统辖，这无疑是北宋王朝数十年来一次巨大的胜利。熙河一役，不仅阻止了西夏的南侵，而且鼓舞了神宗收复失地，重振国威的信心。

元丰四年（1081）四月，西夏发生政变，西夏国主李秉常被囚，梁太后执政。神宗认为征伐西夏的时机到了，立即集兵30万，分五路大举攻夏。

各路大军分道并进，计划先攻下灵州（今宁夏回族自治区灵武市），然后直捣西夏都城兴庆府（今宁夏回族自治区银川市），但实际情况并没有如神宗所想的那般容易。西夏坚壁清野，诱敌深入，断其粮道，采取以逸待劳的方略，一面坚守灵州，一面派出轻骑抄绝宋军粮饷。宋军最初进展顺利，连克数州，直抵灵州。在灵州城下，宋军遭到西夏军队的顽强抵抗，18天不能破城，而粮道又被切断，人困马乏。在宋军饥寒交迫、疲惫不堪之时，西夏军队挖开灵州城外的河渠，淹灌宋军大营，宋军兵士亡散大半。在这种情况下，神宗只得下令撤军。当时随军出征的诗人张舜民写了《西征回途中二绝》，记录了灵州城下的惨状："青铜峡里韦州路，十去从军九不回。白骨似沙沙似雪，将军休上望乡台。"宋夏双方战事之激烈，可见一斑。

虽然灵州战役失败了，但是神宗并没有放弃消灭西夏的愿望，他在酝酿更大规模的军事行动。元丰五年（1082）七月，神宗采纳给事中徐禧的建议，在银州东南横山要冲筑永乐城（今陕西省米脂县西北马湖峪村），希望以此为根据地，进逼西夏都城兴庆府。九月，永乐城刚刚建好，西夏就集结30万大军来攻，宋军大败，退守城中。西夏军把永乐城包围，切断水源，宋军渴死者大半。最终城池被攻陷，徐禧与守城将士万余人战死。

永乐城之役成为宋夏战争的转折点，从此宋朝明显地由攻势转为守势。同时，此次失败对神宗是致命的打击。神宗本来信心百倍地准备消灭西夏，一雪前耻，没想到等来的却是如此悲惨的结局。接到永乐城失陷的消息，神宗异常悲愤，早朝时甚至对着群臣痛哭流涕，其身体状况也越来越差。元丰七年（1084）九月的一天，神宗宴请群臣。有病在身的神宗饮酒的时候手一直在发抖，以致杯中的酒洒落到衣袍之上。病痛折磨着这位年轻的皇帝，神宗经常痛苦地说："我头痛！我好孤寒！"无论是在精神上，还是肉体上，神宗似乎都被彻底击垮了。

元丰八年（1085）一月初，神宗病情恶化。经过几天抢救，神宗仍没有好转，已经说不出话来。大臣们乱成一团，宰相王珪等老臣开始劝神宗早日立储。神宗此时已经有不祥的预感，他无奈地点头同意了。神宗六子赵佣，改名为赵煦，被立为太子（即哲宗），国家大事由高太皇太后暂为处理。

神宗一生都在追寻自己的理想，他希望重建强盛的国家，再造汉唐盛世。当这些梦想破灭之时，神宗也走到了人生的尽头。元丰八年三月，年仅38岁的神宗带着遗憾离开了这个世界。神宗耗尽一生心血的新法，在他死后不久，就被高太皇太后暂时废除，但不久之后又陆续恢复，因而神宗时期颁布的很多措施一直到南宋仍然继续执行。

第七章

哲宗赵煦：元祐元年（1086）—元符三年（1100）

哲宗赵煦档案

姓名：赵煦（又名赵傭）	出生：熙宁九年（1076）十二月七日
属相：龙	去世：元符三年（1100）一月十二日
享年：25岁	谥号：钦文睿武昭孝皇帝
庙号：哲宗	陵寝：永泰陵（今河南省巩义市）
父亲：神宗赵顼	母亲：朱德妃
初婚：17岁	配偶：孟皇后、刘皇后
子女：1子、4女	继承人：徽宗赵佶
最得意：绍述之政	最失意：元祐时受冷落
最不幸：英年早逝	最痛心：子女早夭
最擅长：贬逐元祐党人	

哲宗赵煦（1076—1100），原名赵傭，是神宗赵顼的第六子，母亲是朱德妃。哲宗既非嫡出，又非长子，因神宗去世时，赵煦的五个哥哥早夭，他年纪最大，是以被拥立为帝，当时年仅10岁，由其祖母高太皇太后（宋英宗皇后）垂帘听政。但高太皇太后听政时，越俎代庖，哲宗备受冷落，很难插手朝政。他亲政后，努力摆脱高太皇太后执政时的阴影，施展自己的抱负，却在25岁时早逝，留下了许多遗憾。哲宗在位只有15年时间，但这时却是北宋党争最激烈最残酷的时期，无论是元祐更化，或是绍圣亲政，从宋神宗时起就支持变法和反对变法的大臣们仍在互相攻击、诋毁，甚至将普通的政见之争上升为意气之争，还一度使得哲宗欲追废祖母高太皇太后，北宋的政治走入了一个歧途，而这一切都要从高太皇太后垂帘听政谈起。

一、垂帘听政：起用"旧人"与恢复"旧制"

元丰八年（1085）二月，宋神宗病情日趋恶化，不能处理朝政。宰相王珪请神宗早日立延安郡王赵傭为皇储，由皇太后高氏暂时听政，神宗表示同意。

神宗母亲高太后出身非常尊贵，其曾祖是宋初名将高琼，母亲为北宋开国元勋曹彬的孙女，姨母是宋仁宗曹皇后。幼年时，高太后与宋英宗都住在宫中，曹皇后视她如亲生女儿。后来，宋仁宗和曹皇后亲自为两人主持婚礼，当时有"天子娶媳，皇后嫁女"之说，这种世家与皇室之间的联姻无疑有助于巩固高氏在宫中的地位。高太后经历了仁、英、神三朝中发生的仁宗立储、英宗"濮议"风波和神宗熙宁变法等事，政治经验很丰富，她在保证哲宗继承大统一事上起了重大作用。

宋神宗生病时，他年龄最大的儿子延安郡王赵傭才10岁，而他的两个同母弟弟却年富力强，雍王赵颢36岁，曹王赵頵30岁，论声望、地位和出身，两人中的任何一个都有资格做皇帝。当时朝中大臣蔡确和邢恕也有策立二王之意，他们曾想通过高太后的侄子高公绘和高公纪达到目的。于是，邢恕以赏花为名将二人邀请到自己府中，对他们说神宗的病情已无回天之力，延安郡王年幼，雍王和曹王都很贤明，有可能成为皇位继承人。高公绘大惊，明确表示，这是邢恕想陷害他们全家，急忙与高公纪一起离开邢府。蔡确和邢恕见阴谋难以得逞，便决定拥立赵傭，以夺策立之功，并趁机除掉与蔡确有矛盾的王珪。蔡确在与王珪同去探望神宗时，问王珪对立储之事有何看法，他暗中却派开封知府蔡京率杀手埋伏在暗处，只要王珪稍有异议，就可以将他杀死。王珪胆小怕事，是出了名的"三旨宰相"（他上殿奏事称"取圣旨"；皇帝裁决后，他称"领圣旨"；传达旨意是"已得圣旨"）。见蔡确相问，王珪便慢吞吞地回答："皇上有子。"言下之意便是主张立赵傭为皇储。蔡确无法，便只好四处张扬，说他自己有策立大功，却反诬高太后和王珪有废立赵傭之意，此事在后来给他招来大祸。

不仅朝中大臣另有打算，赵颢和赵頵也极为关注选立皇储一事。他们时常去皇宫探视神宗病情，看过神宗后，赵颢还径直去高太后处，试图探听或是谈论些什么。神宗只能"怒目视之"，似乎也察觉到弟弟们的意图。到了神宗弥留之际，赵颢甚至还请求留在神宗身边侍寝。高太后见两位亲王居心叵测，为防万一，便命人关闭宫门，禁止二王出入神宗寝宫，实际上是要他们断了念头。同时，加快了立赵傭为储的步伐，甚至还暗中吩咐人秘密赶制了一件10岁孩童穿的黄袍，以备不时之需。

元丰八年（1085）三月，在大臣们前来晋见时，高太后当着众人夸赞皇子赵傭性格稳重，聪明伶俐，自神宗病后便一直手抄佛经，为神宗祈福，颇是孝顺，还将赵傭所抄佛经传给大臣们看。大臣们齐声称贺，高太后立即命人抱出赵傭，宣读神宗诏书，立赵傭为皇太子，改名赵煦，皇储之争总算平静下来。数日后，神宗去世，皇太子赵煦继位，改元元祐。从此，太皇太后高氏垂帘听政，掌握大权达8年之久。

高太皇太后被后人誉为"女中尧舜"，但她在政治上却极为盲目和固执。宋神宗时代，高太后就是变法的主要反对者之一，她曾与当时的曹太皇太后一起在神宗面前哭诉王安石新法败坏祖宗家法，害苦天下百姓。高太皇太后垂帘听政的第一件事就是召回刚愎自用但颇有声望的司马光。司马光在神宗变法时隐居洛阳达15年之久，百姓都知道他日后可能复出，称他为"司马相公"，而许多赋闲在家的反变法官员也很钦佩他，这些人是司马光执政后更化的主要力量。司马光被召回朝廷后，立即打出"以母改子"的旗号，全面废除新法，史称"元祐更化"。司马光废除新法之彻底，不能不说他带进了自己十多年政治上郁郁不得志的个人感情。然而，高太皇太后却不仅一味信任司马光，委以重任，还在司马光死后，将其反对变法的措施执行到底，并起用大批反对派官员如文彦博、吕公著、范纯仁和吕大防等人，又将支持变法的官员吕惠卿、章惇和蔡确等人逐出朝廷，从而激化了统治集团内部的斗争。

　　高太皇太后在哲宗继位时，一再表示她性本好静，垂帘听政是出于无奈，但她却丝毫不放松手中的权力。在高太皇太后垂帘时期，军国大事都由她与几位大臣处理，年少的哲宗对朝政几乎没有发言权。大臣们也以为哲宗年幼，凡事都取决于高太皇太后。朝堂上，哲宗的御座与高太皇太后座位相对，大臣们向来是向高太皇太后奏事，背朝哲宗，也不转身向哲宗禀报，以致哲宗亲政后在谈及垂帘时说，他只能看朝中官员的背部。到了哲宗17岁时，高太皇太后本应该还政，但她却仍然积极地听政。而此时，众大臣依然有事先奏太皇太后，有宣谕，必听太皇太后之言，也不劝太皇太后撤帘。高太皇太后和大臣们的这种态度惹恼了哲宗，哲宗心中很是怨恨他们，这也是后来哲宗亲政后大力贬斥元祐大臣的一个原因。

　　尽管高太皇太后和大臣在垂帘时没有考虑哲宗的感受，但他们并不放松对哲宗的教育。高太皇太后任命吕公著、范纯仁、苏轼和范祖禹等人担任哲宗的侍读大臣，想通过教育使哲宗成为一个恪守祖宗法度、通晓经义的皇帝，尤其是让哲宗仰慕宋仁宗，而不是锐意进取的宋神宗，因为仁宗创下了为士大夫津津乐道的清平盛世。此外，高太皇太后在生活上对哲宗的管教也很严格。为避免哲宗耽于女色，高太皇太后自哲宗继位后就派了20个年长的宫嫔照顾他的起居，又常令哲宗晚上在自己榻前阁楼中就寝，相当于限制了他自由活动的空间。但元祐四年（1089）十二月，民间却传出宫中寻找乳母之事。大臣刘安世得知后大惊，哲宗此时才14岁，后宫竟然寻找乳母，以此怀疑皇帝沉溺声色，已经生了孩子。于是，刘安世上奏章，告诫哲宗自重。另一大臣范祖禹直接上疏高太皇太后，言辞极为激烈。高太皇太后对外解释说，是神宗遗留下的几个小公主年幼，需要乳母照顾，但私下却将哲宗身边的宫女一一唤去审问。哲宗后来回忆说那些宫女个个眼睛红肿，脸色惨白，他心里很害怕，后来才知道是刘、范暗中告了状，而自己却浑然不知。其实，从某种程度上说，高太皇太后的这些做法是为了照顾和保护哲宗，但也使得哲宗感到窒息，无形中增强了他的逆反心理。

更让哲宗难以接受的是，高太皇太后对待其生母朱德妃也过于严格，甚至是苛刻，或许是她有着某种隐忧，担心哲宗母子联合起来，威胁到自己的地位。朱德妃出身寒微，幼时遭遇极坎坷，其生父早逝，她随母亲改嫁后，却为继父不喜，只得在亲戚家长大。朱德妃入宫后，初为神宗侍女，后来生了哲宗、蔡王赵似和徐国长公主，直到元丰七年（1084）才被封为德妃。朱德妃温柔恭顺，对高太皇太后和向太后一向都毕恭毕敬。元丰八年（1085）十一月，朱德妃护送神宗的灵柩前往永裕陵（今河南省巩义市），途经永安（今河南省巩义市西南）。当时，大臣韩绛任河南知府，亲自往永安迎接灵柩。朱德妃走在后面，韩绛也去迎接。后来，高太皇太后知道了此事，竟勃然大怒："韩某乃先朝大臣，你怎能受他的大礼？"吓得朱德妃淌着眼泪谢罪。哲宗继位后，向皇后被尊为皇太后，朱德妃却不能母以子贵，只被尊为太妃，也没有受到应有的尊贵待遇。在如何对待朱太妃问题上，朝廷中曾有不少意见。有人想趁机拍高太皇太后马屁，欲降低皇帝生母的等级，以凸显垂帘的太皇太后。有人想着将来终究是哲宗掌权，主张尊崇朱太妃，以显示天子的孝道。但高太皇太后另有打算，想压制一下朱太妃，直到元祐三年（1088）秋天，才允许朱太妃的舆盖、仗卫、服冠可与皇后相同。哲宗亲政后，立即下诏令母亲的待遇完全与向太后相同。改变朱太妃待遇共用了近10年的时间，其间夹杂着复杂的政治斗争背景。

高太皇太后和元祐大臣们所做的一切，对哲宗来说，影响非常大。哲宗早慧，八九岁时便能背诵七卷《论语》，字也写得很漂亮，颇得父亲宋神宗的喜爱。元丰七年（1084）三月，神宗在宫中宴请群臣，时年8岁的哲宗随同参加。哲宗虽然是第一次经历这样的场面，却表现得极为得体，得到父亲的夸赞。哲宗继位后，辽朝派使者来参加神宗的吊唁活动，宰相蔡确因两国服饰不同，怕年幼的哲宗害怕，便反复给哲宗讲契丹人的衣着礼仪。哲宗先是沉默不语，待蔡确絮絮叨叨讲完，哲宗忽然正色问道："辽朝使者是人吗？"蔡确一愣："当然是人，但他是夷狄。"哲宗道："既是人，怕他做甚？"言辞极锋锐，蔡确无言以对，惶恐退下。

少年老成的哲宗面对不将自己放在眼中的高太皇太后和元祐大臣，也会用他自己的方式表示反抗。每次大臣向哲宗和高太皇太后奏报国家大事时，哲宗都沉默不语。高太皇太后有次问哲宗为何在大臣奏事时不表达自己的看法，哲宗回道："娘娘已处分，还要我说什么？"弦外之音就是自己无非是一个摆设而已。哲宗常使用一个旧桌子，高太皇太后令人换掉，但哲宗又派人搬了回来。高太皇太后问为何，哲宗答："是爹爹（神宗）用过的。"高太皇太后心中大惊，知道他将来必会对自己的措施不满。大臣刘挚曾上疏，让高太皇太后教导哲宗如何分辨君子和小人。高太皇太后说："我常与孙子说这些，但他并不以为然。"高太皇太后由此愈加担心，当然更不敢放下权力。

元祐八年（1093）九月，高太皇太后去世，哲宗改元绍圣，大力打击元祐大臣，甚至在章惇等人挑拨下，直指高太皇太后"老奸擅国"，欲追废其太皇太后称号及待遇。也许在最初，哲宗对父亲神宗的理解只是出于崇敬，但元祐时期被冷落和忽视的情绪积累下来，加剧了他对元祐政治的不满，便极力推崇神宗。可见，在哲宗的政治抱负中，有着浓厚的个人感情因素，使得他的人生多了些悲剧色彩，也使得朝野上下的政治界限越发清晰。

二、新旧党争：政治旋涡中的牺牲品

哲宗朝，无论是元祐时期，还是哲宗亲政后，最活跃的似乎都是朝中的大臣们。由于变法与反变法矛盾的延续以及哲宗与高太皇太后的冲突，使得当时支持变法的大臣（新党）与反对变法的大臣（旧党）都无可避免地卷入激烈的党争，成为其中的主角，于是，也就演出了一幕幕令人叹息的悲剧。

在高太皇太后垂帘的8年中，旧党不仅控制了整个朝廷，对新党的打击和倾轧也始终如一，从未放松过。旧党刘挚、王岩叟、朱光庭等人甚至竭力搜寻新党章惇、蔡确的传闻逸事，任意加以穿凿附会，对其进行诋毁，最典型的便是"车盖亭诗案"。

蔡确，字持正，泉州晋江（今福建省晋江市）人。神宗变法时，王安石见蔡确颇有些才能，便推荐他做三班院主簿。但蔡确长于见风使舵和阴谋诡计，当他见到神宗有厌恶王安石之意时，竟不顾知遇之恩，上书参劾王安石。蔡确为了谋取高官，甚至制造多起冤狱。他自知制诰升至御史中丞、参知政事，均靠制造冤狱夺别人官位后得到。很多大臣都看不起他，而蔡确却自以为本事了得。神宗病危时，蔡确与邢恕欲立神宗同母弟雍王颢和曹王頵不成，反过来诬陷高太皇太后和王珪有废哲宗之意，自谓有策立之功。

高太皇太后垂帘后，新党势力被排挤，蔡确也被贬出朝廷。元祐元年（1086），蔡确罢相，出知陈州（今河南省周口市淮阳区）。次年，蔡确再贬安州（今湖北省安陆市）。在安州游车盖亭时，蔡确写下了《夏日登车盖亭》十首绝句，诗被与蔡确有过节的吴处厚所得。吴处厚曾在蔡确手下为官，希望他推荐自己，但被蔡确拒绝了，吴处厚由此怨恨不已。终于，吴处厚等来了报复的机会，他将蔡确的诗上呈朝廷，说其中"内五篇皆涉讥讪，而二篇讥讪尤甚，上及君亲"。诗中有"矫矫名臣郝甑山，忠言直节上元间"之句。郝甑山，安州人，唐高宗时的忠直之士。上元二年（675），唐高宗曾想让位给皇后武则天，郝甑山上奏反对。吴处厚曲解诗意，说此处是将高太皇太后比作武则天。而旧党梁焘、朱光庭和刘安世等人立即加以发挥，肆意攻击，并以"邢恕极论蔡确有策立（哲宗）勋，社稷臣也"的言论相弹劾，高太皇太后怒不可遏，将蔡确贬到新州（今广东省新兴县）。吕大防和刘挚曾以蔡确母亲年老，岭南路远，主张改迁他处，高太皇太后却说："山可移，此州不可移。"在当时，被贬往岭南，实际上如同被判了死刑。苏轼曾有诗云："问翁大庾岭头住，曾见南迁几个回。"这是当时岭南实际情况的真实写照。蔡确被贬时，范纯仁对吕大防说："岭南之路长满荆棘七八十年矣，今日重开，日后我们难免有此下场。"他还请哲宗向高太皇太后求情，但哲宗依旧以沉默相抗议，却在亲政后把大批元祐大臣贬至岭南，印证了当初范纯仁并不肯定的预言。

"车盖亭诗案"是北宋开国以来朋党之争中以文字打击政敌范围最广、力度最大的一起文字狱。旧党利用高太皇太后对蔡确等人的不满，捕风捉影，对整个新党集团进行一次次斩草除根式的清算。在蔡确被贬新州时，旧党将司马光、范纯仁和韩维誉为"三贤"，而将蔡确、章惇和韩缜斥为"三奸"。他们将王安石和蔡确亲党名单张榜公布，以示警告，同时对元祐元年（1086）被司马光斥逐的新党人员章惇、韩缜、李清臣和张商英等人再加以重贬，铲除在朝的新党，如李德刍、吴安诗和蒲宗孟等人，他们都被降官贬职。司马光的同僚及追随者们在高太皇太后的支持下，欲给新党毁灭性的打击，来巩固自己的势力。

但是，随着高太皇太后的逐渐衰老和哲宗的日益成长，不仅旧党成员，连高太皇太后也感到山雨欲来、新党即将复起的政治气氛。元祐八年（1093）八月，高太皇太后垂危时，她告诫范纯仁和吕大防等人："老身殁后，必多有调戏官家者，宜勿听之，公等宜早求退，令官家别用一番人。"实际上是已经预感到哲宗准备起用一批人而要他们提前准备，尽早退出朝廷，以保全身家性命。而后来的事实证明，哲宗亲政后，凡是高太皇太后垂帘时主张弹劾新党、废止新法的官员，几乎无一人幸免。

哲宗亲政后，召回章惇、蔡卞、黄履和张商英等人。章惇等人曾是神宗变法时的重要人物，但在经历了元祐时期被旧党残酷倾轧后，他们的政治性格在党同伐异过程中遭到严重扭曲，当他们复出时，他们与亲政的哲宗一样，有着强烈的报复心理，而章惇就是其中的代表人物。

章惇，字子厚，建州浦城（今福建省浦城县）人。章惇博学善文，考进士时，其名次曾在侄子章衡之下，章惇深以为耻，在竞争异常激烈的情况下居然重新参考。一次，章惇与苏轼外出游玩，走到一个潭边，见潭下临万仞绝壁，有根木头横在上面。章惇请苏轼到绝壁上去题字，苏轼见绝壁下深不见底，当即摇头，连说不敢。章惇却从容地吊下绳索攀着树下去，在壁上大书："苏轼、章惇来。"上来后竟然面不改色，神采依旧。苏轼拍拍他的肩膀说："君他日必能杀人。"章惇问为何，苏轼说："能自判命者，能杀人也。"章惇听罢哈哈大笑。

熙宁初，章惇得王安石赏识，被委以要职。后来，高太皇太后和司马光废除新法，章惇与他们的冲突就越来越激烈，甚至还与司马光在高太皇太后帘前争论，言辞极为尖锐。高太皇太后大怒，刘挚、朱光庭和王岩叟等人趁机上奏指责章惇，章惇被贬出朝廷。

章惇返回朝廷后，不忘刘挚和王岩叟等人对新党的攻击，变本加厉地对他们进行报复。绍圣元年（1094），章惇在哲宗的支持下，将旧党的主要人物吕大防、刘挚、苏轼、梁焘等人贬到岭南。章惇还利用哲宗不满当年刘安世和范祖禹谏宫中寻找乳母一事,将两人也贬到岭南。绍圣四年(1097),章惇等人频频上奏,哲宗对元祐大臣又开始了新一轮的打击。已故的司马光和吕公著等人均被追贬和削夺恩封,哲宗甚至还要掘两人坟墓,由于大臣以"发人之墓,非盛德事"相谏才作罢,但两人后代都被牵连遭贬。仍在世的元祐大臣,均被贬出朝廷,后来几乎都相继到了岭南。

章惇对旧党还采取了一个极严厉的措施,即编类元祐臣僚章疏,也就是把元丰八年(1085)四月以后所有攻击新党和新法的章、疏都予以整理分类,再给上章、疏的人依次定罪,此活动一直到哲宗去世时仍在进行。此外,章惇在贬逐元祐党人时,还以被贬者的姓名来决定被贬地区。苏轼贬儋州(今海南省宜伦县),是因为苏轼字子瞻,"瞻"形似"儋"。刘挚贬新州,因为刘挚字莘老,"莘"谐音"新"。黄庭坚贬宜州(今广西壮族自治区宜山县),因为黄庭坚字鲁直,"直"形似"宜"。而刘安世被贬逐时,有人说刘安世曾算过命,说他命极好,章惇就在昭州(今广西壮族自治区平乐县)上一指,说:"刘某命好,让他去昭州试试。"竟将人的生死视为儿戏,不幸为苏轼所言中。

新党对旧党的报复性打击与哲宗的鼎力支持是分不开的。哲宗不满司马光的"以母改子",不满元祐旧臣早年对他的冷落,更不满高太皇太后对他的种种压抑,因此,对旧党的仇恨心理不亚于元祐时被打击的新党。绍圣初,逢郊祀大礼,朝廷要颁布大赦诏令,通常连死囚都免去死刑。有大臣请示哲宗,可否赦免贬谪的旧党官员,哲宗回答得极为干脆:决不可以。绍圣四年(1097),有人建议让谪居岭南的刘挚等人"稍徙善地",以"感召和气",哲宗却说:"刘挚等安可徙!"连在岭南附近做些调动也不允许。而对于王岩叟,哲宗指责他当初贬蔡确时,实际上是将矛头对准自己,用心极险恶,也就更加痛恨他。哲宗的这些言行相当于宣判了旧党人死刑,至少在哲宗统治时期,他们永无翻身之日。

事实上，在哲宗继位初年，新党和旧党在变法的态度上都有所转变（除司马光外）。如苏轼在给朋友的信中就表露出对自己在神宗变法初期一些偏激言行的反思和自责，认为新法是有一定效果的。而新党中章惇等人也曾指出新法中有许多弊端需要改正，两派都看到了新法的利和弊。假如执政者能调和两派矛盾，消弭冲突，因势利导，北宋的政治或许会有转机。但很不幸的是，高太皇太后的垂帘听政和司马光的上台使得党争激烈化，导致了绍圣后哲宗和新党的反扑，甚至连哲宗的孟皇后也不能幸免，成为党争的牺牲品。

三、福祸之间：孟皇后的悲喜剧

元祐五年（1090），哲宗已年届十五，高太皇太后准备给他迎娶皇后。高太皇太后与吕大防等人曾有在高、向两家择女为后的想法，但因两家都没有合适人选，这才作罢。高太皇太后又选中了名将狄青的孙女，然而，狄氏虽门第显赫，她本人却是庶出，名分不正。最后，高太皇太后选了家庭背景简单的孟元的孙女。可见，册立孟皇后，是高太皇太后与元祐大臣们综合各

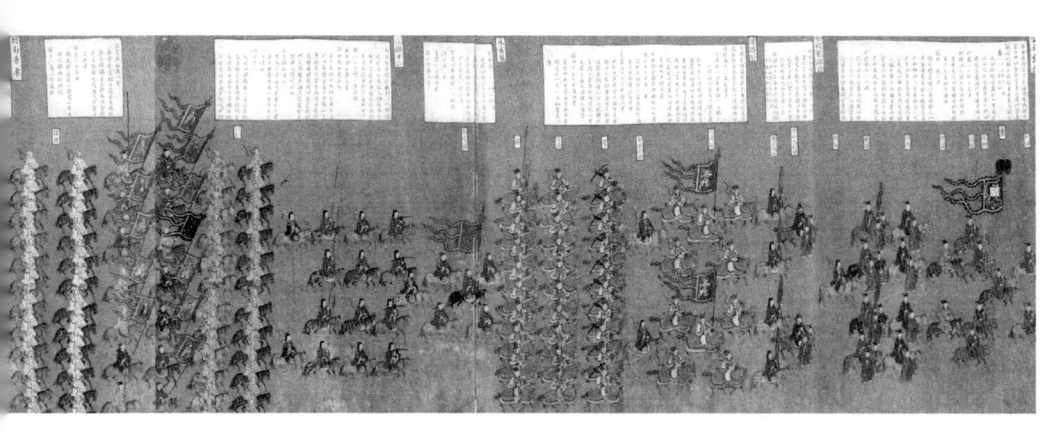

《大驾卤簿图》(局部)

方面因素，反复权衡后的结果。孟氏端庄娴雅，性情温和，颇得高太皇太后和向太后的喜爱。两人还亲自教她宫中礼仪，甚至连一些行走姿势和动作都手把手教她。

　　元祐七年(1092)，在高太皇太后的一手操办下，哲宗举行了盛大的婚礼。朝中官位极高的旧党大臣吕大防、韩忠彦、苏颂和王岩叟以及皇叔赵宗景等人都参加了册封仪式。五月十六日，哲宗册孟氏为皇后。但道家认为，这天是天地合日，夫妻应该独自入寝，违反者会夭损寿数，宋人很忌讳这个日子。偏偏朝臣选择这一日举行皇后册礼，还解释为皇帝与皇后犹如天与地，当用此日。但皇帝的生母朱太妃不满所选的日子，哲宗心中也十分不解，而高太皇太后却以为这只是民间习俗，不见于礼书，不用介意。于是，五月十六日这天，按计划举行了大礼。这场空前的婚礼显然不合哲宗心意，连一向顺从的朱太妃都提出反对意见，但未奏效。因此，这场婚礼本身也就隐含着他日的危机。更为巧合的是，哲宗后来在25岁时就离开人世，竟无意中印证了道家折寿之说，这或许就是历史让人惊讶不已之处。

　　大婚后不久，帝、后不和。按照惯例，皇帝大婚后，要祭祀天地。但在哲宗亲自去南郊祭祀天地的途中，却忽然有十余辆红伞青盖的牛车不回避皇帝的仪仗队，反而争道而行，迫使哲宗一行只得停了下来。苏轼担任此次祭祀礼官，派人去查问，原来是皇后与高太皇太后的女儿韩国、魏国大长公主的车队路过。苏轼对同行的御史中丞李之纯说此事必须上报高太皇太后，但李之纯不敢上奏，苏轼便禀报了哲宗。哲宗得知皇后与大长公主不将他放在眼里，非常气愤，连忙派人把此事告知高太皇太后。次日，哲宗便下诏整顿仪卫队，说日后皇帝出行，"自皇后而下皆毋得迎谒"，即连皇后也不许妨碍皇帝仪仗队的行进。

哲宗不喜孟皇后，逐渐宠爱刘妃。刘妃初为宫女，但长相美丽，且多才多艺，侍候哲宗非常尽心，哲宗极是喜爱她。刘妃也恃宠成骄，连孟皇后都不放在眼中，甚至还起了夺后位之心。绍圣三年（1096），孟皇后率领众嫔妃朝拜景灵宫。礼毕，孟皇后就座，诸嫔妃都恭恭敬敬地立在皇后身旁，唯有刘妃站在帘下，背朝皇后。孟皇后的侍女陈迎儿心中不平，呵斥刘妃，刘妃却根本不理会，众人都不满。这年冬至，孟皇后与众嫔妃去拜谒向太后。按照宫中礼制，皇后坐的是朱漆金饰的椅子。刘妃见了很不高兴，随从知她心意，立即给她换了个与皇后一样的椅子。众嫔妃见了颇愤然，便有人喊道："皇太后到。"孟皇后起身迎接，刘妃也站了起来。等了片刻，不见向太后出来，众人只得又坐了下来。却听扑通一声，刘妃已跌倒在地。原来是有人不满刘妃所为，暗中将她的椅子搬走。刘妃心知被人戏耍，恼羞成怒，顾不上见太后，便去找哲宗哭诉。刘妃的心腹宦官郝随劝她不必伤心，只要早日为哲宗生下皇子，皇后椅子就迟早是她的，因为当时哲宗尚未有皇子，只有与孟皇后所生的福庆公主。

而此时，福庆公主却生起病来。孟皇后的姐姐颇懂医术，见公主服药不见起色，便拿来道士治病的符水给公主喝。孟皇后见了大惊，称宫中禁止符咒，便将符箓藏起来。待哲宗来后，孟皇后据实相告，还当着哲宗的面将符箓烧了，哲宗却说这是人之常情。但此事被郝随等人所知，他们暗中便散播宫中兴魇魅之术的谣言。

不久，孟皇后的养母燕氏、尼姑法端和供奉官王坚为皇后祈祷神祠。刘妃和郝随一听此事，立即在哲宗面前添油加醋地予以诋毁。哲宗不分黑白，命梁从政、苏珪等人审查。梁、苏等人对所拘捕的宦官和宫女严刑逼供，打得他们气息奄奄，连话也说不出来。复查的董敦逸见到他们的惨状，心中虽然疑惑，但在郝随等人的威胁下，怕祸及自身，便未表示异议，制造了一起冤案。绍圣三年（1096）九月，哲宗废孟皇后，令其居瑶华宫，号华阳教主、玉清妙静仙师，法名冲真。

孟皇后被废，看似由魇魅之术所致，实质上与哲宗亲政后的"绍述政治"有关。哲宗绍述初，力逐元祐旧党，对高太皇太后郁结于心的愤怒情结也顿时爆发。孟皇后母仪天下，自然会为国人景仰，但她是高太皇太后所立，颇为高太皇太后喜欢，日后若涉及政治，难免会导致元祐旧党势力卷土重来。于是，章惇便与刘妃勾结，制造冤案。而哲宗本来就不满这桩婚姻，况且又在"绍述"时期，凡是与高太皇太后有关的事情都有可能触发哲宗对祖母不满的那根神经，这样，孟皇后很不幸地成为政治斗争的牺牲品。

孟皇后被废，朝中不少大臣上疏劝谏，因为此时，高太皇太后虽死，但影响仍在。大臣陈次升直言断案不公，恐为天下讥笑，甚至连董敦逸也说孟皇后的案子有内情，惹得哲宗怒不可遏，要贬董敦逸的官，经曾布劝阻才作罢。

元符二年（1099）八月，刘妃生皇子茂，九月，被册立为皇后。然而，皇子茂出生后不足三月便夭折，哲宗也于元符三年（1100）一月病逝，其弟端王赵佶继位，是为宋徽宗。而孟皇后对赵宋皇室的贡献才正式开始。

徽宗继位后，向太后垂帘听政。向太后在政治上是追随高太皇太后的，她起用了一些元祐大臣，并恢复了孟皇后的名分，称她为元祐皇后。徽宗亲政后，改元崇宁，表示尊崇神宗，并提拔善于钻营的蔡京。蔡京在郝随的建议下又废了孟皇后，甚至还进一步加以迫害，指出孟皇后死后，不能列入赵宋宗庙祭祀。同时，蔡京等人又趁机对元祐势力进行了规模空前的清算和根除，这场残酷的党争直到崇宁三年（1104）建立"元祐党人碑"（又名"奸党碑"）为止。

孟皇后在瑶华宫中度过了冷寂的二十几年岁月后，又被再次推向了政治的前台。靖康二年（1127），金兵攻占汴京，掳走徽、钦二帝及宗室大臣和后宫嫔妃。而孟皇后因为是先朝废后，被留了下来。金人扶持张邦昌的伪政权来统治占领地区，当时徽宗之子康王赵构正以天下兵马大元帅的身份在外抗金。金人北撤后，张氏政权中的宋朝大臣们对张邦昌施加压力，认为"大元帅在外，元祐皇后在内，此为天意"。张邦昌也知道自己难得民心，便请孟皇后接受百官朝拜，称她为宋太后，请她垂帘听政，表示还政于赵宋皇室。

孟皇后执政后，以皇太后的身份册立赵构为帝。建炎元年（1127）五月，赵构继位，即宋高宗，孟太后撤帘。从"靖康之变"到宋高宗继位，孟太后实际上已被视为宋朝君主的象征，她的存在及她的垂帘在某种程度上减少了从北宋到南宋过渡的阻力。

建炎三年（1129）三月，将领苗傅和刘正彦不满高宗消极抗金，发动兵变，要求高宗让位给皇子赵旉，由孟太后垂帘听政。危急中，孟太后再次垂帘。她一边对苗、刘"曲加慰抚"，稳住叛兵，一边与大臣商议联络在外的韩世忠等人平叛。苗、刘兵变平定后，孟太后还政。

孟太后在兵变中沉着冷静，不仅再次保住了赵宋的江山，也为自己赢得了稳固的政治地位。宋高宗也充分认识到孟太后在朝政中的政治地位和号召力，因此，在后来的岁月中，一直十分尊重孟太后。史书记载，高宗"事太后极孝，虽帷帐皆亲视；或得时果，必先献太后，然后敢尝"。由于当时钦宗尚在人世，高宗帝位的合法性便被人用来做文章。大臣范焘与孟太后侄子孟忠厚有过节儿，曾诬陷孟太后密养钦宗子，于高宗不利，高宗却说："朕于太后如母子，安得有此？"便将他治罪。孟太后患风疾，高宗旦暮不离左右，侍候得非常周到。

绍兴五年（1135）四月，伴随着哲、徽两朝党争而浮沉一生的孟太后去世，她的神主牌位不仅放在哲宗祀室中，还放在刘皇后之上。早在元祐七年（1092）册立孟皇后时，高太皇太后虽然对自己操办的婚事很满意，但又叹息："皇后贤淑，可惜福薄。将来国家有事，她怕是要担当其祸的。"高太皇太后的这些话在后来果然应验。而孟太后被打入冷宫数十年，其精神和肉体的痛苦可想而知，但因此未被金人掳走，应该是不幸中的大幸。此后，孟太后虽经历磨难，却得以安享晚年，寿终正寝，这似乎与她初婚时的道家之说不相符合，与哲宗之短命形成鲜明对比。

第八章

徽宗赵佶：元符三年（1100）—靖康元年（1126）

徽宗赵佶档案

姓名：赵佶	出生：元丰五年（1082）十月十日
属相：狗	去世：绍兴五年（1135）
享年：54岁	谥号：体神合道骏烈逊功圣文仁德宪慈显孝皇帝
庙号：徽宗	陵寝：永祐陵（今浙江省绍兴市）
父亲：神宗赵顼	母亲：陈皇后
初婚：17岁	配偶：王皇后、郑皇后、韦皇后、刘皇后（明达皇后）、刘皇后（明节皇后）
子女：31子、34女	继承人：钦宗赵桓
最得意：收复燕京	最失意：被金人俘虏
最不幸：客死他乡	最痛心：馆藏书画为金人所夺
最擅长：绘画、书法	

宋徽宗赵佶（1082—1135）是北宋第8位皇帝，神宗第11子，元符三年（1100）即帝位，54岁去世，在位26年（1100—1126），历来被视为荒淫腐朽的宋代皇帝。

徽宗时代，北宋王朝已走过它辉煌灿烂的历程，处于党争异常激烈的严峻时期，国势日薄西山。徽宗侥幸获得皇位后，大刀阔斧地整顿朝纲，意欲调和变法派与守旧派之间的矛盾。其后，以继承其父神宗的政策为由，重用以蔡京为首的"六贼"，大兴"党狱"，变乱法度。徽宗穷奢极欲，大肆搜刮江南奇花异石，用船运往都城开封，称"花石纲"。徽宗好大喜功，遣使约金攻辽，以取燕京，致使内忧外患接踵而至。最终酿成"靖康之变"，于靖康二年（1127）被金人俘虏北去，转瞬之间由皇帝沦为阶下囚。徽宗擅长书法、绘画，能诗词，多才多艺，是一位天才的艺术家。

一、纨绔子弟：意想不到的皇帝宝座

元符三年（1100）一月，年仅25岁的宋哲宗（徽宗的哥哥）驾崩，没留下子嗣。显然，皇帝只能从哲宗的兄弟中选择。神宗共有14子，当时在世的有包括端王赵佶（神宗第11子）在内的5人。赵佶虽为神宗之子，却非嫡出，按照宗法制度，他并无资格继承皇位。

令人意外的是，元符三年（1100）一月八日，哲宗去世当天，向太后（神宗皇后）垂帘，哭着对执政大臣们说："国家不幸，哲宗皇帝无子，天下事须早定。"宰相章惇当即提出，按照礼法，当立哲宗同母弟简王赵似，无嫡立长，也当立申王赵佖为帝，这一建议排除了庶出的端王赵佶。然而，向太后看中的恰恰是赵佶，赵佶并非向太后所生，究竟是什么原因使向太后坚持立赵佶为帝，目前学术界尚无定论，可能与赵佶杰出的书画才能和他在向太后心目中良好的印象有关。赵佶每天都到向太后住处请安，称得上是又聪明又孝顺的孩子，因此向太后特别偏爱赵佶。哲宗病重期间，向太后对将来谁继承皇位，早已胸有成竹，因而她未接受章惇的意见。在她看来，上述提到的人选都是神宗的庶子，不能区别对待，更何况申王眼有疾病，不便为君，还是立端王为好。表面上看，向太后办事公平，但在这些冠冕堂皇的言辞背后，显然是在偏袒赵佶，为其继承皇位找到合情合理的借口。结果遭到章惇抵制："端王轻佻，不可以君天下！"这是将攻击的矛头直接转向了赵佶的人品，而向太后却不以为然，仍然固执己见。双方为此僵持不下，互不相让。关键时刻，知枢密院曾布附和太后之议，尚书左丞蔡卞、中书门下侍郎许将也相继表示赞同。章惇势单力薄，不再争辩。赵佶就这样被向太后、曾布、蔡卞等人推上了皇帝宝座，他就是后来的徽宗。

赵佶生于元丰五年（1082）十月十日，自幼养尊处优，逐渐养成了轻佻浪荡的花花公子性格。据说在他降生之前，其父亲神宗皇帝曾到秘书省观看收藏的南唐后主李煜的画像，"见其人物俨雅，再三叹讶"，随后就生下了徽宗，"生时梦李主来谒，所以文采风流，过李主百倍"。这种李煜托生的传说固然不足为信，但在赵佶身上，的确有李煜的某些影子。徽宗自幼爱好笔墨、丹青、骑马、射箭、蹴鞠，对奇花异石、飞禽走兽有着浓厚的兴趣，尤其在书法绘画方面，更是表现出非凡的天赋。

随着年龄的增长，赵佶沉湎于声色犬马，游戏踢球更是他的拿手好戏。赵佶身边有一名叫春兰（原名乔小茹）的侍女，花容月貌，又精通文墨，是向太后特意送给他的，后来逐渐变成了他的玩物。但赵佶并不满足，他以亲王之尊，经常微服游幸青楼歌馆，寻花问柳，凡是汴京城有名的妓女，几乎都与他有染，有时他还将喜欢的妓女乔装打扮带入藩邸，长期据为己有。

与此同时，赵佶结交了一批与他臭味相投的狐朋狗友。他的挚友王诜娶英宗之女魏国大长公主，封为驸马都尉，但王诜为人放荡，行为极不检点。虽然公主温柔贤淑，尽心侍奉公婆，而王诜却偏偏宠爱小妾，还放任她们多次顶撞公主。神宗为此曾两次将王诜贬官，但他却不思悔改，甚至在公主生病时，当着公主的面与小妾淫乱。品行如此恶劣之人，却是赵佶的座上宾，他们经常一起光顾当时汴京城内有名的妓馆——撷芳楼。王诜藏有名画《蜀

王诜所绘《溪山秋霁图》(局部)

葵图》，但只有其中半幅，于是时常在赵佶面前提及此事，遗憾之情，溢于言表。赵佶便记于心，派人四处寻访，终于找到另外半幅画，就把王诜手中的那半幅也要了过去。王诜以为酷爱书画的赵佶要收藏这幅画，哪知赵佶却将两半幅画裱成一幅完整的画送给了他。于此可知二人之间的"深厚情谊"。

赵佶对王诜如此大方，王诜自然投桃报李。有一次，赵佶在皇宫遇到王诜，恰巧因为忘带篦子，便向王诜借篦子梳头，王诜把篦子递给他。赵佶见王诜的篦子做得极为精美，爱不释手，直夸篦子新奇可爱。王诜不失时机地说："近日我做了两副篦子，有一副尚未用过，过会儿我派人给你送过去。"当晚，王诜便差府中小吏高俅去给赵佶送篦子。高俅到赵佶府中时，正逢赵佶在蹴鞠，就在旁边观看等候。赵佶善蹴鞠，而高俅早年便是街头蹴鞠的行家，精于此技。见到赵佶踢得好时，高俅便大声喝彩。赵佶便招呼高俅对踢。高俅使出浑身解数，陪赵佶踢球。赵佶玩得非常尽兴，便吩咐仆人向王诜传话，说要将篦子和送篦子的小吏一同留下。后来，高俅日益受到赵佶的宠幸，而有些仆人想和高俅一样，祈求恩赏，赵佶居然说："你们有他那样的脚吗？"赵佶之放浪形骸可见一斑。

当上皇帝以后，徽宗禀性难移，无心政务，继续过着奢侈糜烂的生活。徽宗17岁成婚，娶德州（今山东省德州市陵城区）刺史王藻之女，继位后，册封王氏为皇后。王皇后生性俭约，相貌平平，贤淑端庄，不会取悦徽宗，虽为正宫，但并不得宠。此时，徽宗宠幸的是郑、王二贵妃，二人本是向太后宫的押班（内侍官名），生得眉清目秀，又善言辞。徽宗为藩王时，每到慈德宫请安，向太后总是命郑、王二人陪侍。二人小心谨慎，又善于奉承，颇得徽宗好感，时间一长，向太后也心领神会，及徽宗继位，便把二人赐给他。徽宗如愿以偿，甚为欢喜。据史书记载，郑氏"自入宫，好观书，章奏能自制，帝爱其才"。显而易见，郑氏不仅姿色出众，而且还能帮助徽宗处理奏章。因此，徽宗更偏爱郑氏，"宠冠后宫"。徽宗多次赐给郑氏情词艳曲，后来传出宫禁，广为流传。王皇后去世，徽宗于政和元年（1111）册封郑氏为皇后。

除了郑、王二氏之外，受宠爱的还有刘贵妃、乔贵妃、韦贵妃等人。刘贵妃，出身寒微，却花容月貌，入宫即得到赵佶宠幸，由才人连升7级而至贵妃。然而，好景不长，升贵妃后不久即去世。据史书记载，刘贵妃曾亲手在庭院中种植了几株芭蕉，当时她说："等这些芭蕉长大，恐怕我也看不着了。"在旁的侍从闻听此言，慌忙上奏徽宗，徽宗起初很不在意。谁知过了两天，刘贵妃病重，等徽宗前去探视时，刘贵妃已撒手而去，她的话果然应验。徽宗悲痛不已，特加四字谥号"明达谥文"，将其生平事迹编成诗文，令乐府谱曲奏唱。

正当徽宗为此伤感时，内侍杨戬在徽宗面前夸耀刘氏女子有倾国倾城之貌，不亚于王昭君，徽宗于是将其召入宫中。刘氏本是酒家之女，出身卑贱，但长得光艳风流。徽宗一见，便被迷得神魂颠倒，瞬间便将丧妃之痛遗忘殆尽。徽宗大加宠爱刘氏，与她形影不离，若离了她，竟是食不甘味，夜不能寐。刘氏天资颖悟，善于逢迎徽宗，还极善涂饰，每制一衣，款式新颖，装扮起来胜似天仙。不但徽宗喜欢，就连京城内外也竞相仿效。在徽宗看来，刘氏回眸一笑，六宫粉黛尽无颜色。道士林灵素见刘氏如此得宠，便曲意奉承，称刘氏为"九华玉真安妃"，绘其像供奉于神霄帝君之左。然而，随着时间的流逝，刘氏渐渐风韵不再，生性轻佻浮浪的徽宗欲再觅新欢。

尽管后宫粉黛三千，佳丽如云，但徽宗对她们刻意造作之态感到索然无味，便微服出宫，寻找刺激。李师师，汴京人，本姓王，手工工匠之女，4岁丧父，遂入娼籍李家，后来成了名噪一时的京城名妓。她色艺双全，慷慨有侠名，号称"飞将军"。李师师既名冠汴京，徽宗自然不会放过她。据史书记载，自政和以后，徽宗经常乘坐小轿子，带领数名侍从，微服出宫，到李师师处过夜。"春宵苦短日高起，从此君王不早朝。"为了寻欢作乐，徽宗设立行幸局专门负责徽宗出行事宜。然而，荒唐的是，行幸局的官员还要帮助徽宗撒谎，如当日不上朝，就说徽宗有排当（即宫中宴饮），次日未归，就传旨称有疮痍（即染病），不再上朝。天子不惜九五之尊，游幸于青楼妓馆，并非光彩之事，所以徽宗总是小心翼翼，生怕被他人发现，其实多数朝臣心知肚明，对徽宗的荒淫行为多少有所了解，却不敢过问，致使徽宗更加放荡。秘书省正字曹辅曾经挺身而出，上疏规谏徽宗应爱惜龙体，以免贻笑后人。徽宗见后，勃然大怒，立即命王黼等人处理此事。这些人自然领会徽宗的意思，以曹辅诬蔑天子之罪论处，徽宗当即将曹辅发配郴州（今湖南省郴州市）。徽宗为了自己纵情享乐，竟如此对待忠贞敢言之士！据《靖康稗史笺证》记载，徽宗"五七日必御一处女"，以及"退位后，出宫女六千人"，可谓荒淫无耻至极！

二、君庸臣佞：蔡京及其时代

徽宗沉湎于声色犬马，并专注于书法、绘画，而怠于政事，因而除了后宫诸如郑氏、宦官之外，只好重用以蔡京为首的"六贼"处理朝廷事务。

蔡京是个典型的政治投机分子，神宗时支持变法。哲宗继位之初，高太皇太后掌权，蔡京转而投靠以司马光等人为首的保守派。哲宗亲政以后，蔡京又投靠重新控制朝政的改革派。众人由此知道蔡京是个奸佞之人。

徽宗继位后，蔡京受到谏官陈瓘等人的弹劾，被夺去官职，闲居杭州。此时宦官童贯正在杭州为徽宗搜集书画、古董。于是蔡京结识了童贯，朝夕相处，不断将自己所画的屏风、扇面之类的东西通过童贯上呈徽宗，他还帮助童贯出谋划策，把杭州民间收藏的几件不朽珍品字画弄到了手，这些珍玩令徽宗惊喜异常。童贯还极豪爽地向宫中的嫔妃、皇帝的近臣和深受皇帝信任的宦官馈赠蔡京的作品，竭力为蔡京回京打通关节，而童贯与蔡京就此结下了相互援引、牢不可破的"深厚友谊"。

崇宁元年（1102），徽宗有意恢复其父神宗时的各项举措，蔡京死党邓洵武乘机推荐蔡京为相，徽宗遂决意起用蔡京，将韩忠彦、曾布罢相外迁为地方官，蔡京升任宰相，且为独相。此后二十多年间，蔡京把持朝政，专掌大权，成为徽宗朝最具影响力的人物。

蔡京是打着辅佐徽宗"上述父兄之志"、恢复"新法"的旗号上台的，他竭力标榜自己是王安石变法的真正继承者。然而，其所推行的并不是新法，而是大兴党禁，力图彻底消灭反对派人士，独揽大权。蔡京上任的第二天，徽宗便下达了一道禁止元祐法的诏书，一反往日的谦逊与温和之态，措辞严厉而强硬，正是蔡京和徽宗合谋炮制的这道诏书制造了中国历史上极为著名的、打击迫害反对派人士的"元祐奸党案"。

被列入"元祐奸党"名录的人，当时大多已过世，但不少是妇孺皆知、闻名遐迩的学术权威、文坛领袖，或为以人品官声享誉当时的著名政治家，徽宗、蔡京集团为消除他们的影响，于是将迫害的锋芒主要指向他们的著述和子孙后代。

崇宁二年（1103）四月，徽宗下诏销毁司马光等人在景灵西宫的画像，此后，蔡京又进一步怂恿徽宗下诏焚毁苏轼等人的文集等，司马光的史学巨著《资治通鉴》也在焚毁之列。当时，负责销毁《资治通鉴》印版的是蔡京之弟蔡卞及其党羽林自等人，太学博士陈莹中获悉后，特意在太学考试出题时援引了神宗为该书写的序文。林自不学无术，未曾读过《资治通鉴》，不知神宗确实写过这篇序文，于是质问陈莹中："这篇序文怎么能是神宗亲自写的呢？"陈莹中反问："谁敢说这是假的呢？"林自又找借口说："即便是真的，也不过是神宗幼年时写的文章而已。"陈莹中问他："天子之学出于圣人，得自天性，哪里有少年、成人的区别？"林自自知理屈，于是回去告诉蔡卞，蔡卞密令"学中置版高阁，不复敢议毁矣"。这样，这部史学名著才得以流传至今。

元祐党人既遭迫害，其亲属子弟也随之受到牵连。崇宁二年的礼部考试，本已中举的李阶因是"元祐奸党"李深之子，又是"元祐奸党"陈瓘的外甥，被徽宗夺去进士出身而转赐他人。

为了进一步打击政敌，蔡京还主持修建"党人碑"，将司马光等309名"元祐奸党"的名字刻于碑上。后来随着政治气候的变化，各地"党人碑"逐渐被销毁。但今天我们还能看到国内仅存的一块完整的"党人碑"，位于广西桂林市东七星山瑶光峰下的龙隐岩，系南宋庆元四年（1198）元祐党人梁焘的曾孙梁律依据家藏旧本重刻。这块距今已有800多年的石碑，距地面一丈有余，虽久经风雨，但字迹清晰，上有蔡京手书"元祐党籍"四个字，是一个重要的历史见证。毫无疑问，这块碑既是蔡京等人罪恶的证据，也是徽宗朝昏暗政治的缩影。

通过"元祐奸党案"，徽宗、蔡京将贤良正直之人排挤出朝廷，进而重用了一批奸佞之徒。与蔡京、童贯狼狈为奸的有朱勔、王黼、梁师成、李彦，时称"六贼"，此外还有蔡攸、高俅、杨戬、李邦彦、张邦昌等一批奸佞邪恶之徒。这些人聚集在徽宗身边，乘徽宗全身心投入所痴爱的书法、绘画艺术而怠于政事之机，把持朝政，横行无忌。

徽宗能书善画，可以说是一位天才艺术家，但作为皇帝，他对政治问题缺乏判断力，朝令夕改，反复无常。对于蔡京，徽宗却始终言听计从，主要是因为蔡京能揣摩徽宗的心理，投其所好。蔡京父子一心固位专宠，极力怂恿徽宗纵情享乐。他们经常向徽宗灌输这样的思想："官家当享天下之奉。""人主当以四海为家，太平为娱，岁月能有几何，何必自寻烦恼？"蔡京还依据《易经》提出"丰亨豫大"之说，诱导徽宗相信当时国富民强，身处太平盛世，作为帝王要敢于大肆挥霍钱财，不必拘泥于世俗之礼，应该尽情享受荣华富贵。

昏庸无道的徽宗几乎全盘接受了这套消极的享乐思想，并成为他及其宠臣基本的施政纲领，越发沉溺于寻欢作乐，而荒废了朝政。政和七年（1117），规模庞大的万岁山开始在京城汴京东北、景龙江之南修建。据说，徽宗继位之初，皇子不多，道士刘混康建言，京城东北角正处在八卦的艮位之上，如

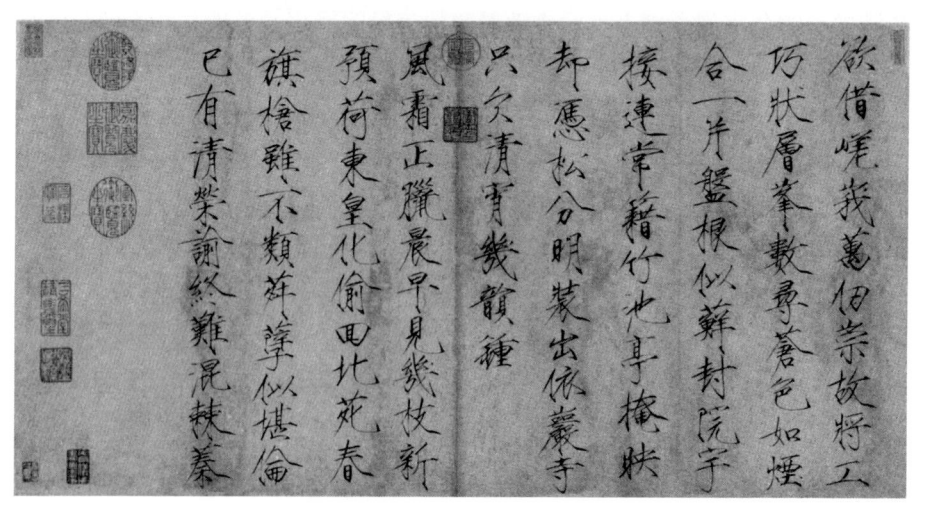

宋徽宗手书《欲借风霜二诗帖》

能将其地势垫高，便会有多男之祥；如若修建成为假山园林，国家必将繁荣昌盛。这本是道士信口开河，徽宗却深信不疑。巧合的是，自从将此地增高为土岗之后，徽宗果然连连得子，兴奋之余，徽宗下令崇奉道教，大建宫观。同时，征发大量士兵、工匠，继续修建"万岁山"，历时 6 年之久方完工，更名为"艮岳"；据记载，此山"山周十余里，其最高一峰九十步"，其中有芙蓉城、灵璧城、慈溪、景龙江等胜地。设计更为精巧的亭台楼阁，不可胜数，山高林深，飞禽走兽应有尽有。富丽堂皇，奢华至极！这些大型土木工程的兴建，耗费了大量人力、物力和财力。

徽宗风流倜傥，继位之前就喜欢玩弄奇花异石，继位后痴心不改，为了满足自己浓厚的兴趣和皇室的奢侈生活，崇宁四年（1105）派蔡京的心腹朱勔于苏州设"应奉局"，专门在东南地区为皇帝大肆搜刮各类珍奇物品与奇花异石。为了把这些奇花异石运往京城，在全国各地征调无数船只，每 10 艘船编为一"纲"，通过京杭大运河、汴河运往汴京，称为"花石纲"。宣和五年（1123），朱勔在太湖采得一高达四五十尺的巨石，需百人方可环抱。朱勔建造巨船运到京师后，徽宗欣喜不已，特赐役夫每人金碗一只，朱勔的四个仆人被封官，朱勔本人被封为威远军节度使，而那块大石头居然被封为"盘固侯"，可谓荒唐透顶！"花石纲"的征发，前后持续了 20 多年，使东南地区及运河两岸的许多民户家破人亡，百姓怨声载道，阶级矛盾进一步激化。

蔡京长子蔡攸也有宠于徽宗，官至节度使，能够随时出入宫掖，并经常参与宫中秘戏，或侍私宴。他和宰相王黼经常穿着短衫窄裤，涂青抹红，杂在戏子、侏儒之中，说些市井间淫谑浪语，以博徽宗之欢。蔡攸的妻室宋氏也曾出入禁掖。据说，有一次蔡攸进宫侍奉徽宗宴饮，徽宗连赐几大杯，蔡攸已酩酊大醉，徽宗仍不尽兴，继续赐酒，蔡攸跪拜在地恳求说："臣鼠量已穷，逮将委顿，愿官家怜之。"徽宗大笑说："使卿若死，又灌杀一司马光矣。"这从一个侧面反映出徽宗对元祐党人的态度，更是徽宗荒淫生活的表现。

自称要赏尽天下花、踢尽天下球、做尽天下官的李邦彦，被称为"浪子宰相"，善于阿谀奉承，从不违背徽宗的旨意，是一个怙恶不悛、厚颜无耻之徒，尤擅长讲些市井鄙俚、粗俗不堪的故事以取悦徽宗。一次，李邦彦侍奉徽宗宴饮，待到献技时，他赤身裸体，露出印在身上的十二生肖纹饰，装模作样，并说些淫秽的话语。徽宗开怀大笑，举杖要笞打他，他却已爬上了拱门。在旁的宦官看见，便传圣旨让他下来，李邦彦回答说："黄莺偷眼觑，不敢下枝来。"皇后得知，感叹说："宰相都如此，怎么能治理好国家！"当然，徽宗一朝的奸佞之徒远不止这些，这几个人只是臭名昭著的典型代表而已，加上荒淫无道的昏庸之君，将整个社会弄得乌烟瘴气，政治极度黑暗。为了保住既得利益，蔡京等人不遗余力地排除异己，使北宋王朝陷入空前的危机。

三、收复燕云：长久的梦想与短暂的辉煌

蔡京、童贯等人在把国内搞得混乱无比之时，又极力怂恿徽宗收复燕云十六州。自宋朝建立后，收复燕云地区一直是自太祖以来历代帝王的梦想。徽宗好大喜功，更想完成祖宗未竟之业，以建立"不朽功勋"。

早在政和元年（1111）九月，徽宗就派童贯出使辽国以窥探虚实，返程途经燕京（今北京市）时，结识了燕人马植。此人品行恶劣，但他声称有灭辽的良策，深得童贯器重。于是童贯将他带回宋朝，改其姓名为李良嗣。在童贯的举荐下，李良嗣向徽宗全面介绍了辽国的危机和金国的崛起，建议宋金联合灭辽。他的一段话成为宋辽金关系史上的名言："辽国必亡，官家念旧民遭涂炭之苦，复中国往昔之疆，代天谴责，以治伐乱，王师一出，必

壶浆来迎。万一女真得志，先发制人，后发制于人，事不侔矣。"在李良嗣看来，辽朝肯定会灭亡，宋朝应该抓住这千载难逢的良机，出兵收复中原王朝以前丧失的疆土。徽宗大喜，当即赐李良嗣国姓赵，改名赵良嗣，授以官职。徽宗不仅花天酒地，声色犬马，而且好大喜功，虚荣心极强。如果侥幸灭辽，列祖列宗梦寐以求的燕云之地不就可以收复了吗？这样，他就是彪炳千秋的一代明君了。从此，宋朝开始了联金灭辽、光复燕云之举。

对宋徽宗这种投机取巧的愚蠢做法，朝廷内外许多有见识的大臣都不以为然，只有童贯、王黼、蔡攸等一帮奸佞之臣异想天开，竭力支持。政和八年（1118）春天，徽宗派遣马政等人自登州（今山东省蓬莱市）渡海至金，策划灭辽之事。随后金也派使者到宋，研究攻辽之事，从此双方展开了秘密外交。在几经往返之后，双方终于就共同出兵攻辽基本达成一致，金国攻取辽国的中京大定府（今内蒙古自治区宁城县西大明镇），北宋负责攻取辽国的燕京析津府（今北京市）和西京大同府（今山西省大同市）。灭辽后，燕云之地归宋，宋把过去每年给辽的岁币如数转给金国，这就是历史上有名的宋金"海上之盟"。

其后不久，徽宗得知辽朝已经获悉宋金盟约之事，非常后悔，担心遭到辽的报复，于是下令扣留金朝使者，迟迟不履行协议出兵攻辽，为后来金国毁约败盟留下了把柄。在此期间，金军以摧枯拉朽之势接连攻下辽朝的中京、西京，辽朝末代皇帝天祚帝也逃入山中，辽朝的败亡已成定局。在这种形势下，徽宗才匆忙命童贯带领 15 万大军以巡边为名向燕京进发，打算坐收渔翁之利。但这批人马一到燕京便遭到辽将耶律大石所部的袭击，大败而归。

宣和四年（1122）六月，辽燕王耶律淳死，徽宗见有机可乘，再命童贯、蔡攸出兵。此时，辽涿州知州郭药师归降宋朝，打开了通向燕京之路。虽然宋军一度攻入燕京城，与辽军展开肉搏战，但因后援未至，被迫撤退。徽宗亲自部署的第二次攻燕之役又以惨败告终。

北宋朝廷的腐败和军事上的弱点给金人以可乘之机。宣和五年（1123）春，金太祖对徽宗派来的使者态度强硬傲慢，并责问赵良嗣：当初宋金两国联合攻辽，为什么到燕京城下，并不见（宋军）一人一骑？谈到土地问题时，金太祖背弃前约，坚持只将当初议定的后晋石敬瑭割给辽朝的燕京地区归宋，不同意将营州（今河北省昌黎县）、平州（今河北省卢龙县）、滦州（今河北省滦县）还给宋朝，他辩称此三地是后唐刘仁恭献给契丹的，并非后晋割让。金人态度坚决，宋方理屈词穷，毫无办法。

几经交涉，金国最终才答应将后晋割给辽朝的燕京及其附近六州之地归还宋朝，条件是宋朝除每年把给辽的岁币如数转给金外，另添每年100万贯的"代税钱"。所谓"代税钱"是指金人规定的由宋朝缴纳燕京地区的租税，即土地与租税分开，实际上是一种赔款。宣和五年四月，徽宗派童贯、蔡攸代表朝廷前去接收燕京地区。金兵撤退时，将燕京一带的人口、金帛、财富一并掠走，留下几座空城送给了宋朝。童贯、蔡攸等人接收了燕京之地后还朝，上了一道阿谀奉承的奏章，称燕京地区的百姓箪食壶浆夹道欢迎王师，焚香以颂圣德。徽宗闻之大喜，即令班师。

收复燕云地区部分"失地"后，宋徽宗分外得意，自以为建立了不世之功，宣布大赦天下，命王安中作"复燕云碑"竖立在延寿寺中以纪念这一功业，并对参与此次战争的一帮宠臣加官晋爵。朝廷上下都沉浸在胜利的喜悦之中，殊不知末日即将降临。

宣和七年（1125），金兵在俘虏了辽国最后一位皇帝天祚帝后，分兵两路南下进攻汴京。宋徽宗吓得慌忙传位于钦宗，让儿子出来收拾残局，自称"太上皇"，带着蔡京、蔡攸父子南逃。后其子钦宗为稳住皇位，将徽宗接回京城。两年后，金兵卷土重来，坐了26年皇位的徽宗赵佶，连同儿子钦宗一起被金人俘虏北去，被封为"昏德公"，史称"靖康之变"。赵佶受尽屈辱折磨，最后病亡于五国城（今黑龙江省依兰县）。南宋绍兴十二年

（1142）八月，宋徽宗赵佶的梓宫（即棺材）从金国运回临安。

四、能书擅画：遗留后世的瑰宝

徽宗虽说在政治上昏庸无能，但又是中国历代封建帝王中最富艺术气质且才华横溢的一位皇帝，他广泛涉猎琴棋书画、诗词歌赋，在书画方面的造诣更是无与伦比。

徽宗天资聪颖，从小就对书画情有独钟，到十六七岁时，已经成为知名度极高的艺术家。继位之前，徽宗经常和驸马都尉王诜、宗室赵大年（即赵令穰）以及黄庭坚、吴元瑜等人交往。这些人都是当时颇有成就的书画高手，对徽宗艺术修养产生了重要影响。史称徽宗"能书擅画，名重当朝"，评价之高，不难想见。

徽宗继位之后，多方搜集历代名书佳画，临摹不辍，技艺大进，逐渐成为当之无愧的画坛巨匠，其绘画注重写生，以精致、逼真著称，其观察生活细致入微，尤精于花鸟。宋人邓椿在《画继》中称赞他的画"冠绝古今之美"，这种看法还是客观公允的。

现存徽宗的画比较多，其代表作有两幅：一是《芙蓉锦鸡图》，绢本，纵 81.5 厘米，横 53.6 厘米，故宫博物院收藏，描写了花枝和锦鸡的动态，芙蓉把锦鸡压得很低，锦鸡却在注视着翻飞的蝴蝶，三种景象连在一起，构成了兴致盎然的整体效果。故宫博物院曾制作了 10 件仿真精品，每件价格高达人民币 50 万元。二是《写生珍禽图》，它是已知徽宗的作品中没有任何争议的精品，纵 27.5 厘米，横 521.5 厘米，全图分 12 段，是徽宗创作成熟时期的作品。作品本身的艺术、文物和收藏价值非常高，这幅画于 2002 年被人以 2500 余万元人民币拍走。

徽宗不仅擅长绘画，书法也有很高的造诣。其书法在学习薛稷、薛曜、褚遂良的基础上，兼容并蓄，自成一家，称"瘦金体"。其笔势瘦硬挺拔，字体修长匀称，尤精于楷书、草书，狂草也别具一格，意趣天成，自然洒脱，如疾风骤雨，似惊涛骇浪，较楷书更为出色。"瘦金体"与李煜的"金错刀"交相辉映，堪称中国书法史上耀眼的书法双璧。徽宗流传至今的瘦金体书法作品比较多，代表作有《草书千字文》，今藏于辽宁省博物馆，纵31.5厘米，横1172厘米，纸本，作于政和二年（1112），徽宋时年41岁。其笔势奔放流畅，跌宕起伏，一气呵成，颇为壮观，丝毫不亚于唐代草书书圣张旭与怀素，是不可多得的珍品。《纨扇七言诗》，纵28.4厘米，横28.4厘米，绢本，今藏于上海博物馆。上写有"掠水燕翎寒自转，堕泥花片湿相重"14个字，其笔法婉转秀丽，连贯如龙蛇，也是一份珍贵的历史文物。

徽宗不仅创作了大量的书画精品，还积极推动了北宋文化艺术的发展。其中值得称道的就是对翰林书画院的重视。宋初以来，供职于书画院之人与其他部门相比地位颇低，就连服饰也与其他部门同等官员不同。徽宗继位后，不仅建立、健全画院的各项规章制度，还相应地提高了画院的政治地位。崇宁三年（1104），徽宗下令设立了专门培养绘画人才的画学，后并入翰林书画院。画学专业分道佛、人物、山水、鸟兽、花竹、屋木等科目，教授《说文解字》《尔雅》《方言》《释名》等课程。画院也有严格的考试，每次都由宋徽宗以古人诗句亲自命题，诸如"竹锁桥边卖酒家""踏花归去马蹄香""嫩绿枝头红一点"等，精巧别致，颇具魅力和想象空间。

与此同时，他还经常亲临画院指导。据宋人邓椿《画继》记载，宣和年间，徽宗建成"龙德宫"，特命画院里的高手实地画"龙德宫"的墙壁和屏风。画完之后，徽宗前去检查，唯独一幅"斜枝月季花"引起了他的注意。于是他就问这是谁的作品，随从告诉他是新进画院的一少年所作。徽宗听了很高兴，不但连连称好，还赏赐红衣料给这位少年，其他人都莫名其妙，遂向他请教。

徽宗指出月季很少有人能画好，因为随着四季、早晚的变化，花蕊、花叶完全不同。这幅画中，月季是春天中午时候开放的，花蕊、花叶一点不差，故厚赏之。在旁的画家听了徽宗对这幅画鞭辟入里的分析解剖与极具鉴赏力的评判，莫不叹服。还有一次，宫中宣和殿前的荔枝树结了果，徽宗特来观赏，恰好见一孔雀飞到树下，徽宗龙颜大悦，立即召画家描绘。画家们从不同的角度刻画，精彩纷呈，其中有几幅画的是孔雀正在登上藤墩。徽宗观后说："画得不对。"大家面面相觑，不知所以。几天过后，徽宗再次把画家们召来询问，但他们仍然不知所以，于是徽宗说："孔雀升高先抬左腿！"这时画家们才猛然醒悟，这从一个侧面反映出徽宗观察生活之细腻。

由于徽宗的不懈努力，画院和画学取得了巨大成绩：一方面培养了诸如张希颜、孟应之、赵宣等一大批优秀的画家；另一方面开创了北宋绘画的新境界，也成为中国绘画史上的一块里程碑。学术界有"北宋绘画，实为中国最完美绘画"的美誉，这与徽宗酷爱并重视艺术而造就良好的文化氛围有直接关系。

徽宗在位期间，不仅礼遇画院，还广泛搜集古代金石书画，珍视藏书。北宋末年，金人攻陷汴京后，掳去徽宗的乘舆、嫔妃，他都未尝动色，当索要他馆藏的书画时，"上听之喟然"。由此可见，徽宗最看重的身外之物只是书画。宣和年间，徽宗令人将御府所藏历代书画墨迹编写成《宣和书谱》《宣和画谱》《宣和博古图》等书，并刻了著名的《大观帖》，这些对丰富绘画理论和保存中国传统文化具有不可估量的意义。

中国历代帝王中嗜好收藏书画并参与创作者不乏其人，但没有人像宋徽宗那样将个人对艺术的追求如此广泛而深入地融入全社会的文化生活中。南宋第一位皇帝高宗赵构，在治国理政上同其父徽宗一样昏庸无能。但也许是受他父亲的影响，赵构从小便酷爱书法，最终也成为宋代杰出的书法家。像赵佶、赵构这样的父子皆为皇帝、大书法家的，在中国乃至世界历史上，恐怕也是寥若晨星。因此，徽宗治国固然不得要领，甚至可以说一无是处，但从文化史的角度来说，他在中国书法史和绘画史上都享有无可争辩的崇高地位。

第九章

钦宗赵桓：靖康元年（1126）—靖康二年（1127）

钦宗赵桓档案

姓名：赵桓（又名赵亶、赵煊）		出生：元符三年（1100）四月十三日	
属相：龙		去世：绍兴二十六年（1156）六月	
享年：57岁		谥号：恭文顺德仁孝皇帝	
庙号：钦宗		陵寝：永献陵（今河南省巩义市）	
父亲：徽宗赵佶		母亲：王皇后	
初婚：17岁		配偶：朱皇后	
子女：3子、3女		继承人：高宗赵构	
最得意：铲除以蔡京为首的"六贼"		最失意：被金人俘虏	
最不幸：9岁丧母		最痛心：未重用李纲	
最擅长：妥协退让			

　　钦宗赵桓（1100—1156），曾名赵亶、赵煊，是徽宗长子，生于元符三年（1100）四月十三日。宣和七年（1125）十二月，在金兵大举入侵之际，徽宗禅让帝位，赵桓被迫继位，是为钦宗，次年改元为靖康。"靖康之变"时期，与其父徽宗同被金兵俘虏北去，在位一年两个月，绍兴二十六年（1156）病逝于五国城，享年57岁，葬于永献陵。

　　钦宗与其父一样，优柔寡断，反复无常，对政治问题缺乏判断力。靖康元年（1126），金兵攻打都城汴京，军民强烈要求抵抗，钦宗被迫起用主战派将领李纲抗击金兵，但仍不断向金朝屈辱求和，割让太原、中山（今河北省定州市）、河间（今河北省河间市）三镇，又同意割让河东、河北，一味地妥协退让，幻想金兵能够撤退。十一月，金兵攻陷汴京，靖康二年（1127）二月，延续了167年的北宋灭亡。

一、兵临城下：亡国前的屈辱交涉

元符三年（1100）四月十三日，赵桓出生。这使得登基仅四个多月的徽宗极为高兴，这样，不仅他本人位居九五之尊，还可把皇位传给自己的后代，不必像哲宗那样兄终弟及了，确实是双喜临门。为此，他大赦天下，蠲免赋税，使天下百姓同他一起分享得到皇子的喜悦。九月，赵桓得名为亶，封韩国公。崇宁元年（1102）二月，改名为煊，十一月，又改为桓。徽宗频繁地更改儿子的名字，其原因众说纷纭，莫衷一是，但最为可能的是赵桓的生母王皇后不得徽宗宠爱，在初得皇子的短暂兴奋之后，徽宗对赵桓的感情愈加淡薄。

不久，赵桓受到了失去母爱的沉痛打击。他的母亲、年仅25岁的王皇后于大观二年（1108）九月去世，这给年仅9岁的赵桓造成了难以弥补的创伤，他从此变得沉默寡言，性格孤僻，其受到的刺激可想而知。

政和元年（1111）三月，赵桓开始到资善堂听侍讲为他讲解经史。他兴趣狭窄，喜好恬淡，不像其他宗室子弟那样活泼，这大概与他幼年失去父母之呵护不无关系。政和五年（1115），赵桓被立为太子，成为徽宗的继承人。赵桓拜谒太庙时，徽宗命他乘金辂，设卤簿，仿至道、天禧太子之例，并让官僚参拜称臣，赵桓为显示自己节俭谦恭，"皆辞之"。赵桓还经常请学官辅导讲读，以表明自己好学。然而，他虽位极东宫，却不参与朝政，唯一的爱好就是在每日读讲之暇，呆呆地望着鬃器里的鱼儿，其他事情一概不闻不问，这让人很难想象他继位后将如何面对纷繁复杂的朝政。

徽宗偏爱三子郓王赵楷，颇有废立太子之意。据《宋史》记载，宣和年间王黼当权，欲排挤蔡京，就说蔡京将东宫与皇帝相提并论，显然是要抬高太子的地位，这使徽宗颇不高兴。王黼还屡次劝徽宗废掉赵桓而立郓王为太子。显而易见，王黼与蔡京为了各自的利益而辅佐徽宗的两个皇子，以便将来皇子继承皇位后自己获得更高的政治地位，堂堂太子竟成了权臣之间相互倾轧的工具，而赵桓对此虽然有所了解，却毫无办法。后来，徽宗不想在立太子问题上招致更多议论，再加上徽宗另一宠臣李邦彦的力保，赵桓才勉强保住太子之位。此后，赵桓终日提心吊胆，变得更加谨小慎微。

徽宗宣和七年（1125）十月，金军分兵两路南下攻宋，一路势如破竹，长驱直入，各地宋军大都不战而溃。金军来势凶猛，志在颠覆宋朝，徽宗非常惧怕，却又无计可施，唯有禅位以求挽救社稷。

十二月二十日，徽宗下诏任命皇太子赵桓为开封牧，又特意赐给他只有皇帝才能佩戴的碾玉龙束带，以示对他的信任。开封牧具有的意义非同寻常，北宋历史上只有太宗、真宗两位皇帝继位之前担任过此职。徽宗让太子赵桓担任开封牧，预示着将有禅位之举。赵桓对此有所觉悟，惊喜之余，不免有些担心。徽宗在位 26 年，重用以蔡京为首的一批奸佞之徒，大兴土木，荒淫骄奢，又穷兵黩武，结怨四海，内忧外患接踵而至。现在，金军铁骑如入无人之境，国家危难之时，徽宗让太子赵桓担当重任收拾烂摊子，不过是找个替罪羊罢了，更何况朝廷仍由童贯、王黼等奸佞把持，赵桓势单力薄，很难驾驭朝政，因而他的担心也在情理之中。

然而，徽宗已如惊弓之鸟，急欲逃避责任，决意禅位。十二月二十三日，徽宗命内侍传赵桓入殿受禅，太师童贯、宰相李邦彦将御袍强披在赵桓身上，赵桓却坚辞不受，甚至几次气绝于地。徽宗召郑皇后前来劝说，又以不即皇位即为不孝的罪名强迫赵桓就范，但仍无济于事。徽宗只好命内侍扶拥赵桓到福宁殿继位，赵桓拼命挣扎，跌倒在地，不省人事。随后，内侍强行将赵桓拥到福宁殿西虎门，已齐集在那里的执政大臣也上前帮忙才将赵桓拥进福宁殿。赵桓十分清楚，这是父皇推卸责任的行为，若再推辞，担心徽宗以不守孝道治罪于他，不得不继位。按常理，皇帝乃一国之君，拥有至高无上的权力，历史上为争夺皇位而骨肉相残、父子成仇者不绝于书，而赵桓却一再推辞不就皇位，原因就在于当时国事艰难，江山岌岌可危。赵桓虽然心知肚明，但迫于无奈，不得不继位，站出来替父亲收拾千疮百孔的残局。可以说，赵桓是被徽宗君臣逼上皇位的。

钦宗继位，当务之急便是派兵迎战，阻止金军继续南下。然而，同其父徽宗一样，钦宗也是位昏庸之君，在金兵兵临城下之际，整日患得患失，忽而主战，忽而主和，多疑善变，缺乏主见。后来，在万般无奈的情况下，钦宗以李纲为尚书右丞，东京留守，委以"全权"，指挥军队抗击金兵，保卫京城。李纲受命于危难之时，即日宣布京师戒严，誓死保卫汴京。钦宗虽然任命李纲统兵御敌，其实心中畏惧，犹豫不定，旋即又要逃走。几经周折，李纲终于说服钦宗坚守开封，不再出逃，朝廷局势暂时稳定下来。

当时完颜宗望（斡离不）将开封团团围住，几次攻城都被李纲击退。李纲本是一个不善用兵的文臣，仓促之际，居然相当有效地组织了开封保卫战，赢得了普通百姓和广大将士的广泛赞誉，却也招致了同僚深深的忌恨。钦宗虽任用李纲，却对他猜忌防范，不肯委以重任，更不听他劝阻，而决意屈辱求和，依李邦彦割地求和的建议，派人赴金营谈判，以为这样就可解京城之围了，其实他完全错了。

靖康元年（1126）一月，各路勤王之师陆续抵达京城，钦宗甚为欢喜，又复主战。二月初，发生了钦宗亲自批准姚平仲夜袭金营而失败的事件，金军统帅完颜宗望借此指责宋廷违背盟约。钦宗、李邦彦等人却把责任推到与此无关的李纲身上，乘机罢免了李纲和统领西北援军的老将同知枢密院事种师道，并向入侵者谢罪，此举显然是嫁祸于人，并为钦宗的指挥错误开脱罪责。钦宗、李邦彦的投降求和之举激起了太学生陈东等人领导的伏阙上书，数万群众自发聚集到宣德门，要求恢复李纲、种师道的职务。钦宗虽然被迫同意了民众的正义要求，但内心却极不情愿，他甚至认为是李纲在幕后操纵此次群众运动，因而非常忌恨他。李纲复职后，京城军民的抗金情绪重新高涨。完颜宗望考虑到汴京军民士气高昂，而北宋勤王军数倍于己，久待城外于己不利，便暂时退兵。

金军虽然退出了京师，但并未停止攻宋战争。靖康元年（1126）九月，西部屏障太原被金兵攻陷，使西路金兵得以顺利南下，与东路军合围汴京，并于十一月攻占开封外城。

在攻下开封外城后，精明的金军将帅并未立即攻城，只是占领外城四壁，并假惺惺地宣布议和退兵。钦宗居然还对金兵抱有幻想，于是命何㮚和齐王赵栩到金营求和。完颜宗翰（粘罕）说："自古就有南北之分，今之所议，在割地而已。"又请求太上皇到金营谈判。与其说是请求，倒不如说是命令。徽宗哪有这份胆量？钦宗不得已，以太上皇受惊过度、痼疾缠身为由，由自己代为前往。

闰十一月三十日黎明，钦宗率领宰相何㮚、中书侍郎陈过庭、同知枢密院事孙傅等人前往金营所在地，这恰恰中了金人的圈套。钦宗到金营后，金军统帅却不与他相见，只是派人索要降表。钦宗不敢违背，慌忙令人写降表献上。而金人却不满意，并命令须用四六对偶句写降表。钦宗迫于无奈，说事已至此，其他就不必计较了。大臣孙觌反复斟酌，改易四遍，方才令金人满意。降表大意不过就是向金俯首称臣，乞求宽恕之类，极尽奴颜婢膝之能事。呈上降表后，金人又提出要太上皇前来，钦宗苦苦恳求，金人才不再坚持。接着，金人在营房里向北设香案，令宋朝君臣面北而拜，以尽臣礼，宣读降表。当时风雪交加，钦宗君臣受此凌辱，皆暗自垂泪。投降仪式进行完毕，金人心满意足，便放钦宗返回。钦宗自入金营，倍感屈辱，于无奈之间做了金人臣子，回想起来，悲痛难抑，不知不觉间泪已湿巾，至南熏门，钦宗见到前来迎接的大臣和民众，便号啕大哭，这是发自内心的感动，毕竟还有众多臣民惦记自己的安危。行至宫前，他仍然哭泣不止，宫廷内外更是哭声震天。钦宗初赴金营，历尽劫波，三日后归来，有如隔世！

钦宗刚回朝廷，金人就来索要金1000万锭，银2000万锭，帛1000万匹，这简直是漫天要价。当时开封孤城之中，搜刮已尽，根本无法凑齐。然而，钦宗已被金人吓破了胆，一意屈辱退让，下令大刮金银。金人索要骡马，开封府动用重典搜得7000余匹，京城马匹为之一空，而官僚竟有徒步上朝者。金人又索要少女1500人以充后宫，钦宗不敢怠慢，甚至派自己的妃嫔抵数，少女们不甘受辱，死者甚众。关于金银布帛，钦宗深感府库不足，遂令权贵、富室、商民出资犒军。所谓出资，其实就是抢夺。对于反抗者，动辄施以枷项，连郑皇后娘家也未幸免。即便如此，金银仍不足数，负责搜刮金银的梅执礼等四位大臣也因此被处死，其他被杖责的官员比比皆是，百姓被逼自尽者甚众，开封城内一片狼藉萧条之象。

尽管以钦宗为首的北宋朝廷如此丧心病狂地奉迎金人，但金人的要求仍没有得到满足，金人扬言要纵兵入城抢劫，并要求钦宗再次到金营商谈。钦宗吓得出了一身冷汗，上次身陷金营的阴影尚未散去，新的恐惧又袭上心头，这次恐怕是凶多吉少。此时，何㮚、李若水等人怂恿钦宗前往，钦宗终究不敢违背金人的旨意，不得不再赴金营，去乞求金人退兵。

钦宗到达金营后，受到无比的冷遇，完颜宗望、完颜宗翰根本不与他见面，还把他安置到军营西厢房的三间小屋内。屋内陈设极其简陋，除桌椅外，只有可供睡觉的一个土炕，毛毡两席。屋外有金兵严密把守，黄昏时屋门也被金兵用铁链锁住，钦宗君臣完全失去了活动自由。此时正值寒冬腊月，开封一带雨雪连绵，天气冷得出奇。钦宗除了白天要忍受饥饿的折磨外，晚上还得忍受刺骨的寒风，辗转反侧，不能入睡，想着眼前这一切，心如刀割，泪如泉涌，颇有"枕前泪共阶前雨，隔个窗儿滴到明"的感慨。转瞬之间，钦宗从贵不可及的皇帝沦落为金人的阶下之囚，的确令人同情。然而，这一切都是他与其父徽宗一手造成的。

囚禁中的钦宗度日如年，思归之情溢于言表。宋朝官员多次请求金人放回钦宗，金人却不予理睬。二月五日，钦宗不得不强颜欢笑地接受金人的邀请去看蹴鞠比赛。比赛结束后，钦宗哀求金军统帅完颜宗望、完颜宗翰放自己回去，结果遭到完颜宗翰厉声斥责，钦宗吓得毛骨悚然，遂不敢再提此事。这本来就是金人设计的圈套，自然不会轻易放钦宗回去了。

二、靖康之变：宋人无法治愈的伤痛

金人扣留钦宗后，声言金银布帛数一日不齐，便一日不放还钦宗。宋廷闻讯，加紧大肆搜刮，派官吏直接闯入居民家中，横行无忌，如捕叛逆。百姓五家为保，互相监督，如有隐匿，即可告发。百姓自不必说，就连福田院的贫民、僧道、工伎、倡优等各种人，也在搜刮之列。到一月下旬，开封府才搜集到金16万两、银200万两、衣缎100万匹，距离金人索要的数目还相差甚远。宋朝官吏到金营交割金银时，金人傲慢无礼，百般羞辱。宋朝官吏莫不俯首于地，忍气吞声。自钦宗赴金营后，风雪不止，百姓无以为食，将城中树叶、猫犬吃尽后，就割饿殍为食，再加上疫病流行，饿死、病死者不计其数。境况之惨，非笔墨所能描述。

然而，金人仍不罢休，改索要他物以抵金银。宋朝官府依旧配合，凡祭天礼器、天子法驾、各种图书典籍、大成乐器以至百戏所用服装道具，均在搜求之列。诸科医生、教坊乐工、各种工匠也被劫掠。官府还疯狂掠夺妇女，只要稍有姿色，即被捕捉，以供金人玩乐。当时吏部尚书王时雍掠夺妇女最卖力，号称"金人外公"。丧尽天良的开封府尹徐秉哲也不甘落后，为讨好金人，他将本已蓬头垢面、显露羸病之状的女子涂脂抹粉，乔装打扮，整车整车地送入金营，弄得开封城内怨声载道，民不聊生。

尽管宋朝君臣对金人如此俯首帖耳，卑躬屈膝，但灭宋是金人的既定国策，于是金人决意废黜钦宗。靖康二年（1127）二月六日，钦宗被废为庶人。七日，徽宗等人被迫前往金营。当金人逼迫徽、钦二帝脱去龙袍时，随行的李若水抱着钦宗，不让他脱去帝服，还不断斥责金人为狗辈。金人恼羞成怒，用刀割裂他的咽喉，割断他的舌头，李若水至死方才绝声，可歌可泣！北宋灭亡后，金人于靖康二年三月，册封一向主和的张邦昌为帝，建立了傀儡政权，国号"大楚"。但这个傀儡政权不得人心，不久，张邦昌就隐退了。

金人在扶植张邦昌的同时，再次搜刮金银，即使妇女的钗钏之物也在搜刮之列。开封府担心金银不够，金人无端挑衅，便在开封城四周设立市场，用粮食兑换金银。由于京城久被围困，粮食匮乏，百姓手中的金银也无所用，便纷纷拿出来换米。这样，开封府又得金银几万两。然而，开封城已被搜刮数次，金银已尽，根本无法凑齐金人索要的数目。于是，金人只好作罢。

此时，金军统帅得知康王赵构在河北积极部署军队，欲断金人退路，又担心兵力不足，不能对中原广大地区实行有效统治，因而，在立了傀儡政权之后，金人准备撤军。在撤退时，金人还烧毁开封城郊的房屋，杀死的百姓更是不计其数。这给广大人民带来了深重的灾难，罪行滔天，令人发指。

四月一日，金军在掳掠了大量金银财宝后开始分两路撤退。一路由完颜宗望监押，包括徽宗、郑皇后及亲王、皇孙、驸马、公主、妃嫔等，已于前三日沿滑州（今河南省滑县）北去；另一路由完颜宗翰监押，包括钦宗、朱皇后、太子、宗室及何㮚、孙傅、张叔夜、秦桧等几个不肯屈服的官员，沿郑州（今河南省郑州市）北行。被金人掳去的还有朝廷各种礼器、古董文物、图籍、宫人、内侍、倡优、工匠等，被驱掳的百姓男女不下十万人，北宋王朝府库积蓄为之一空，史称"靖康之变"。不仅钦宗君臣被俘，且金兵所到之处，百姓生灵涂炭，如此惨烈的灾难，给宋人留下了难以治愈的伤痛，也成为此后历朝志士仁人奋发图强的精神动力。

三、囚禁生涯：历经磨难，魂断五国城

离京以后，徽宗这批人分乘860余辆牛车，由彼此语言不通的胡人驾车，一路栖栖惶惶，受尽屈辱折磨。靖康二年（1127）四月五日，徽宗见到韦贤妃（高宗赵构之母，后被追封为皇后）等人乘马先行而去，竟不敢吱声，不觉五脏俱裂，潸然泪下。四月七日，徽宗妃嫔曹才人如厕时，被金兵乘机奸污。八日，抵达相州（今河南省安阳市）时，适逢大雨不断，车皆渗漏，宫女到金兵帐中避雨时又被金兵奸淫，死者甚多，徽宗长吁短叹，却无可奈何。北上途中食物匮乏，又连日风雨大作，宋俘饿殍满地，横尸遍野，惨不忍睹。

钦宗出发时，被迫头戴毡笠，身穿青布衣，骑着黑马，由金人随押，一副失魂落魄的样子，不但受尽旅途风霜之苦，还备受金军兵将的侮辱。钦宗

时时仰天号泣，辄被呵止。日暮宿营时，金兵把他们的手脚都捆起来，以防逃跑。四月十日，自巩县（今河南省巩义市）渡黄河，驾车者告诉随行的同知枢密院事张叔夜将过界河，张叔夜悲愤难抑，仰天大呼，扼吭而死。五月下旬，过太和岭（今山西省代县）时，钦宗等人都被缚在马背上。七月二十日，徽宗、钦宗在燕京相见，父子抱头痛哭，悲愤不已。徽宗原以为生活可以就此安定，不料九月，金人又将徽宗父子迁往更远的上京（今黑龙江省阿城区），因为南宋势力渐强，金人怕他们夺回徽宗父子，而在同南宋的交涉中失去讨价还价的筹码。这样，徽宗父子不得不再次承受颠沛流离之苦。

建炎二年（1128）八月，徽、钦二帝抵达上京，金人命他们身穿孝服拜祭阿骨打庙，这被称为献俘仪，实际上是以此羞辱北宋君臣。然后，又逼着他们父子到乾元殿拜见金太宗。接着，金太宗封徽宗为昏德公，钦宗为昏德侯。这也是中原皇帝玩过的把戏，隋文帝灭陈，封陈叔宝为长城公；宋太祖灭南唐，封李煜为违命侯。此外，韦贤妃以下300余女眷入洗衣院，朱皇后不堪受辱，投水而死；男子则被编入兵籍。

不久，金人又将徽、钦二帝赶至荒凉偏僻的边陲小镇——五国城，他们从此就居住于此，直至去世。生活稍稍安定后，徽宗又有了读书写诗的雅兴。徽宗喜好读书，有时竟达到废寝忘食的地步。有一次，他读了唐代李泌的传记后，知道李泌为国尽忠，复兴社稷，后任宰相，被奸佞嫉恨。徽宗读后感触颇深，令大臣抄写一份，赐给韦贤妃。然而，徽宗对这一切醒悟得太迟了。

在五国城期间，徽宗还与钦宗在宴会上饮酒赋诗，自然是寄厚望于钦宗。徽宗平生爱好写诗，再加上做囚徒的伤感，自然流溢于诗词之中。被流放期间，徽宗写诗较多，但流传下来的仅有十几首。其中，《在北题壁》这首诗流传最广："彻夜西风撼破扉，萧条孤馆一灯微。家山回首三千里，目断天南无雁飞。"徽宗内心的孤独、凄凉之感跃然纸上。另外，列为《宋词三百首》第一首的《燕山亭·北行见杏花》也比较有名。"裁剪冰绡，轻叠数重，淡着胭脂匀注。新样靓妆，艳溢香融，羞杀蕊珠宫女。易得凋零，更多少无情风雨。愁苦。问院落凄凉，几番春暮。凭寄离恨重重，这双燕，何曾会人言语。天遥地远，万水千山，知他故宫何处。怎不思量，除梦里有时曾去。无据。和梦也新来不做。"这首词曾被王国维称为"血书"，相思极苦，哀情哽咽，令人不忍卒读。这使人很容易联想到李煜，徽宗和李煜有着惊人的相似之处，他们在艺术上都颇有成就，擅长书法、绘画、诗词；在政治上都是昏聩之君，连最后结局也大致一样，李煜被宋太宗毒死于开封，徽宗在囚禁中病死五国城。两人命运如此相似，无怪乎后人传说徽宗脱胎于李煜。

徽宗在五国城生活了三年，绍兴五年（1135）病故。钦宗异常悲痛，身心受到沉重打击。绍兴十二年（1142）三月，宋金关系有所缓和，韦贤妃由五国城归宋。她离开时，钦宗哀求她转告高宗，若能归宋，自己当一太乙宫主足矣。高宗担心其兄回来后威胁自己的帝位，表面上高喊迎回徽、钦二帝，内心却巴不得他们客死异域，因而他终生都在与金人议和，根本无心恢复中原。

绍兴二十六年（1156）六月，57岁的钦宗病故。然而，直到绍兴三十一年（1161）钦宗的死讯才传到南宋。高宗表面上痛不欲生，内心却暗自高兴。七月，高宗为钦宗上谥号"恭文顺德仁孝皇帝"，庙号钦宗。

第十章

高宗赵构：建炎元年（1127）—绍兴三十二年（1162）

高宗赵构档案

姓名：赵构	出生：大观元年（1107）五月二十一日
属相：猪	去年：淳熙十四年（1187）十月八日
享年：81岁	谥号：受命中兴全功至德圣神武文昭仁宪孝皇帝
庙号：高宗	陵寝：永思陵（今浙江省绍兴市）
父亲：徽宗赵佶	母亲：韦皇后
初婚：17岁	配偶：邢皇后、吴皇后
子女：1子	继承人：孝宗赵昚
最得意：颐养德寿宫	最失意：纵容秦桧
最不幸：建炎流离	最痛心：失去生育能力
最擅长：屈膝求和	

　　高宗赵构，生于北宋大观元年（1107）五月二十一日，为徽宗第9子。母亲韦贤妃（后被追封为皇后）原本地位较低，并不受徽宗的宠爱。因此，赵构本应与皇位无缘，然而，靖康之变中，赵宋宗室多被金兵俘虏，赵构成了漏网之鱼，"中兴之主"的位子自然非他莫属。靖康二年（1127），时年21岁的赵构登基，重建起赵宋政权。

　　但是，高宗这个"中兴之主"实在是有名无实，父兄被掳的奇耻大辱都无法激起他对金人的仇恨，他的"恐金症"已经不可救药。高宗在位期间，无论抗金战场上的胜负如何，他都是一味地投降求和，在金人面前极尽卑躬屈膝、摇尾乞怜的丑态。历史安排了一个谈"金"色变的君主来承担抗金御侮的使命，无论如何是难有成就的。

一、大难不死:"泥马渡康王"的传说

大凡开国帝王,都会有不同于常人的传奇,人们由此对他们"真命天子"的身份确信不疑,赵构也不例外。南宋民间流传着"泥马渡康王"的故事,其主人公就是曾封康王的赵构。故事情节十分简单,但有两个不同的版本。

一说北宋末年,时为康王的赵构赴金营为人质,金兵押其北上,途中赵构脱逃,逃至磁州(今河北省磁县)时,夜宿崔府君庙,梦神人告知金兵将至,赵构惊醒,见庙外已备有马匹,遂乘马狂奔。这匹马居然载着赵构渡过黄河,过河后即化为泥塑之马。

赵构赴金营为人质,历史上确有其事。靖康元年(1126)一月,金兵已经攻至开封城下,宋廷向金求和,金人要求以亲王、宰相为人质,方可退兵。于是,钦宗命康王赵构前往金营。接下来的事情就与传说的内容完全不一样了。在金营被软禁了二十几天后,幸运降临到了赵构的头上。金人不知出于什么原因,怀疑赵构不是亲王,将其遣返,而不是像故事中那样,押着赵构北上,所以赵构根本无须逃跑。钦宗只好命肃王赵枢代替赵构,赴金营为人质。在钦宗答应割地、赔款等要求后,金人暂时撤军,肃王却没有被放还,而是被掳北去,当了赵构的替死鬼。

另一说为南宋初年,赵构已经即位,朝廷迁到了扬州,金兵大举南下,前锋即将攻到扬州城下,赵构事先没有得到战报,此时闻讯,连夜仓皇出逃。他怕追兵赶上,藏匿在江边神祠内,月光下忽然发现祠中泥塑马动了起来,于是乘骑此马渡过长江,逃到了杭州。

和前一个版本相比,后一个版本的真实成分似乎更大一些,除紧扣故事主题的"泥马渡江"情节外,其他情节都有据可查。靖康二年(1127)五月一日,赵构在应天府登基,建立了南宋政权,是为宋高宗。金人得知赵构重建起赵氏政权,马上开始了新一轮的南侵,目的是要趁赵构立足未稳,将其一举消灭。同年秋,金军分兵攻宋。高宗内心唯恐重蹈"靖康之变"的覆辙,不顾主战派大臣和将领们的反对,于十月将朝廷迁至扬州。建炎三年(1129)二月,完颜宗翰派兵奔袭扬州,攻陷天长(今安徽省天长市),前锋直抵距离扬州城仅有数十里的地方。高宗此时正在后宫寻欢作乐,乍闻战报,慌忙带领少数随从乘马出城,急驰至瓜洲(今江苏省扬州市邗江区)渡江逃跑。这次突如其来的惊吓也给赵构留下了严重的后遗症,他从此失去了生育能力。

其实,这两个版本的内容大同小异,只是在故事发生的地点和时间上出现了分歧,前者在北,后者在南;前者为即位前,后者为即位后。传说固然都是些杜撰附会,甚至是无稽之谈,然而,在某种程度上,也能从侧面表现出历史的真实。"泥马渡江"故事的地域和时间跨度,正显示出赵构在北宋末南宋初的这段时期内从北到南、颠沛流离的逃亡生活。即位以前,在河北的逃跑途中,赵构和大臣在寒冷的旷野中烧柴温饭,一起在茅舍下就食。即位不久,又发生兵变,扈从保驾的御营司将领苗傅、刘正彦等人因不满宦官的胡作非为,包围行宫,诛杀宦官,胁迫高宗让位于年仅3岁的皇子赵旉,由孟太后垂帘听政,改元明受。兵变历时两个月,后由韩世忠起兵平叛,高宗复辟。仅仅过了半年，金兵突破了长江防线，直扑宋廷所在地杭州而来，高宗退无可退，只得入海避敌，在温州沿海漂泊了4个月之久。前有恶浪，后有追兵，衣食物资也无法及时得到供给，南宋君臣的窘迫之状可想而知。一次，高宗饥饿难耐，命令停船靠岸，自己步行到一所寺院索食，僧人不及准备，只好以五枚炊饼进献，赵构居然连吃了三枚半，原本养尊处优的他方才真切地体味到饥寒交迫的感受。

但是这一切似乎并未磨砺出赵构坚忍的意志，也没有激发起他的斗志，恰恰相反，曾经在金营做人质的经历，让赵构亲眼看见了金兵的强悍和凶残，每当想起，他还心有余悸。于是，他抛弃了父兄被掳、国土沦陷的国仇家恨和中原浴血奋战的军民，宁可忍受道路风霜，只为保全自己的身家性命。在逃跑途中，高宗还时时不忘向金人乞和，他一再派出使者前往金营，在国书中竟然自称"康王"，说自己未得金朝允许就登基称帝，实为大错，现在甘愿放弃帝位，向金朝称臣，其卑躬屈膝、摇尾乞怜之态跃然纸上。但是，高宗的哀求根本阻挡不了金兵继续南下，倒是南宋广大军民的奋起抵抗，使金兵屡遭挫败，加上江南气候潮湿，河道密布，不利于金朝骑兵作战，于是，金军主帅完颜宗弼（又名完颜兀术）决定撤兵。金兵北撤途中，遭到南宋军民的不断攻击。撤至镇江时，宋将韩世忠率水师截断了金兵的归路，将其逼入建康（今江苏省南京市）东北70里处的黄天荡，宋军以8000人的兵力包围10万金兵，双方相持48天，金兵屡次突围均告失败，最后用火攻才打开缺口，得以撤退。宗弼大军刚逃出韩世忠的包围，抵达建康，又遭遇了岳飞率部阻击，再战再败，岳飞收复建康，把金兵逐出了江南。

建炎四年（1130）四月，高宗在海上获悉金兵北撤，才从温州经明州（今浙江省宁波市）回到越州（今浙江省绍兴市）。但是，越州地理位置偏僻，漕运很不方便，南宋朝廷的大批官员、军队集中此地，物资供应无法得到保障。相比之下，高宗对逃难时曾经停留过的杭州念念不忘，那里交通方便，江河湖泊交错，使金人的骑兵无法驰骋，大大增加了高宗的安全感；又地处鱼米之乡，物产丰富，基本可以满足南宋朝廷的需要；而且自唐、五代以来，杭州经过了长期的开发建设，已经一跃成为繁华秀丽的"东南第一州"，对刚刚饱经流离之苦、热切渴望安逸生活的高宗来说，杭州无疑具有巨大的吸引力。绍兴二年（1132），高宗迁都杭州，南宋朝廷终于获得了喘息之机，初步在东南站稳了脚跟。

二、千古奇冤：岳飞之死

南宋政权虽然暂时安定了下来，但外有金兵虎视眈眈，随时可能再次南下，内有各地溃兵败将组成的游寇集团和农民的反抗武装，极大地威胁着宋廷的统治。在这种情况下，高宗不得不抛开压制武将的祖宗家法，着意笼络重用武将，当时最有名的将领就是南渡后的"中兴四将"。其中，刘光世出身将门，其父官拜节度使，他本人早年曾随父镇压方腊起义；张俊和韩世忠都是行伍出身，靖康年间就追随赵构，在平定苗傅、刘正彦兵变中又都立有大功；而岳飞则是资历最浅的一位，但是在短短几年间，他的战功和威名就已超越其他诸将，绍兴四年（1134）八月，在收复襄汉六郡之后，宋廷授他为清远军节度使，地位与刘光世、张俊、韩世忠不相上下。

高宗是在向金人求和而不得的形势下，才重用武将的，其目的只是自卫，并没有北伐恢复中原的打算。岳飞收复的失地，实际是从金人建立的傀儡政权伪齐手中夺取的，岳飞出兵前，高宗明白他与其他将领只守不攻的作风不同，于是特地下手诏，告诫他只须收复伪齐所夺之地，千万不可领兵北上触犯金人，否则就算立下战功，也定要严惩。这一纸诏书，牢牢地束缚了岳飞的手脚，加上岳家军只有不到3万人的兵力，也无力进行北伐，因此岳飞

《中兴四将图》

只好在收复襄汉后，率主力退守鄂州（今湖北省武汉市武昌区）。

面对金人的进攻，高宗始终不愿放弃投降求和。尽管绍兴四年以后，岳飞、韩世忠等率军先后击败了金和伪齐的两次南侵，但高宗并不想利用这些绝好时机进行北伐，宋军的战果只是为他与金朝议和提供了讨价还价的砝码，就在各地抗金斗争接连取得胜利的时候，高宗派出求和的使臣仍然络绎不绝。绍兴七年（1137）年底，宋使王伦从金朝带来了议和条件，金朝要求南宋称臣，向金交纳岁币，作为交换，金朝答应废黜伪齐，归还徽宗帝后棺木和高宗生母韦贤妃，归还河南地。高宗得到这个消息，欣喜异常，屈膝求和的决心更加坚定，他再派王伦使金，与金朝商量具体的和谈事宜。

高宗议和的决定遭到了朝野上下的强烈反对，其中几位手握重兵大将的意见，对于和议能否顺利签订至关重要。于是，绍兴八年（1138）八月，高宗召韩世忠、张俊与岳飞入朝，希望说服他们至少不反对议和。张俊向来害怕金兵，在历次对金作战中都极力避免与金兵交锋，其为人又善于逢迎，所以马上表态支持议和。而韩世忠与岳飞则坚决反对，岳飞更是对高宗明确表示："夷狄不可信，和好不可恃，相臣谋国不善，恐贻后世讥议。"这番义正词严的话不禁使高宗对岳飞心生嫌忌。

其实，在此之前，岳飞已经在两件大事上冒犯了高宗。这位最坚决抗金的大将个性耿直，在战场上有勇有谋，而在政治斗争中却显得缺少心计，太不善于保护自己。

绍兴七年（1137）三月，宋廷解除了"中兴四将"之一刘光世的兵权，高宗本来答应将刘光世率领的淮西军队拨给岳飞指挥，岳飞信以为真，以为这样一来，自己兵力大增，兴奋之余，立即提出要带兵10万，出师北伐，这正犯了高宗的大忌。于是，高宗临时变卦，拒绝将淮西军队交给岳飞。对高宗的出尔反尔，岳飞十分愤慨，一怒之下，他竟然离开本军驻地鄂州，以为母守孝为名上了庐山。在高宗看来，这种行为分明是要挟君主，但当时金兵的威胁尚在，解除岳飞兵权的时机并不成熟，因此高宗不得不再三下诏，对岳飞好言抚慰，敦促其下山。六月，岳飞返朝，向高宗请罪，高宗表示对其宽恕的同时，引用太祖"犯吾法者，唯有剑耳"的话以示警告，言语之中已经暗藏杀机。

第二件事发生在同年八月。返朝不久的岳飞出于忠心，建议高宗早立太子。高宗的独子赵旉8年前夭亡，他又在扬州溃退时受了惊吓，失去了生育能力，但高宗那时才30岁，内心仍抱有生育的希望，此时立太子，无疑是向天下暴露其难言之隐。此外，宋朝的祖宗家法也规定武将不得干预朝政。所以，岳飞的建议一下又触犯了两大忌讳，更加深了高宗对他的反感和忌恨。

这两件事以及在抗金恢复中原上毫不妥协的立场，为岳飞日后的命运埋下了祸根。绍兴八年（1138），高宗与金朝的媾和活动正紧锣密鼓地进行，文武百官的反对之声日益高涨，只有秦桧极力支持高宗议和。十一月，金朝"诏谕江南使"张通古与宋使王伦南来。金使的称号中将"宋国"称为"江南"，敌对两国互通信息，应称"国信"，金朝却称"诏谕"，显而易见，这是金人故意羞辱南宋。金人接下来的要求更令南宋臣民难以接受，金使居然要高宗跪拜受诏，奉表称臣。为了苟安偷生，高宗对此并不介意，他冠冕堂皇地表示："只要百姓能免于刀兵之苦，朕可以牺牲自己的体面来换取和议。"然而，天子有此"美意"，臣民们却不愿"领情"，朝廷内外群情激愤，抗议运动达到了前所未有的声势和规模，临安（今浙江省杭州市）百姓甚至在街上贴出醒目的榜文："秦相公（秦桧）是细作（奸细）！"矛头虽然是指向秦桧，实际上表达出对高宗的强烈不满。高宗尽管恼羞成怒，将激烈反对的大臣一一贬谪，但面对舆论的强大压力，他也不能不有所顾忌。十二月，高宗以为徽宗守孝为借口，由秦桧等宰执大臣代他向金使行跪拜礼，接受了金朝的国书。

高宗以为和议之事已成，从此就可以安享太平，于是大加庆祝，大赦天下，给文武大臣加官晋爵。岳飞在接到升官诏书后，当即上书表示拒绝，提醒高宗不可相信金人，并重申自己率师北伐的宏图大愿。高宗和秦桧此时对岳飞切齿痛恨，除掉岳飞的阴谋已经在酝酿之中了。

果然不出岳飞所料，绍兴十年（1140）五月，金人撕毁和议，再次南侵，岳飞率军又奔赴抗金前线。随着金兵在川陕、两淮等地的进攻相继受挫，宋军进入战略反攻，岳飞进军中原。他命原抗金义军首领梁兴等渡过黄河，联络河北义军，结成"忠义巡社"，攻取河东（今山西省中部）、河北州县，以实现他确立的"联结河朔"的战略方针，同时亲自领兵长驱直入，进驻郾城（今河南省漯河市郾城区）。七月，金将完颜宗弼集结大军，从开封直扑郾城，岳飞军以寡敌众，大败金兵。接着，完颜宗弼又转攻颍昌（今河南省许昌市），岳飞对此早有防范，事先已命长子岳云前往支援，完颜宗弼在颍昌再遭岳家军的沉重打击。岳家军乘胜追击，一直打到了距离开封只有45里的朱仙镇。北方义军也纷纷响应，收复了黄河南北的部分州县。金人不得不发出"撼山易，撼岳家军难"的慨叹，并打算放弃开封，渡过黄河北逃。

岳家军的接连胜利当然不利于高宗和秦桧与金朝重开和议，于是，他们连下12道金字牌，催促岳飞立即班师。此时，数万岳家军分布在河南中西部和陕西、两河的广大地区，战线过长，兵力分散，而且，其他各路军队也已接到撤军的命令，张俊、韩世忠、刘锜等部陆续班师，岳飞要想在没有后方支援、缺乏友军配合的情况下，孤军深入，收复故土，实是难上加难。在形势和君命的逼迫下，岳飞违心地拒绝了两河百姓要他继续北伐的恳求，奉诏班师。退兵之日，他不禁深深痛惜自己的"十年之力，废于一旦"！这次最有希望的北伐良机就这样被高宗和秦桧葬送了。

绍兴十一年（1141）一月，完颜宗弼统领近10万大军卷土重来，直攻淮西。高宗命驻守鄂州的岳飞率军增援淮西，但岳飞援军尚未赶到战场，杨存中与刘锜、王德等已在柘皋（今安徽省巢湖市东北）大败金兵。张俊准备独吞战功，便打发岳飞等回军，不料完颜宗弼命孔彦舟回师攻陷濠州（今安徽省凤阳县），并重创前来救援的杨存中和王德大军，当岳飞率领的援军赶到时，金兵已安然渡淮北上。

岳飞两次应援淮西，行动似乎都慢了一些，他向以用兵神速著称，这不能不说是极大的反常。究其原因，第一次据说当时岳飞正患"寒嗽"（感冒），第二次则是军队"乏粮"，其中是否夹杂着对高宗阻挠他北伐的不满情绪，就不得而知了。但不管实际情况如何，这件事还是成了后来秦桧陷害他的口实。

淮西之战后，高宗加紧了削夺武将兵权的活动。由于南宋建立以来，他不得不倚重武将外抗金兵，内平游寇，结果造成武将势力崛起，对皇权构成了潜在的威胁。因此，绍兴十一年四月，高宗将张俊、韩世忠和岳飞召到临安，任命张俊、韩世忠为枢密使，岳飞为副使，名为升官，实际是夺去了三大将的兵权，三将所辖军队从此直接听命于皇帝。

接着，高宗和秦桧将迫害的矛头直指岳飞。绍兴十一年七月，秦桧死党万俟卨秉承上意，上章弹劾岳飞，他抓住岳飞曾经擅离职守、私上庐山以及没有及时应援淮西等事，大做文章，并把张俊撤除淮东防务的事情栽赃到岳飞头上。岳飞意识到自己处境险恶，上书辞职，恳求高宗"保全于始终"，能放过自己，但高宗对岳飞的厌恶由来已久，根本不打算手下留情。

仅凭上面的几条"罪状"，尚不足以置岳飞于死地，于是，秦桧又指使张俊胁迫岳飞部下王贵、王俊，诬告岳飞爱将张宪密谋要挟朝廷还兵给岳飞，串通谋反。张宪被押送大理寺审讯，严刑逼供之下，仍然不肯屈招。好不容易等来了除掉岳飞的机会，高宗怎能因证据不足就轻易放过？他亲自决定让大理寺审理岳飞一案。十月，岳飞、岳云父子被投入大理寺狱中，御史中丞何铸与大理卿周三畏奉诏审讯。何铸反复讯问，实在得不到任何岳飞谋反的证据，在审讯时，又看到岳飞背部刺的"尽忠报国"四字，他深知岳飞的忠心与清白，便向秦桧力辩其冤。秦桧抬出高宗来，明确告诉他："此上意也。"也就是高宗要置岳飞于死地。何铸愤然道："我岂是为区区一个岳飞的性命，强敌未灭，无缘无故诛杀一员大将，势必失去军心，决非社稷长久之计！"见何铸对岳飞下不去毒手，秦桧便奏请高宗，改命万俟卨为御史中丞，锻铸冤狱。岳飞身受酷刑折磨，知道自己根本没有申辩的机会，在狱中悲愤地写下："天日昭昭！天日昭昭！"这是向高宗和秦桧发出的最后抗议。

听说岳飞以谋反罪入狱，已经辞官在家、明哲保身的韩世忠再也无法坐视不理，他当面责问秦桧，岳飞谋反的证据究竟何在，秦桧答道："其事体莫须有。"意思是这件事情大概有吧。韩世忠气愤地说："'莫须有'三字，何以服天下！"但是，高宗和秦桧杀害岳飞的心意已决。在高宗看来，除去岳飞，既可以使和谈顺利进行，又能震慑其他武将，收到杀一儆百的效果，真是一举两得。因此，他不惜违背"不杀大臣"的祖宗家法，于绍兴十一年（1141）十二月二十九日，亲自下旨，以毒酒赐死岳飞，张宪、岳云斩首。

岳飞自20岁从军，到39岁被害，一生戎马倥偬，战斗在抗金的最前线，时时不忘以恢复中原为己任。他领导的岳家军纪律严明，骁勇善战，沉重打击了南侵的金兵。有人曾问岳飞，天下何时才能太平，他答道："文臣不爱钱，武臣不惜死，天下太平矣。"的确，像岳飞这样既不蓄姬妾又不营私财的官员，在中国古代社会里是非常罕见的。但是，岳飞越是廉洁正直，高宗和秦桧对他就越是忌恨，必欲除之而后快。一代抗金名将最终不是牺牲在战场上，而是死于自家君相之手，不禁令后世之人对他更生无尽的痛惜和由衷的崇敬之情。

三、自食其果：秦桧擅权

杀害岳飞和与金议和是双管齐下、同时进行的。绍兴十一年（1141）十一月，也就是岳飞被害的前一月，南宋与金朝再次达成和议，主要条款是：南宋向金称臣；两国疆界东以淮水中流，西以大散关（今陕西省宝鸡市西南大散岭）为界，南宋割唐州（今河南省唐河县）、邓州（今河南省邓县）二州及商州（今陕西省商州区）、秦州（今甘肃省天水市）二州的一半给金；南宋向金每年进贡银 25 万两、绢 25 万匹。除此之外，绍兴和议还有一个附带性的条件，就是"不许以无罪去首相"，等于金朝强令高宗不能罢免秦桧，金人为何如此信任敌国的宰相，个中缘由还得从秦桧南归谈起。

靖康之变时，秦桧任太学正，对金态度强硬。被俘北上后，他却见风使舵，开始讨好金人，并暗中投靠了金朝左监军完颜昌（又名完颜挞懒）。建炎四年（1130），完颜昌进攻楚州（今江苏省淮安市），秦桧也随军南下。十月，他与妻子王氏带着大量随从和财物，投奔涟水军（今江苏省涟水县）的南宋水寨，然后航海抵达当时的宋廷所在地越州。他自称是杀了监视自己的金兵，夺舟来归，而当时就有不少人对他的说法提出了质疑，认为带着众多家眷和奴仆，满载众多财宝，这种情形无论如何也不像是亡命逃归，所以，有人推测其是由金人秘密放归南宋的。

尽管秦桧的行踪极其可疑，但是靖康年间他对金的强硬立场，此时成了他欺世盗名的政治资本，在宰相范宗尹和同知枢密院事李回的引荐下，秦桧受到高宗的接见，他随即向高宗献策："如欲天下无事，须是南自南，北自北。"

这条计策的要害之处在于，要南宋将其境内的北方移民都遣送回金人占领的北方，由于南宋军队中绝大多数士兵和将领都来自北方，此举无异于南宋自动解除武装，彻底向金人投降。就是这样无耻卖国的"良策"，却正中高宗下怀，在满朝一片抗金呼声中，秦桧理所当然地被高宗视为开展投降活动的得力助手，以致高宗兴奋地对范宗尹说："秦桧忠诚过人，朕得到这样的大臣，高兴得连觉都睡不着了。"绍兴元年（1131）二月，秦桧归朝仅三个月，高宗就任其为参知政事，相当于副宰相之职，而秦桧的权力欲望并没有因此得到满足，他四处扬言自己有"耸动天下"之策，暗示如果高宗拜他为相，他当为求和之事出力。八月，高宗果然升秦桧为右丞相，希望能在他的活动下早日求和成功。但秦桧上任后，干的事却是大力培植党羽，排挤左丞相吕颐浩。秦桧结党营私、独揽大权的野心，引起了高宗的警觉，而此时金人仍然不断发动对南宋的进攻，求和之事毫无进展，高宗对秦桧也开始失望和不满，所以，当秦桧重弹"南人归南，北人归北"的陈词滥调时，高宗一反常态，勃然大怒，责问道："朕也是北方人，你让朕上哪儿去？"绍兴二年（1132）八月，任相刚满一年的秦桧，就被高宗罢免了。

罢相后的秦桧不敢再露锋芒，而是韬光养晦，待机而动。他先是曲意逢迎主战派领袖、右丞相张浚，使张浚误以为他只会迎合己意，容易控制，于是再次引荐他入朝，并很快升任为枢密使。随着张浚的失势，秦桧又投靠了左丞相赵鼎，对其唯命是从，获取了他的充分信任。同时，由于王伦使金带回了金人有意讲和的消息，高宗又想起了主和最卖力的秦桧，也有了再次重用他的打算。绍兴八年（1138）三月，高宗任命秦桧为右丞相。秦桧再次做宰相后，表面上仍对赵鼎十分恭敬顺从，内心却已将其视为政敌。此时，高宗与金朝的第一次议和活动正进行得如火如荼，赵鼎虽不反对求和，但在割地问题上斤斤计较，不合高宗的心意。秦桧趁机向高宗进言，说满朝大臣都畏首畏尾，不能承担"大事"，如果高宗决心议和，就请单独与他商议，不许群臣干预，实际上是要求高宗罢免赵鼎，让他独居宰相之位。高宗欣然同意，将赵鼎罢相出朝，从此开始了秦桧独相的黑暗时期。

秦桧上台后，拼命迫害那些反对和议、坚持抗金的官员，除了以"莫须有"罪名杀害了岳飞外，他还将张浚、李光、洪皓等与己政见不合的官员赶出朝廷。为了控制言路，他还将有监察弹劾百官权力的台谏机构牢牢掌握在自己的手中，把自己的亲信党羽安插其中，作为打击政敌的工具。对于朝中官员，顺者昌、逆者亡，只要是不愿阿附秦桧的，台谏们就会罗织种种罪名，对其进行疯狂攻击。如广西经略胡舜陟，以"非讪朝政"下狱，死于狱中；绍兴二年（1132）进士第一名张九成，以"鼓唱浮言"被贬官。

为了确保自己的权位，随时窥探高宗的动向，秦桧还联姻外戚，结交内臣。他把自己的孙女嫁给高宗吴皇后之弟吴益，取得了吴皇后的庇护。高宗有一个十分宠信的御医，叫王继先，秦桧就让妻子王氏与他认为兄妹，以便通过他来刺探宫中消息，并对高宗施加影响。高宗曾说："秦桧是国之司命，王继先是朕之司命。"可见二人的影响力之大。

秦桧虽然对朝臣专横跋扈，但为了避免引起高宗的猜忌，他在高宗面前总表现得小心谨慎。一次，秦桧妻子王氏应吴皇后之邀，进宫赴宴，席间上了一种青鱼，吴皇后问王氏有没有吃过这种鱼，当时秦桧家中有各地上贡高宗的贡品，王氏就照实回答说吃过，而且比宴席上的鱼还大。王氏回家后，将这件事告诉了秦桧，秦桧当即埋怨她"不晓事"，贡品只能皇家享有，自己家也有岂不是犯上欺君之罪？第二天，秦桧故意命人将数十条大鱼当作青鱼送进宫去，吴皇后不知这是秦桧之计，笑道："我就说哪里有许多青鱼，原来是夫人认错了。"秦桧之诡诈由此可见一斑。

高宗并非昏庸之君，对秦桧的结党弄权，他心里是十分清楚的，但是，他却睁一只眼闭一只眼，并不过多干涉。这一方面是因为秦桧排挤主战派、苟安投降的路线深合高宗心意，高宗也明白屈膝求和会遭到极大非议，有秦桧在幕前张罗，自己就可以无须出面，避免投降的骂名。因此，高宗对秦桧极尽宠遇，赐田宅府第，还特许其在府第旁营建家庙，以鼓励他在讨好金人、钳制舆论上更加卖力。另一方面，秦桧通过内外勾结，培植个人势力，其党羽遍布朝野，逐渐形成了君弱臣强的态势，因而高宗即使心有不满，也不能轻举妄动，只有暂时安抚。秦桧死后，据高宗自己说，他每次接见秦桧，裤内总藏着匕首，时刻提防秦桧有什么不测的举动。

绍兴二十五年（1155），秦桧病重，他知道自己将不久于人世，便加紧策划让其子秦熺继承相位。秦熺凭借秦桧的权势，先成为科举榜眼，接着一路高升，6年之间就官至知枢密院事，地位仅次于秦桧。高宗之所以容忍秦桧，是因为他还有利用的价值，如今秦桧将死，高宗当然不愿意看到另一个权相来威胁自己。十月，高宗亲临秦府探病，病榻旁的秦熺迫不及待地问："由谁代任宰相之职？"高宗冷冷地答道："这件事不是你应该参与的！"等于明确拒绝了秦熺继承相位的要求，秦桧父子的如意算盘落了空。次日，秦桧、其子秦熺、其孙秦埙和秦堪被一起免官，得知高宗的旨意，秦桧当夜一命呜呼。

四、死于享乐：颐养德寿宫

秦桧死后，高宗一方面打击其余党，将权力重新掌握在自己手中，另一方面，仍然任用赞成和议的官员，坚持投降求和的政策，实际上是继续推行没有秦桧的"秦桧路线"。高宗陆续起用的汤思退、陈诚之、魏良臣、沈该、汤鹏举等人，在取悦金人方面并不比秦桧逊色。秦桧当政时，他们都由于种种原因被秦桧排挤出朝。高宗起用他们，既能消除秦桧的个人影响，又能延续投降政策，表现出"高明"的政治手腕。

除了用人，高宗在这一阶段决定的另一件大事就是正式确立继承人。高宗失去生育能力后，曾接受大臣建议，于绍兴初年从太祖后裔中挑选了两人，养育在后宫，这两人后来分别改名为赵瑗与赵璩。但高宗一直抱有能生育子嗣的侥幸心理，所以迟迟没有确立太子。随着高宗年岁的增长，他对自己的生育能力终于彻底绝望，朝廷中的许多官员也一再催促高宗早立太子，以定"国本"，于是，高宗不得不开始考虑立储一事。但是，赵瑗和赵璩之中到底选择谁继承皇位，高宗颇费思量。

为了试探赵瑗和赵璩，高宗一次要两人各写100本《兰亭序》进呈。时任国子博士、王府教授的史浩告诉他们说："君父之命，不可不敬。"结果赵瑗写了700本，而赵璩却连一本也没有进呈。又一次，高宗赐二人宫女各10名。史浩又提醒他们说："这些都是平时侍奉皇上的人，应该以庶母之礼对待她们。"月余之后，高宗把宫女召回，赐给赵瑗的宫女都禀报说赵瑗对她们彬彬有礼，没有任何冒犯的行为，而赐给赵璩的宫女却无一不受到赵璩的宠幸。经过这两件事，高宗对赵瑗大为满意，遂于绍兴三十年（1160）改称赵璩为皇侄，立赵瑗为皇子，实际上就是确立了赵瑗为皇位继承人（即后来的孝宗赵昚）。

外有"绍兴和议"维持偏安局面，内无秦桧威胁皇权，继承人也有了结果，高宗本以为从此可以安安稳稳地做几年太平天子，没想到完颜亮南侵又一次打碎了他享乐的美梦。完颜亮于绍兴十九年（1149）发动政变，夺取了金朝帝位，史称其为海陵王。他一直希望统一天下，因此不顾群臣反对，于绍兴三十一年（1161）调集大军南侵，南宋被迫应战。在金兵妄图突破南宋长江防线时，虞允文率军在采石（今安徽省马鞍山市）重创金兵，有力地遏制了金兵的攻势。完颜亮遭到挫败，只好退兵，退至扬州被部下所杀，南侵遂以失败告终。

应付了完颜亮南侵，高宗已是身心疲惫。从登上皇位至今，他终日提心吊胆，唯恐金人进攻，而每逢战事，身为天子，他又不得不装出种种与金人斗争的姿态。他深深感到，自己的皇帝身份实在是投降、逃跑的包袱，不如效法父亲徽宗，退位做太上皇，既不用为国事操心，专心享乐，又可以在金兵攻来时一走了之，没有任何顾忌。于是，绍兴三十二年（1162）六月，身体状况良好、年龄还只有 56 岁的高宗正式下诏退位，由已改名为赵眘的太子继位，是为孝宗，他自己则称太上皇帝，居住德寿宫。

在德寿宫的日子大概是高宗一生最轻松安逸的时光。孝宗虽不是他亲生，但感念他传位于己的恩德，对他十分孝顺。为了满足高宗的享乐需要，孝宗不惜花费巨资，在德寿宫内修筑亭台楼阁，栽种奇花异木。德寿宫的日常用度更是惊人，高宗每年的零用钱就达 48 万贯。此外，逢年过节，以及高宗的生日，孝宗还须另有进献。如淳熙三年（1176）高宗生日，孝宗就进奉了银 5 万两、绢 5000 匹、钱 5 万贯。一次，孝宗还准备出钱 10 万贯，只为买一条寿星通犀带，作为献给高宗的寿礼。

在生活情趣上，高宗深受乃父徽宗的熏陶，对书画有着浓厚的兴趣。他不遗余力地搜求名家书画，臣下们也投其所好，争相搜罗奉献，使得高宗拥有的藏品数量居然不少于徽宗。闲暇无事，高宗常常拿出这些书画，展卷玩赏临摹。除了书画，高宗也喜欢音乐、舞蹈、杂剧之类。德寿宫里有许多优伶乐人为高宗表演取乐，高宗的妃嫔中也有不少精通音乐，当时德寿宫有两大册舞曲的乐谱，其中很多谱子都是妃嫔所作。宫里住得腻了，高宗还常在孝宗的陪同下，乘龙舟出游西湖，同行的文武官员不下数百人，场面蔚为壮观。

淳熙十四年（1187）九月，高宗染疾，病势日益沉重，到十月八日，在德寿宫享受了 25 年悠闲安逸生活的高宗告别人世，享年 81 岁。

第十一章

孝宗赵昚：隆兴元年（1163）—淳熙十六年（1189）

孝宗赵昚档案

姓名：赵昚（又名赵伯琮、赵瑗）	出生：建炎元年（1127）十月二十二日
属相：羊	去世：绍熙五年（1194）六月九日
享年：68 岁	谥号：绍统同道冠德昭功哲文神武明圣成孝皇帝
庙号：孝宗	陵寝：永阜陵（今浙江省绍兴市）
父亲：（生父）秀王赵子偁、（养父）高宗赵构	母亲：秀王夫人张氏
初婚：18 岁	配偶：郭皇后、夏皇后、谢皇后
子女：4 子、2 女	继承人：光宗赵惇
最得意：被高宗选中入继大统	最失意：张浚北伐失败
最不幸：光宗不孝	最痛心：中兴大业最终落空
最擅长：加强皇权	

孝宗赵昚，原名赵伯琮，为太祖赵匡胤七世孙。宋代自真宗开始，皇位一直在太宗一系传承，到高宗时，由于其独子赵旉夭亡，大臣们纷纷建议高宗从太祖的后代里选立继承人。绍兴二年（1132），6 岁的赵伯琮幸运地被高宗选中，改名赵瑗，育于宫中，36 岁时被立为太子，再改名为赵昚，同年登基。从此，宋朝皇位又回到了太祖一系。

孝宗是南宋最有作为的君主。他不甘偏安，力图恢复中原，同时改革内政，希望重振国势，高宗时弥漫朝野的妥协求和之风曾一度有所好转。然而，面对高宗的处处牵制、主和派的极力阻挠、主战派的人才凋零等内外不利因素，孝宗深感力不从心，中兴大业最终不得不付之东流。

一、收拾旧山河：志士仁人的呼唤与行动

孝宗抗击金兵的雄心，在他还是皇子的时候就有所表现。高宗绍兴三十一年（1161），完颜亮南侵，朝中大臣多数主张逃跑，时年34岁的孝宗十分气愤，主动上书，请求亲自领兵与金兵决战。但经王府教授史浩的提醒，为了避免高宗疑心，孝宗再次上书，请求随驾扈从，保护高宗亲征，以表孝心与忠心。登上皇位以后，孝宗表面上不便对高宗妥协求和的政策明确表示反对，但在处理政事时，他一反高宗的做法，平反岳飞冤案，驱逐秦桧党人，起用一批被高宗贬黜的大臣，还积极联络北方抗金义军。绍兴三十二年（1162）七月，也就是孝宗继位后的第二个月，他颁布手谕，召主战派老将张浚入朝，共商恢复大计。

张浚在高宗时为知枢密院事，坚持抗金，先后率军转战川陕、两淮等地，多有战功，在南宋朝野间享有盛誉，金人也十分畏惧他。秦桧当政，张浚遭到排挤，被迫离开朝廷。孝宗久闻张浚的威名，内心早已非常仰慕，如今要恢复中原，主持大局的最佳人选非张浚莫属。新皇帝锐意进取，力图中兴，对自己又如此尊敬与信赖，令压抑已久的张浚兴奋不已。他建议孝宗亲赴建康，以招揽中原百姓之心；陈兵两淮，进军山东，声援西线川陕军队。同时，他还向孝宗举荐了一批力主抗战的人才，如虞允文、陈俊卿、汪应辰、王十朋等，孝宗都一一予以起用。一时间，曾经弥漫朝野的妥协退让气氛焕然一新，主战派力量大大增强。

隆兴元年（1163），孝宗任命张浚为枢密使，都督江淮军马，负责抗金前线的军事指挥。此前，金人向南宋索取海州（今江苏省连云港市）、泗州（今江苏省盱眙县）、唐州、邓州、商州五州之地及岁币，被张浚拒绝。于是，金朝屯兵虹县（今安徽省泗县）、灵璧（今安徽省灵璧县），摆出一副马上要进攻南宋的架势，南北局势骤然紧张起来。张浚主张先发制人，立即进行北伐。此议一出，马上招来了主和派的强烈反对，时任右丞相的史浩就是其中的代表。

史浩曾担任孝宗的太师，师生之间关系融洽，孝宗继位之初的一些改弦更张之举，如为岳飞父子平反昭雪、联络中原豪杰等，都得到过史浩的积极支持，他还向孝宗推荐了陆游等一批有识之士。但是，史浩的这些做法并不是为了恢复中原，而是为了维持南宋偏安一隅的现状。他认为，北伐劳师费财，南宋又兵弱将庸，主动出兵是冒险之举，退守长江以南，静观金人之变，才是最稳妥之计。他与张浚辩论五日，最终也没能说服张浚。此时的孝宗正是初生牛犊，锐气十足，虽然他一度在史浩的阻拦下有所犹豫，但经过张浚的鼓励和支持，又坚定了决心。当年四月，孝宗为了避开主和派的干扰，绕过三省、枢密院，直接命令李显忠、邵宏渊等出兵北伐。

北伐初期，宋军接连取得胜利，李显忠攻克灵璧、宿州（今安徽省宿州市），邵宏渊攻克虹县，金将蒲察徒穆、大周仁、萧琦等先后投降，北方人民纷纷响应，归附者络绎不绝。捷报传到临安，孝宗大喜，升李显忠为淮南、京东、河北招讨使，邵宏渊为副使。然而，就在宋军节节胜利的时候，军队内部的种种问题也暴露出来。首先是将领之间不和，邵宏渊为人心胸狭隘，争强好胜，孝宗任其为招讨副使，位在李显忠之下，他对此耿耿于怀。而张浚对这一问题又处理不当，听任邵宏渊不受李显忠节制，使宋军无法协调行动，统一指挥。其次，面对胜利，主帅李显忠产生了轻敌心理。攻克宿州后，他既不谋进取，也不作防守，终日与部下饮酒作乐。当有人报告说金军万余人向宿州逼近时，他竟不以为然地说："区区万人，何足挂齿！"最后，李显忠在犒赏军士时有失公平，士兵三人才分得1000钱，每人平均只得300余钱，无法调动士兵们的作战积极性，邵宏渊又趁机暗中起哄鼓噪，于是士卒怨怒，宋军一度高昂的士气大为削弱。

就在宋军主将失和、军心浮动的时候，金人已经从前期仓促应战的慌乱中调整过来，调兵遣将，准备反击。孝宗和张浚对北伐面临的潜在危险也已经有所觉察，以时值盛夏、人马疲乏、不宜连续作战为由，急令宋军撤退。然而，诏书尚未到达军中，金军已抵宿州城下。隆兴元年（1163）五月二十二日，金军向宋军发动进攻。李显忠通知邵宏渊出兵，夹击金军，邵宏渊却按兵不动，李显忠只得独自率军出战。战斗间隙，邵宏渊装模作样地出城巡视，对士兵们说："天气如此炎热，就是手不离扇尚不得凉爽，更何况要在烈日曝晒下穿着厚重的铠甲作战？"言外之意是宋军几乎没有获胜的机会。宋军的二号统帅人物表现出如此悲观的情绪，于是，人无斗志，军心涣散。

当晚，中军统制官周宏、邵宏渊之子邵世雄等将领各带所部逃遁，宋军顿时大乱，金人趁机大举攻城。李显忠率领部下奋力抵抗，而邵宏渊

抗金名将张浚

当此紧急关头，仍不肯与李显忠合力守城，极力主张弃城撤退。李显忠知道邵宏渊对自己心存嫉恨，不会援手，仅凭自己所部孤军守城已不可能，只得放弃宿州，连夜南撤。二十三日，宋军刚刚退到符离（今安徽省宿州市北符离集镇），就被追击的金兵赶上，在金兵的围攻下，宋军再无抵抗之力，士兵们丢盔弃甲，惊慌逃窜，连同随军民夫在内的13万人马伤亡殆尽，粮草物资也拱手送与了金军。李显忠、邵宏渊二将在乱军中逃脱，侥幸保住了性命。至此，历时仅20天的北伐以宋军溃败而告终，这也是孝宗在位期间唯一的一次北伐，虽然失败，但毕竟是南宋历史上第一次主动出击，与以前穷于应付金人的进攻截然不同。

北伐失败给主和派留下了攻击主战派的口实，他们再度活跃起来，纷纷上书弹劾张浚，要求与金人重开和议。对于恢复故国的大业，孝宗是不肯轻言放弃的，符离兵败之初，他曾赐张浚手书，宽慰张浚说："抗金之事，朕还要全倚仗你，你千万不可畏惧人言而心怀犹豫。北伐的事情当初是朕与你共同决定的，现在也应该共同承担责任。"孝宗勇于承担责任，既无形中保护了张浚，也表明君臣之间志同道合的决心。所以，虽然迫于主和派的压力，孝宗一度降任张浚为江淮东西路宣抚使，但不久就让其官复原职，后又升其为右丞相，表示对他仍然信赖。然而，北伐的惨败，毕竟使孝宗的勃勃雄心受到不小打击，他逐渐从高涨的热情中冷静下来，意识到中兴计划在短期内是不可能实现的，作为权宜之策，议和也并不是毫不可取。因此，他不再像以前那样疏远主和派，甚至重新起用秦桧余党汤思退为相，准备与金朝议和。

隆兴元年（1163）八月，金人向南宋提出割海州、泗州、唐州、邓州四地，纳币称臣，以及遣还中原归附之民等要求，扬言若宋廷不允，即挥师南下。孝宗虽不反对暂时与金妥协，但认为在议和条件上不能过于迁就，应力争在平等的基础上达成和议。九月，孝宗不顾张浚等主战派的反对，派卢仲贤出使金朝议和。卢仲贤临行之时，孝宗告诫他切不可答应金人割四州之地的要求，而汤思退却唯恐议和不成，私下授意卢仲贤可以割让四州。结果，卢仲贤到宿州金营后，在金人的威胁下，竟不敢有半句争辩，表示愿意接受金人的要求。孝宗闻知大怒，将卢仲贤革职，发配郴州（今湖南省郴州市）管制。和谈遂陷入僵局。

此时，德寿宫的太上皇高宗也不断地向孝宗施加压力。言谈之间，高宗对孝宗的所作所为早已表现出不满。孝宗赴德寿宫问安，常常兴致勃勃地谈论起恢复大计，而高宗最听不惯的恰恰就是这种言论。一次，他终于忍不住粗暴地打断孝宗的话，不耐烦地说："还是等我百岁之后，你再谈论这事吧！"这无异于给孝宗发出了最严厉的警告，要他断了恢复中原的念头。其实，早在北伐之时，高宗就对孝宗处处牵制，现在好容易有了再次和谈、维持偏安的机会，他更是以为万万不能错过，极力敦促孝宗答应金人要求，尽快达成和议。

对于这位选中自己继承皇位的养父，孝宗一直心存感激，因而总是尽量顺从他的意愿。主和派有高宗做靠山，便时时抬出高宗来压制孝宗，气焰更加嚣张。同时，他们又极力鼓吹金强宋弱，只有求和才是良策。在这种情况下，孝宗的态度开始左右摇摆。他曾一度因不肯屈从金人的割地要求，有过再次开战的打算，但对战事实在是没有必胜的把握，所以，一旦金人表示愿意与南宋继续和谈，他又不得不加以考虑。

在这种矛盾心态下，隆兴二年（1164）三月到七月，孝宗下令撤去江淮守备，主动放弃四州之地，并同意了张浚的辞职请求。八月，南宋再派魏杞赴金议和。汤思退等人担心孝宗态度再有反复，竟秘密派人到金营，通知金人发兵南下，用武力胁迫孝宗。金人有了这些吃里爬外的帮凶，更加有恃无恐，他们扣留魏杞，进而要求南宋再割让商州、秦州，否则便举兵南侵。十月，金人对南宋发动了大规模的进攻。孝宗任命汤思退都督江淮兵马，但汤思退拒绝赴任，江淮前线的宋军主力又已经全部撤回，金军几乎没有遇到有力的抵抗，楚州（今江苏省淮安市）、濠州（今安徽省凤阳县）、滁州（今安徽省滁州市）相继陷落，金兵已临长江以北。南宋朝野上下舆论哗然，纷纷声讨主和派媚敌卖国的无耻行径。于是，孝宗罢去汤思退的相位，押赴永州（今湖南省永州市零陵区）管制。太学生张观等72人又上书孝宗，请斩汤思退等人以谢天下，汤思退在赴永州途中听说此事，忧惧而死。

在金朝的军事压力下，孝宗不得不做出让步。隆兴二年（1164）十一月，南宋派王抃前往金营求和，提出新的和议条款，主要内容为：

一、南宋皇帝不再对金称臣，金宋由君臣关系改为叔侄关系；
二、改"岁贡"之名为"岁币"，数量由原来的银25万两、绢25万匹，减为银20万两、绢20万匹；
三、除四州之地外，还要割让商、秦二州给金朝；
四、归还被宋军俘虏的金人，但叛亡者不在其内。

上述条款基本满足了金人的无理要求，此时在位的金朝皇帝世宗吸取完颜亮南侵的教训，主张"南北讲好，与民休息"，既然已经取得了实质性的好处，军事手段就适可而止，同意和议条款。十二月，宋、金正式签订和约，史称"隆兴和议"。

孝宗虽然迫于时势，与金人媾和，但内心恢复中原的强烈渴望并没有因此而消失。鉴于张浚北伐仓促开战而导致失败，孝宗对用兵之事变得谨慎了许多，他集中精力进行各种必要的战前准备，等待时机，再图恢复。

孝宗大力整顿军政，提高军队战斗力。从乾道二年（1166）年底到乾道六年（1170），他先后进行了三次大规模的阅兵活动，这是南宋建立以来前所未有的举动，对鼓舞士气、振奋民心有其积极作用。除亲自校阅军队外，孝宗还规定各地驻军每年春、秋两季要集中演习，对于练兵成绩突出的将佐，予以破格提升，武艺出众的士卒也会获得重赏。中央禁军兵员冗滥，无法充当作战主力，孝宗对其进行拣选，裁汰老弱，补充强壮，使正规军的战斗力得以迅速提升。在以往的对金作战中，民兵是一支重要力量，但常常得不到朝廷的重视。如在淮东地区，原有一种叫万弩手的民兵组织，在抵御金兵南侵时发挥过很大的作用，但在乾道元年（1165）被遣散。乾道五年（1169），孝宗重新恢复了淮东万弩手，改名为神劲军，规定每年八月到次年二月集中训练，为两淮前线增添了一支生力军。

孝宗要再次北伐，将帅人选的问题亟待解决，而此时可以依赖的主战派大臣却越来越少。张浚、吴璘等人相继去世，孝宗最终把领导北伐的重任寄托到了坚持抗金的虞允文身上。完颜亮南侵时，虞允文在采石之战中曾大败金兵，表现出杰出的军事才能，而且他力主以武力恢复中原，与孝宗的心意不谋而合。乾道三年（1167），孝宗任命虞允文为知枢密院事，并接替吴璘出任四川宣抚使。虞允文在四川练兵讲武、发展经济，卓有成效，巩固了南宋的西北防线，为再次北伐时出兵川陕打下了基础。

乾道五年八月，孝宗召虞允文入朝，升其为右丞相兼枢密使，掌握军政大权。虞允文一方面在财力、物力、兵力上积极为北伐做好准备，另一方面，他建议孝宗遣使赴金，要求修改隆兴和约中部分侮辱性的条款，一是要求金朝归还河南的宋朝帝王陵寝之地，二是改变宋帝站立接受金朝国书的礼仪。对孝宗来说，祖宗陵寝长期沦于敌手，每次金使南来，自己必须下榻起立接受国书，他内心早已视为奇耻大辱。因此，他立即同意虞允文的建议，于乾道六年（1170）闰五月，派范成大使金，提出归还河南陵寝之地和更改接受国书礼仪的要求。金世宗断然拒绝宋方的要求，金朝群臣也都对南宋擅自破坏和议愤愤不平，尽管范成大与金人据理力争，毫无惧色，最后还是无功而返。

虞允文虽然是北伐的坚定支持者，但实际上他心中顾虑重重。孝宗在隆兴和议签订前，对于和战的态度总是摇摆不定的，最终在太上皇的逼迫和主和派的压力下，接受了屈辱的和约，对此，虞允文记忆犹新。一旦再次北伐，他担心孝宗又会像上次那样改变主意，使北伐半途而废。而且，孝宗对东宫旧人曾觌等奸佞之辈十分宠幸，这也令虞允文意识到了潜在的危机。万一北伐不利，自己势必遭到朝野上下的围攻，甚至会有杀身之祸。乾道八年（1172）九月，他辞去相位，再次出任四川宣抚使。临行之前，孝宗要求他到四川后立刻出兵，与江淮军队会师于河南，虞允文忧心忡忡地说："我担心官家届时未必能够配合。"孝宗当即表示："如果你出兵而朕犹豫，就是朕有负于你；如果朕已举兵而你不动，就是你有负于朕！"然而，孝宗这番慷慨激昂的话并没有打消虞允文的顾虑。他到四川后，虽然积极备战，但一再推迟出兵时间。乾道九年（1173）十月，孝宗手诏虞允文，催促他早日出师，虞允文以"军需未备"为由，要孝宗"待时而动"，实际上拒绝了孝宗的要求，从而使孝宗恢复中原的计划又一次落空。

应该说，虞允文的担心不无道理，正当他在四川任上时，孝宗任命了坚决反战的梁克家为宰相，让这样的人物主持朝政，势必会对虞允文的行动有所牵制和阻碍。淳熙元年（1174）二月，虞允文因操劳过度，得病去世，这对孝宗的中兴大计和信心无疑是沉重的打击。南宋再也找不出像虞允文那样坚决主战又有才能的大臣，主战派不少干将已经亡故，还在世的大臣也日趋消极保守，更不要说主和派官员了。面对朝廷上下安于现状的主流意识，孝宗既痛心疾首又无可奈何，自己恢复中原的远大抱负无从施展，于是昔日的锐气渐渐消磨下去，到了淳熙年间（1174—1189），也就是孝宗在位的后期，他在内外政策上都转向平稳，南宋朝廷又陶醉在了"中外无事"、偏安一隅的升平景象之中。

二、事必躬亲：重振皇权的努力

孝宗在积极处理对外关系的同时，更注重强化内部统治机能。高宗统治后期，秦桧独揽朝政，党羽遍布朝廷，相权的膨胀对皇权构成了极大的威胁。孝宗曾亲身感受到秦桧的专横跋扈，为了防止再次出现大臣擅权的局面，他采取了各种措施以加强皇权。

孝宗继位以后，"躬揽权纲，不以责任臣下"，大至军政国事，小至州县狱案，他都要亲自过问。无论是在积极进取的隆兴、乾道时期，还是在消沉保守的淳熙时期，孝宗一直保持着这种事必躬亲的作风。这固然是为了把权力集中在自己手中，但作为一个皇帝，自始至终能够孜孜不倦地处理政事，还是十分难得的。

孝宗继位之初，就开始着手革除南宋初期以来政治上的种种弊端。他积极整顿吏治，裁汰冗官，加大对贪官污吏的惩治力度，严格官吏的考核，甚至亲自任免地方中下级官吏。南宋建立以后，财政一直拮据，孝宗尽量减少不必要的开支，还常召负责财政的官吏进宫，详细询问各项支出和收入，认真核查具体账目，稍有出入，就一定要刨根问底。为了改变民贫国弱的局面，孝宗非常重视农业生产，不仅每年都亲自过问各地的收成情况，而且还十分关注新的农作物品种。一次，范成大进呈一种叫"劫麦"的新品种，孝宗特命人先在御苑试种，发现其穗实饱满，才在江淮各地大面积推广。

孝宗的勤政确实达到了集中皇权的目的，许多原本该由臣下处理的政务，现在都要他亲自裁定，臣子们只好俯首听命，少有自己的主见。然而，这种勤政对南宋政治却产生了消极的影响。孝宗理政之细，已经到了烦琐的程度，他把太多的精力放在了细枝末节上，反而忽视了治国的大政方针。一些大臣曾劝过孝宗要先抓住国家大政，虽然孝宗也认为他们言之有理，但一遇到具体问题，又依然故我。在重大决策上，孝宗常常事先不经深思熟虑，就贸然施行，稍有挫折，又马上收回成命。他在位期间，朝令夕改、犹豫反复的情况多次出现，其中最典型的例子就是他在张浚北伐、隆兴和议中的表现，恢复中原的计划最终落空与孝宗的这种为政作风也不无关系，有人评价其"志大才疏",还是有一定道理的。

正因为孝宗的集权,使以宰相为首的朝廷难有作为。孝宗在位 27 年,先后出任宰相的有 17 人,相当于副宰相的参知政事更是有 34 人之多,如此频繁地更换宰臣,这在宋朝历史上是很少见的。几乎每位宰臣在任时间都不长,孝宗的目的是防止权臣的出现,树立起君主的绝对权威,有时甚至听信片面之词,不经过调查核实,就将宰臣免职。乾道二年(1166),有人检举参知政事叶颙受贿,而检举之人与叶颙素来就有矛盾,孝宗在真相尚未明了之前,就将叶颙免职,后来经有关官员查证,并没有发现叶颙受贿的确凿证据,孝宗才意识到错怪了叶颙,重新召其入朝。淳熙二年(1175),朝廷选派使臣赴金求河南陵寝地,宰相叶衡推荐汤邦彦,汤邦彦胆小如鼠,他怀疑这是宰相要自己去送命,因此怀恨在心,向孝宗上书告密,说叶衡曾有诋毁孝宗的言论,孝宗大怒,当日就罢去了叶衡的相位,并将其贬往郴州。宰相是百官之首,孝宗却轻易罢免,也反映出他对宰臣们缺乏信任。

在宰臣的具体人选上,孝宗恢复了宋代立国以来"异论相搅"的祖宗家法,提倡宰臣之间存在不同的政见,以此来让他们互相牵制,杜绝朋党之风,但决策层内部的意见分歧常使军国大政久拖不决。宰臣们不能团结合作,无疑有利于皇帝控制朝政,然而,这种局面却给孝宗的中兴大业带来了极其严重的负面效应。隆兴元年(1163)十二月,孝宗以汤思退为左丞相,张浚为右丞相,让汤思退为首的主和派重新执掌了大权,他们趁机大肆破坏张浚辛苦经营的江淮防线,最后迫使孝宗屈辱求和。乾道年间,孝宗再谋北伐。他先是任命叶颙为左丞相,魏杞为右丞相,前者素来主张北伐,后者却始终反战主和,一年之后,孝宗就觉得他们意见分歧,很难成事,罢去了他们的相位。但是,孝宗并没有改变用人方法,乾道八年(1172),他在任用虞允文为左丞相的同时,又将反对用兵的参知政事梁克家升为右丞相,结果使虞允文心存顾虑,迟迟不肯从四川出兵。

除了内部的互相牵制，孝宗还利用宰臣之外的政治力量来制约宰臣，就是重用他当皇帝前的部属们。这些部属往往倚仗孝宗的宠幸祸乱朝政，被士大夫们指斥为"近习"。他们由于长期跟随孝宗，和他关系密切，所以相对于其他朝臣，孝宗对他们更为信任，遂重用他们以为耳目，这构成了孝宗朝政治的又一特点。

孝宗宠信的近习比较有名的有曾觌、龙大渊、张说等人。其中曾觌、龙大渊原是孝宗为建王时的低级僚属，因善于察颜观色，深得孝宗欢心。孝宗一登上皇位，立即破格提升二人，让他们参与军机大政。朝臣们纷纷上章反对，抨击二人不学无术、见识浅薄，仗着孝宗的恩宠，必将"摇唇鼓舌，变乱是非"。但是孝宗非但不听劝谏，还将反对的大臣或降职免官，或命其外出任职。曾、龙二人从此更无所忌惮。乾道三年（1167），参知政事陈俊卿抓住曾、龙二人不法行为的证据，弹劾他们偷听、泄露机密政事，孝宗一时激愤，将曾、龙驱逐出朝。但实际上，孝宗心里对二人还是念念不忘的。乾道四年（1168），龙大渊死于任上。接到龙大渊的死讯，孝宗又想召曾觌回朝，但朝臣们已经猜到了孝宗的心思，不等诏书下达，反对的奏章就纷至沓来。乾道六年（1170），反对最卖力的陈俊卿罢相，孝宗立刻召回了曾觌，对其恩宠有加，曾觌一时间权势显赫，朝中文武官员多出其门。直到淳熙六年（1179），出守建康府的陈俊卿两次面见孝宗，一再指出近习结党营私的危害，孝宗对朋党一向严于防范，经陈俊卿的提醒，才开始对曾觌等人稍有疏远。

张说本以父荫入仕，后因娶高宗吴皇后之妹，遂受重用。乾道七年（1171），孝宗任其为签书枢密院事，进位执政之列。此举招致朝议大哗，同知枢密院事刘珙耻于与张说共事，愤然辞职，中书舍人范成大拒绝草诏，孝宗只得暂时收回成命。但是一年之后，孝宗却再次命张说参与枢密院事，尽管这次朝臣们依然激烈反对，但孝宗不为所动，将持有异议的李衡、王希吕、周必大、莫济等人一并免职，强行发布了对张说的任命诏书，于是再也没有人敢公开议论这件事了。张说之所以能够得到孝宗的器重，除了他的外戚身份外，还与他在抗金恢复大计上的态度有关。当时孝宗正在筹备再次北伐，而朝中大臣要么明确反对，要么犹豫观望，张说对北伐积极赞同，是除虞允文外，少数几个支持出兵的大臣之一，因此，孝宗坚持起用张说，希望他能协助自己和虞允文，早日恢复中原。然而，张说既无才识，又无德行。他上任之后，便与曾觌等人互相勾结，倚恃恩宠，为所欲为，使孝宗大失所望。淳熙元年（1174），孝宗罢免张说，将其贬谪抚州（今江西省抚州市西）。

综观孝宗一朝，对外力图中兴恢复，最后却徒劳无功；对内重新树立起了皇权的威严，但吏治腐败、民乱迭起的状况却没有得到好转。淳熙后期，孝宗已经深感力不从心，开始厌倦烦琐的政事，打算让位于太子，但碍于太上皇高宗还健在，一时无法施行。淳熙十四年（1187）十月，高宗病逝，孝宗决定服丧三年，以"守孝"为名退位。淳熙十六年（1189）二月，孝宗正式传位于太子赵惇，是为光宗，自己退居重华宫，从此不再过问政事。

三、浓厚的人情味：帝王少有的品行

孝宗本是高宗的远房侄子，没有继承皇位的资格，但幸运地被高宗选中为继承人，高宗又主动让位于他，所以他对高宗始终怀有感恩之情。继位后的 20 多年中，他一直笃行孝道，侍奉高宗如亲生父亲一般。除每月固定日子去德寿宫问安外，孝宗还常常陪高宗游玩闲聊，每逢节日和高宗生日，更是率妃嫔、百官前去庆祝，礼仪十分隆重。高宗性喜奢侈，孝宗就对德寿宫进行大规模的扩建，装饰得富丽堂皇，又在德寿宫附近开凿大池，名为"小西湖"，旁边建造亭台假山，一切布置均模仿西湖，以便高宗不出宫门即可游赏。

孝宗不仅在生活上尽可能满足高宗的需要，处理政事时也往往顺从高宗的意愿。一次，一名地方官因犯赃罪而被罢免，高宗庇护此人，要求孝宗将其官复原职，孝宗以此人罪行属实，一时没有同意，高宗大怒，孝宗只得告诉宰相："昨天太上皇十分生气，朕恨不能找个地缝钻进去，纵然是大逆谋反的罪过，也必须要放了他。"连官员任免这样的小事，孝宗都要听命于高宗，更不要说军国大政了。隆兴末年，当孝宗还在和战之间摇摆不定的时候，高宗极力催促孝宗求和。淳熙元年（1174），金使来宋，孝宗在高宗的逼迫下，按照旧约，起立接受国书。难怪宋人回顾孝宗中兴大业时说，恢复中原终不成功，不仅是因为当时人才缺乏，国贫兵弱，也是因为太上皇高宗一向主张妥协苟安，孝宗不愿违背他的意思，这的确在很大程度上束缚了孝宗的手脚。

淳熙十四年（1187）十月，高宗驾崩，孝宗表现出了深切的哀痛。他神思恍惚，无心听政，每天只吃一些素食。由于悲伤过度，加上不思饮食，孝宗一下子消瘦衰弱了许多。后宫有位姓吴的妃子，看到孝宗的身体健康每况愈下，暗暗着急，虽然多次劝慰，但无济于事，只好私下吩咐内侍把鸡汤掺入素食之中，孝宗尝出味道有异，查明真相后勃然大怒，甚至要杀吴氏，在太后的再三劝解下，改为将吴氏赶出皇宫，那名内侍也被免职流配。高宗去世后，孝宗坚持服三年之丧，这固然是因其对政务已经感到厌烦倦怠，但也是他对高宗深厚感情的真实流露。

孝宗不仅对养父尽孝，同时作为父亲，他对待自己的孩子也是宽慈疼爱，这在宋代君主中是难能可贵的。孝宗共有四子，少子赵恪幼年夭亡，长子赵愭也于乾道三年（1167）病故，二子赵恺和三子赵惇就成了太子的候选人，孝宗最终选中了三子赵惇。在某些朝代的立储过程中，落选者往往会受到君主的猜忌，以致有性命之虞，而孝宗对赵恺却始终保持着父亲的关爱。为了避免太子和赵恺可能产生的冲突，他让赵恺离开都城，到宁国府（今安徽省宣城市）任职，还常常派人送去大量物品，抚慰儿子。淳熙七年（1180），赵恺病故，孝宗亲自为其发丧。赵恺去世后，留下年幼的儿子赵抦无人照顾，孝宗就把赵抦接到宫中抚养，对他十分宠爱，封其为嘉国公，还亲自挑选名儒教授他学业。

三子先后去世，留在孝宗身边的只剩下了光宗赵惇。然而，不幸的是，光宗继位不久就患上了精神疾病，对孝宗总是怀有猜忌之心，因此发病以后，去重华宫问候孝宗的次数屈指可数。孝宗对此并不多作计较，反而十分关心光宗的病情。他一面命御医精心调治，一面多方寻购良药秘方，一有所获，就照方配药，准备让光宗朝见时服用。他还多次诏谕光宗安心养病，不必经常过宫问安，这既是心疼爱子，也是为了卸去光宗背负的不孝之名，可谓用心良苦。可是，光宗非但不能体会父亲的宽慈，反倒以此为借口，名正言顺地不去朝见孝宗，后来甚至假造孝宗免他过宫的诏书。光宗绍熙三年（1192）十一月，光宗已经一连半年多没去重华宫拜见孝宗了，在群臣的极力劝说下，他才同皇后李氏过宫问安。见到光宗夫妇，孝宗丝毫没有怪罪之意，而是十分高兴，留下光宗夫妇饮宴，直到天色已晚，才让他们回宫。孝宗本以为从此父子就会和睦如初，他可以尽享天伦之乐，不料光宗很快就故态复萌，对他又恢复了从前的冷落。风烛残年的孝宗在重华宫中备感孤独寂寞，一天，他登上露台眺望宫外，借此排遣抑郁之情，无意中看到街巷里一群孩子正在玩闹，有的高喊"赵官家"（指光宗），孝宗不禁触景生情，感叹道："我叫他他尚且不来，你们叫他又有什么用啊！"言语之间掩饰不住内心的伤感和凄凉。

绍熙五年（1194），孝宗抑郁成疾，光宗拒不过宫探病。五月，孝宗病情恶化，自觉不久于人世，还想在离世前再见儿子一面，每天都要多次询问光宗是否来过，但光宗仍无动于衷。六月，孝宗带着对不孝之子的失望和悲愤去世，享年68岁。

第十二章

光宗赵惇：绍熙元年（1190）—绍熙五年（1194）

光宗赵惇档案

姓名：赵惇	出生：绍兴十七年（1147）九月四日
属相：兔	去世：庆元六年（1200）八月八日
享年：54岁	谥号：循道宪仁明功茂德温文顺武圣哲慈孝皇帝
庙号：光宗	陵寝：永崇陵（今浙江省绍兴市）
父亲：孝宗赵昚	母亲：郭皇后
初婚：17岁	配偶：李皇后（李凤娘）
子女：3子、3女	继承人：宁宗赵扩
最得意：绍熙初政	最失意：被迫退位
最不幸：患有"心疾"	最痛心：受制于李皇后
最擅长：猜忌	

　　光宗赵惇，是南宋第三位皇帝。他生于高宗绍兴十七年（1147）九月四日，42岁登基，仅仅过了两年，就患上了精神疾病。两宋历史上患有精神疾病的皇室子弟并不罕见，如太宗之弟赵匡美、太祖长子赵德昭、太宗长子赵元佐和六子赵元偓，他们的死都与精神疾病有关。这或许是出于某种遗传，加上统治集团内部无休止的钩心斗角，一些皇室成员的人格和心理不可避免地受到某种程度的损害。光宗的病态心理源于他对父亲的猜忌和对妻子的惧怕，在位5年间，他的病情不断加重，最后不得不在47岁时退位。其在位时间虽短，却在宋代历史上写下了浓墨重彩的一笔。

一、父子反目：从东宫"孝子"到不孝之君

孝宗皇后郭氏共生四子，长子邓王赵愭，次子庆王赵恺，三子恭王赵惇，即光宗，四子早夭。赵愭在孝宗继位后被立为皇太子，但不久病死。按照相关礼法，庆王、恭王同为嫡出，当立年长的庆王为太子。然而，孝宗认为庆王禀性过于宽厚仁慈，不如恭王"英武类己"，于是决定舍长立幼，于乾道七年（1171）二月立恭王赵惇为太子。相比之下，孝宗对并非自己生父的高宗谦恭仁孝，而光宗对生身之父孝宗却一直怀着极大的疑惧和不信任。在东宫时，为了稳定储君的地位，光宗尚能对孝宗毕恭毕敬，而一旦登上皇位，父子之间的矛盾便开始凸现出来，并在各种因素的作用下日益尖锐。

东宫历来都是权力斗争的旋涡中心，太子言行稍有疏忽，不仅储君之位不保，而且还可能会招来杀身之祸。赵惇深知这一点，因此，他入主东宫后，勤奋好学，一举一动严守礼法，对父亲孝宗克尽孝道。孝宗情绪好时，赵惇也"喜形于色"，反之则"愀然忧见于色"。孝宗常以诗作赐予赵惇，不断提醒他继承自己恢复故国之宏图大业，赵惇在和诗中也竭尽所能地称颂父皇的功绩，努力表现自己的中兴大志。这种父唱子和无疑使孝宗更感欣慰，赵惇似乎的确继承了他的英武与志向。

赵惇小心翼翼地在东宫做了十几年孝子，年过不惑，却仍不见孝宗有将皇位传给他的意向，终于有些耐不住了。一天，赵惇向孝宗试探道："我的胡须已经开始白了，有人送来染胡须的药，我却没敢用。"孝宗听出了儿子的话外之音，答道："有白胡须好，正好向天下显示你的老成，要染须药有什么用！"赵惇碰了软钉子，从此不敢再向孝宗提及此事，转而求助于吴太皇太后（高宗皇后）。他多次宴请太皇太后品尝时鲜美味，太皇太后当然心知肚明，在某些场合也曾向孝宗暗示过，应该早点传位给太子，但得到的回答却是太子还须历练。父亲威严强干，又迟迟不肯放权，这也许已经给太子的心理投下了某种不祥的阴影。

孝宗淳熙十四年（1187）十月，太上皇帝高宗驾崩，孝宗悲痛欲绝。对高宗的禅位之恩，孝宗一直心存感激，加上自己已年逾六旬，对恢复中原也深感力不从心，因此他一改以往为先帝服丧以日代月的惯例，坚持守三年之丧，既表明他对高宗的孝心，也借机摆脱烦琐的政务。淳熙十六年（1189）二月，时年42岁的赵惇终于盼到了内禅大典。孝宗传位于太子后，退居重华宫。他原本希望能像高宗那样，悠闲地安度晚年，却没有料到父子之间的矛盾与冲突骤然剧烈起来。

登上了龙位的光宗觉得自己再也没有必要装出"孝子"的模样来讨孝宗的欢心了。尽管继位之初，他还曾仿效孝宗侍奉高宗的先例，每月四次朝见重华宫，偶尔也会陪孝宗宴饮、游赏，但是没过多长时间，光宗便开始找借口回避这种例行"公事"，父子间的隔阂逐渐显现出来。

绍熙初年，光宗独自率宫中嫔妃游览聚景园，大臣们对此议论纷纷，认为高宗在世时，孝宗凡从宫廷出游，必恭请高宗同行，而光宗只顾自己游玩。看到这样的奏章，光宗极为恼火，恰逢此时孝宗遣宦官赐玉杯给光宗，光宗余怒未息，手握不稳，不小心打碎了玉杯。宦官回到重华宫，将事情的经过掐头去尾，只禀报说："皇上一见太上皇赏赐，非常气愤，连玉杯都摔碎了。"孝宗心中自然不快。另有一次，孝宗游东园，按例光宗应前往侍奉，可到了家宴之时，却仍不见他的踪影。一向爱搬弄是非的重华宫宦官故意在园中放出一群鸡，命人捉又捉不着，便相与大呼："今天捉鸡不着！"当时临安人称乞酒食于人为"捉鸡"，宦官们显然语带讥讽，实际上是暗指孝宗寄人篱下的处境。孝宗虽佯装不闻，但内心的愤怒与痛苦可想而知，毕竟光宗是自己的亲生儿子，连起码的礼数都没有，作为父亲，岂能听之任之？

种种迹象已经让孝宗感觉到光宗对自己的冷落和怠慢，而在立储问题上，父子二人意见严重分歧，进一步激化了原有的矛盾。光宗皇后李凤娘只生有嘉王赵扩一人，立为太子，本是顺理成章之事，但受到孝宗的阻挠。可能是因为嘉王天性懦弱，孝宗认为其不适宜继承皇位，相比之下，魏王赵恺的儿子嘉国公赵抦生性聪慧，深得孝宗喜爱。当初光宗取代了二哥赵恺，成为太子，如今孝宗却宠爱赵恺之子，不同意将嘉王立为储君，无形中加深了光宗心中对孝宗本就存在的猜忌，让光宗时时感到恐惧和不安。在他看来，父亲似乎不仅对嘉王的太子地位，甚至对自己的皇位，都是潜在的巨大威胁。在别有用心的李皇后和宦官们的不断挑拨离间下，这种恐惧感逐渐成为光宗挥之不去的阴影，其心理和精神压力越来越大，终于导致了无端猜疑和极度偏执的症状，并渐渐表现出来。他视重华宫为畏途，不再定期前去问安，尽可能躲避着孝宗。天子孝行有亏，臣子责无旁贷地要加以劝谏，而臣僚们的这些言行更激起光宗的固执与疑惧，于是导致了历时数年之久的过宫风波。

绍熙二年（1191）十一月，光宗皇后李凤娘趁光宗离宫之机，杀死了光宗宠爱的黄贵妃，光宗闻讯，虽万分伤心，却敢怒而不敢言，只能将痛苦埋藏于心。次日，光宗强打精神，主持祭祀天地的大礼，仪式进行过程中，突然刮起狂风，大雨倾盆而下，祭坛上的灯烛也燃起大火，祭祀被迫中断。接连两次精神上遭受如此大的刺激，光宗"心疾"加重，精神病彻底发作了，

李皇后

对孝宗的疑惧也日甚一日。每到一月四朝的日子，他就托词不去，有时明明事先宣布过宫朝见孝宗，可又临时变卦，后来干脆以孝宗的名义颁降免去过宫的诏旨。如此行为，无疑有损天子"圣德"，大臣们纷纷上奏，劝谏光宗朝拜孝宗，以尽人子之道。光宗偶尔也心有所感，绍熙三年（1192）十二月到次年一月，他三次赴重华宫朝见，但是不久又故态复萌，数月不过宫问安。朝野上下，市井街头，对当朝天子的不孝之举议论纷纷，太学生们也加入了劝谏的行列，上百人上书要求光宗过宫，而光宗依然故我，根本不理睬公众舆论，这大概与他的精神疾病有着密切关系。

绍熙五年（1194），孝宗得病，光宗仍一次也没有过宫探视。亲生儿子冷落自己到这种地步，孝宗心中充满了失望、郁悒与悲伤，病情急转直下。五月，孝宗病重。太学生们听说光宗此时竟然还在后宫玩乐，并不过宫省亲问疾，便写了一篇《劝行乐表》，其中两句说："周公欺我，愿焚《酒诰》于通衢；孔子空言，请束《孝经》于高阁。"辛辣地讽刺了光宗的不孝无德。

与此同时，侍从、馆职、学官、台谏等群臣因光宗不从劝谏，也纷纷上疏自求罢黜，居家待罪，"举朝求去，如出一口"，光宗统统下诏不许。丞相留正等大臣再三恳请光宗过宫探视孝宗病情，光宗不听，拂衣而去，留正紧拉光宗的衣裾，苦苦进谏，光宗仍不为所动，自回内宫，群臣只得恸哭而退。京城百姓对光宗的强烈不满至此也达到了顶点，不加掩饰地表露出来，曾经藏在心里的愤怒，现在"勃勃然怒形于色矣"，过去只是私下里议论，现在"嚣嚣然传于道矣"。

六月，孝宗驾崩，光宗仍然不顾百官奏请，连丧事也不肯主持，只得由吴太皇太后代其主丧。实际上，光宗内心深处仍然畏惧着孝宗，他不相信孝宗已死，以为这是一个篡夺自己皇位的圈套。他不仅安居深宫，宴饮如故，不为孝宗服丧，而且担心遭人暗算，时刻佩剑带弓以自卫。然而，正在这位不孝的皇帝终日提防自己父亲的时候，他却万万没有料到，皇位已经被自己的儿子悄悄地取代。绍熙五年（1194）七月，嘉王赵扩在太皇太后的支持和大臣赵汝愚、韩侂胄等人的拥立下继位，是为宋宁宗。

二、"贤惠"之妻：搬弄是非的李后及其一生

光宗病情不断加重，皇后李凤娘负有不可推卸的责任。她生性妒悍，又有着强烈的权力欲。一方面，她独霸后宫，不允许任何女人与她争宠，光宗对此只有忍气吞声，抑郁不乐；另一方面，她视孝宗夫妇为她皇后地位的最大威胁，想方设法离间孝宗、光宗父子，从很大程度上加剧了光宗的病态心理。

李凤娘出身武将之家。据说她出生时，其父李道的军营前有黑凤栖息，遂起名"凤娘"。李凤娘十几岁时，一个擅长相面之术的道士皇甫坦到李府做客，李道命女出来拜见，皇甫坦故做惊惶之状，不敢接受，说："令爱将来必贵为天下之母，怎敢受她的拜礼呢！"皇甫坦的相术当时十分有名，绍兴末年他受到高宗的召见，于是鼎力举荐李凤娘，说："臣为官家做媒来了，为官家寻得个孙媳妇。"接着把李凤娘出生时的故事说得天花乱坠，高宗听信其言，遂聘李凤娘为恭王赵惇之妃。

在做恭王妃期间，李凤娘尚能安分守己，恭王被册立为太子后，成了太子妃的李凤娘开始暴露出她骄横蛮悍、无事生非的本性。她不断在高宗、孝宗、太子三宫之间搬弄是非，到高宗那里埋怨孝宗为太子选的左右侍臣不好，在孝宗面前又诉说太子的长短。高宗此时方后悔不已，在与吴皇后的谈话中，他认为自己受了皇甫坦的蒙骗，才撮合了这门亲事。

孝宗对李凤娘的做法也十分反感，屡屡训斥她道："你应该学学太上皇后的后妃之德，若再插手太子事务，朕宁可废掉你！"然而孝宗的劝诫并没

有起到震慑作用，反而在李凤娘心中播下了怨恨的种子。淳熙末年，孝宗一次召集宰执大臣，表示自己欲行内禅之举，大臣们都交口赞同，唯独知枢密院事黄洽不发一语，孝宗问他："卿意如何？"黄洽回奏道："太子可负大任，但李氏不足以母仪天下，望官家三思。"尽管孝宗对太子妃有所不满，但如此直言不讳，令孝宗难以接受，毕竟李凤娘是自己的儿媳。黄洽接着奏道："官家问臣，臣不敢不言。他日官家想起臣的这番话，再想见臣恐怕是难有机会了。"退朝后，黄洽即请求辞职。此时，孝宗以为李凤娘虽然刁蛮骄横，还不至于祸乱朝政，凌驾于皇帝之上，但事实却不幸被黄洽言中。

光宗继位，李凤娘终于成为皇后，她越发肆无忌惮、目中无人。面对强悍的妻子，懦弱的光宗既惧怕又无可奈何。一次，光宗洗手时见端着盥盆的宫女双手细白，不禁喜形于色，不料却被皇后看在眼里。几天后，李凤娘派人送来一具食盒，光宗打开一看，里面装的竟是上次那个端盆宫女的双手。一个宫女因为手白而得到光宗的好感，李凤娘尚且不能容忍，对于光宗宠爱的妃嫔，她更是必欲除之而后快。光宗还在东宫时，高宗曾赐给他一名侍姬黄氏，光宗继位后进封为贵妃，备受光宗宠爱，李凤娘自然妒火中烧，她趁光宗出宫祭祀之机，虐杀黄贵妃，然后派人告诉光宗说黄贵妃"暴死"。光宗明知是皇后下的毒手，但惊骇伤心之余，除了哭泣，连质问皇后的勇气都没有。这一突如其来的打击与第二天祭祀时发生的一连串怪事，直接导致了光宗精神的彻底崩溃。

对于曾经训斥过自己的孝宗，李凤娘早已怀恨在心，当然要设法报复。她一向对孝宗夫妇傲慢无礼，一次，孝宗皇后谢氏好言规劝她注意礼仪，她竟恼羞成怒，反驳道："我与官家是结发夫妻！"言外之意，是讥讽谢氏由嫔妃册为中宫，在场的孝宗闻此勃然大怒。以前他说废黜还只是想警告一下李凤娘，希望其有所收敛，但经过此事以后，他真的有此打算了。于是，他召来老臣史浩，私下商议废后之事，但史浩认为光宗初立，此举会引起天下议论，不利于政局稳定，执意不从，废后之事只得作罢。孝宗废后的警告对李凤娘来说，时时如芒刺在背，为了保住凤冠，她更得牢牢地控制住光宗，使其疏远孝宗，只相信和依赖自己。

光宗的"心疾"继位之初就有，孝宗为给爱子治病，搜集到民间秘方，照方和好了药，本可差人给光宗送去，但孝宗恐怕被李凤娘所阻，就准备等光宗来重华宫问安的时候让他服用。李凤娘此前已经听说孝宗不同意立自己的儿子嘉王为太子的事情，认为孝宗是借机来发泄对自己的不满，此番孝宗让光宗过宫服药，更触动了她敏感的神经，以为这是孝宗要毒害光宗的一个阴谋，自己的皇后之位也会因此而受到极大的威胁，于是极力阻止光宗去重华宫朝见孝宗。不久以后的一次宴会上，李凤娘当面向孝宗提出立嘉王为储，孝宗沉吟不决，李凤娘竟然责问道："我是你赵家正式聘来的，嘉王是我亲生的，为什么不能立为太子？"孝宗大怒，拂袖离席。回宫后，李凤娘向光宗哭诉，又重提服药之事，说孝宗对光宗有废立之意。光宗本就对孝宗不肯立嘉王耿耿于怀，李凤娘这一番添油加醋的挑唆，从侧面"证实"了他无端的猜疑，此后的一年多时间里，他再也不愿去重华宫朝见孝宗夫妇了。

光宗发病以前，已经在很大程度上受制于李凤娘，发病之后，对她更是唯命是听。在光宗突然发病的当晚，孝宗亲自过宫探视，看到儿子满口呓语，不省人事，孝宗不禁又急又气，他召来李凤娘厉声训斥道："你不好好照顾皇帝，以致他病成这样。万一皇帝有何不测，我就灭了你李家！"接着嘱咐丞相留正劝谏光宗保重身体，若光宗不听，就等他到重华宫问安时亲自劝谕。几天以后，光宗的病情稍有起色，李凤娘故技重施，哭诉道："皇上近来龙体欠安，太上皇迁怒臣妾，打算诛灭妾族，臣妾有什么罪过啊？"又将孝宗吩咐留正的话肆意歪曲，说孝宗要在光宗再过宫时留住光宗，不让还宫，于是光宗更不敢赴重华宫了。

在过宫问题上，有些大臣对光宗的进谏晓之以理、动之以情，光宗有时也似乎被打动，当时答应了过宫，但一入后宫，就会在李凤娘的操控下改变主意，最终也未能成行。一次，光宗在群臣苦谏下传旨过宫，即将出发之时，李凤娘从屏风后走出来，挽他回去，中书舍人陈傅良出班拉住光宗衣襟，一直跟随至屏后，李凤娘呵斥道："这里是什么去处！你们这些秀才要砍了驴头吗？"陈傅良只得大哭而出。宗室赵汝愚是光宗较为信任的大臣，对于他的劝说，光宗也是"出闻其语辄悟，入辄复疑"。这种反复无常的举动固然是因为光宗的病症，而李凤娘在光宗身旁不断地挑拨与阻拦，无疑加剧了其忌讳过宫的病态心理，在这种情况下，光宗的精神病注定是无法治愈了。

光宗的病情时好时坏，无法正常处理朝政，这正中李凤娘下怀。从绍熙三年（1192）开始，"政事多决于后"，大权旁落李凤娘之手。然而，她既无兴趣也无能力参决朝廷大政，权力对她而言，最大的作用就是可以为娘家大捞好处。她封娘家三代为王，侄子孝友、孝纯官拜节度使，一次归谒家庙就推恩亲属26人，172人授为使臣，下至李家门客，都奏补得官，李氏外戚恩荫之滥，是南宋建立以来所没有的。李氏家庙也明目张胆地僭越规制，守护的卫兵居然比皇家太庙还多。李氏一门获得的显赫权势、巨额财富，无疑都是其患病的丈夫光宗所赐。随着光宗病情的恶化，政局也开始动荡不安，统治集团再也无法容忍这个"疯子"皇帝，不得不抛弃光宗。绍熙五年（1194）七月，赵汝愚、韩侂胄等人拥立嘉王登基，是为宁宗，李凤娘自然也一道被遗弃，无论她如何泼悍，终归也无济于事。

光宗此时对政权交接尚蒙在鼓里。当他知道以后，长期拒绝接受宁宗的朝见，依然住在皇宫之中，不肯搬到为太上皇预备的寝宫里。他对于失去皇位的担心终于应验，病情因此又加重了。与他一同失势的李凤娘一反常态，对光宗不再像以前一样咄咄相逼，反而生出同病相怜之心。她唯恐触动光宗脆弱的神经，常以杯中之物来宽解光宗心中郁结，还反复叮嘱左右内侍、宫女，不要在光宗面前提起"太上皇"和"内禅"等敏感字眼。

当初皇甫坦一番故弄玄虚的话，让李凤娘母仪天下，从此她对术士之言深信不疑。一旦她成了宫廷斗争的失败者，命运已经很难掌握在自己的手中，更需要各种术士"指点迷津"，以解除苦难，得到"安静"。她听算命的说自己将有厄难，便在大内僻静之处辟了一间静室，独自居住，道装事佛，以求神灵保佑自己平安渡过难关。然而，平日作恶多端的皇后并未因此而心安理得，反而受到了更大的精神折磨。宁宗庆元六年（1200），李凤娘在静室中染病，却没有人来关心照顾。七月，这位昔日泼辣刁蛮而又工于心计的皇后孤寂地死在静室里。李凤娘死后，宫人到中宫为其取礼服，管理钥匙的人怨其平日凶狠，拒不开启中宫殿门，结果礼服没有取到，宫人们只得用席子包裹尸体，准备抬回中宫治丧。半路上忽然有人大喊："疯皇（光宗）来啦！"宫人们一向怕遇见疯疯癫癫的光宗，一听到喊声，便丢下尸体，急忙散去。等到他们明白过来是有人故意为之，再回去寻找李凤娘尸体的时候，尸体已经在七月骄阳的暴晒下散发出阵阵刺鼻的恶臭，看情形应该是时间不短了。治丧时，宫人们只得杂置鲍鱼，燃起数十饼莲香，以掩盖难闻的气味。一代骄横皇后落得如此结局，也是其多行不义的必然结果。

综观宋代后妃，能够影响朝政者并不少见，但如李凤娘这样完全控制丈夫、大肆封赏外戚、蓄意制造皇帝父子对立的皇后，在两宋历史上是绝无仅有的。她既无辅政之才，又无后妃之德，高宗仅凭术士的无稽之谈就选中她为恭王妃，种下了日后的恶果；孝宗始而不听黄洽之谏，继而耽于史浩之阻，废后不成，失去了补救的机会；光宗生性懦弱，对于这位泼悍的皇后除了惧怕，根本不可能制约她的所作所为；只有当新君宁宗继位后，她才随着丈夫光宗的失势而失去了往日的淫威。李凤娘的一生与南宋初期前后四代帝王紧密联系，从她的经历中，不难发现南宋初年政局变化的诸多诡异现象。

三、昏聩君主：心理疾病与精神分裂

光宗的父亲孝宗，是南宋最有作为的君主，虽然晚年为政亦有保守因循之处，但在位期间一直勤于政事，使南宋内政外交有所改观。光宗继承帝位之后，是完成孝宗未竟之中兴大业，还是延续南宋立国以来的苟且偏安，成了南宋王朝政局发展的关键所在。而作为一个心理和精神疾病患者，神志清醒时少，精神恍惚时多，光宗不太可能在治理国家方面有所作为，在短短的5年时间里，孝宗好不容易刚刚开创的中兴局面就被断送，南宋局势从此走上了下坡路。

光宗朝的政治，以他绍熙二年（1191）十一月发病为界，分为前后两个阶段。发病以前，光宗在朝政的处理上循规蹈矩，尚不失为一个合格的守成之主，史书称其"绍熙初政，宜若可取"，评价还是较为公允的。光宗继位后，多次减免赋役，从而在一定程度上减轻了百姓的负担。他还采取了一些措施整顿吏治，在用人方面也有值得称道之处。宗室赵汝愚有一定才能，曾考取进士第一名，光宗不顾不得重用宗室的祖宗之制，以及台谏大臣的强烈反对，将他擢为知枢密院事。后来赵汝愚在解决赵宋统治危机时，的确起到了重要作用。永嘉学派的代表人物陈傅良，通晓历代政事制度，主张为学要经世致用，在朝野间享有盛名。光宗任用他为起居舍人兼中书舍人，负责记录自己的言行，并书读诏命，在位5年一直留他在朝中。

然而，随着光宗病情的加重，他已经很难对国事做出理智的处理。绍熙初政时，光宗就已经显出性格中偏执的一面，发病以后偏执的症状越发严重。绍熙四年（1193），镇守川陕地区的将领吴挺去世。自从光宗发病，他对大臣的死讯多不相信，这次又偏执地认定是传闻失实，吴挺一定还活着，于是竟然有半年之久不重新委派将领接管川陕军队。偏执还让光宗很难接受不同的意见，处理政事全凭一己所欲，对于持有异议的朝中大臣，他或是对其意见置若罔闻，或是令其外出任职，免得听他们在自己周围喋喋不休。在过宫风波中，光宗的偏执表现得尤为明显。此外，与大多数精神病患者一样，光宗坚持认为自己没病，不需要服药和照料。他几乎不允许医生接近，曾经在一天之内赶走了数十人，还常对让他服药的内侍大发雷霆，弄得宫掖之内人人自危，宫人们对他也渐生不满之心。

光宗的精神病近似于妄想症，以前他只对孝宗猜疑，其后逐渐推而广之，对许多大臣都开始不信任。相反，对于东宫旧僚他倒是十分眷顾。绍熙四年（1193），光宗任命东宫旧僚姜特立为浙东马步军副总管，还准备召他入宫。这种东宫旧人由于曾和皇帝朝夕相处，关系格外亲密，往往会凭借皇帝宠幸危害朝政。为了防止这样的情况出现，朝臣们纷纷上书，请求光宗收回成命，光宗却不为所动。丞相留正甚至请辞相位，出城待罪，试图迫使光宗改变主意，但光宗既不许他辞职，又不召他回朝，致使留正去位达140余天，长时间没有宰相处理国家的日常事务。最后还是因为要为太皇太后上尊号，须以丞相为礼仪使，才召回留正，不再坚持让姜特立入朝。除了东宫旧人，光宗还相信身边的宦官。绍熙四年，他任命陈源为入内内侍省押班，也就是宦官头领。陈源在孝宗时深得太上皇高宗的欢心，常常窥视孝宗举动，所以孝宗很厌恶他，籍没了他的家产，并把他编管郴州。陈源对孝宗自然怀恨在心，如今被召回宫，光宗对孝宗又本存猜忌，陈源便趁机勾结宦官林亿年、杨舜卿等人，时刻在光宗身边煽风点火，离间孝宗父子关系。此时的光宗已经丧失了判断能力，对宦官的谗言深信不疑。

光宗在东宫时，孝宗曾称赞他"无他嗜好"，而实际上他嗜酒成癖。发病以后，他时时处于担忧、猜疑和畏惧之中，更需要用酒来取得精神上的安宁。对优伶之戏，光宗也有浓厚的兴趣，他无节制地把钱花在声娱之乐和赏赐俳优上，皇室内库不够开销，就假借各种名义挪用国库。为满足光宗的享乐需要，绍熙初政时稍有缓和的百姓负担必然再次加重。

绍熙五年（1194）七月，孝宗病逝，光宗既不主丧，也不成服。大丧无主，不仅使朝廷的体面荡然无存，而且一时间有关政局不稳的谣言四起，京城内外人心惶惶。大约从六月中旬起，临安城内很多居民迁徙，富家巨室竞相藏匿金银重宝，物价飞涨，朝中大臣或不辞而别，或遣家眷归乡，甚至后宫妃嫔都打点细软送回娘家，一场社会变乱眼看就要爆发。

为了稳定混乱不堪的政局，宗室赵汝愚、赵彦逾开始秘密策划，决定抛弃光宗，扶立嘉王为新君。他们说服殿前都指挥使郭杲，取得禁军的统率权，暂时控制了军队，同时联络外戚韩侂胄，让他争取太皇太后和皇太后的支持，使"内禅"名正言顺。在此之前，丞相留正曾向光宗建议立嘉王为储，光宗当时看了上奏，勃然变色，认为一旦立储，自己的皇位马上就会被取代，坚决不同意。然而，几天以后，光宗忽然派人送来一封御札给留正，上写"历事岁久，念欲退闲"八个字，与此前把持皇位的态度大相径庭，本来连建储都不愿意，现在居然自动提出"退闲"，其中显然另有隐情。更何况光宗当皇帝才5年多，正值盛年，何来"岁久"这种不符合事实的言辞？因此，八字御札本身是经不起推敲的。另外，如果光宗真有逊位之意，赵汝愚等人为何又瞒着光宗而请求两宫支持？这封御札究竟是否出自光宗之手，实在令人怀疑。

内禅的准备工作就绪之后，太皇太后下诏，以光宗"曾有御笔，欲自退闲"，皇子嘉王可继皇帝位，尊光宗为太上皇，一场披着合法外衣的宫廷政变至此圆满结束。当光宗得知儿子取代自己成为新帝，内心的失落、愤恨等情绪突然迸发，进一步加剧了他的病情。在宁宗继位后的整整5年间，他一直不肯原谅儿子，拒绝接受儿子的朝见，虽然当年他也曾迫不及待地期望孝宗退位，但他自己可不愿意让位给儿子。他固执地继续居住在皇帝的宫殿中，不肯搬到为他修建的太上皇的泰安宫去。被迫退位是光宗精神上遭受的最后一次重大打击，在退位后的岁月里，他有时发呆，有时自言自语，有时疯疯癫癫地在宫内跑来跑去，有时则失声痛哭。宁宗庆元六年（1200）八月，在皇后李凤娘去世一个月后，这位精神不正常的皇帝离开人世，终年54岁。

第十三章

宁宗赵扩：庆元元年（1195）—嘉定十七年（1224）

宁宗赵扩档案

姓名：赵扩		出生：乾道四年（1168）十一月九日
属相：鼠		去世：嘉定十七年（1224）八月二十六日
享年：57岁		谥号：法天备道纯德茂功仁文哲武圣睿恭孝皇帝
庙号：宁宗		陵寝：永茂陵（今浙江省绍兴市）
父亲：光宗赵惇		母亲：李皇后
初婚：17岁		配偶：韩皇后、杨皇后
子女：8子		继承人：理宗赵昀
最得意：得到杨氏		最失意：智力低下
最不幸：亲生儿子全部夭折		最痛心：诛杀韩侂胄
最擅长：受人摆布		

宁宗赵扩，是南宋第四位皇帝，生于孝宗乾道四年（1168）十一月九日。他的父亲光宗，在继位的第二年，不幸患上了精神疾病，无法正常理政，南宋统治一时间面临极大的危机。统治集团不得不抛弃光宗，另立新君，于是赵扩被选中，还没来得及立为太子，就于绍熙五年（1194）七月仓促继位，是为宁宗。

宁宗继位的一幕颇具戏剧性，当吴太皇太后命赵扩穿上黄袍时，赵扩居然吓得绕着殿柱逃避，口中还大声地喊道："儿臣做不得，做不得！"最后是太皇太后令大臣挟扶着赵扩，强行与他披上黄袍，登上皇位。新皇登基，装腔作势地逊让一番者大有人在，但赵扩似乎是出于真心不愿继承皇位。史载宁宗"不慧"，也就是说他智商不高，从他继位前后的表现来看，他也的确是愚昧无能，毫无主见，听凭他人摆布。所以，他大概是宁愿做一个饱食

终日、无所用心的亲王，也不愿做九五之尊的皇帝，为国家大事劳心费神。继光宗之后，南宋又由这么一个皇帝统治了30年，就像一个病人，被庸医一误再误，终于病入膏肓。

一、缺乏魄力：理政无方的君主

赵扩作为光宗唯一的子嗣，光宗十分重视对他的教育。他在光宗继位后进封嘉王，到宫外府第居住，光宗不仅将自己在东宫时收藏的图书全部赐予他，还亲自挑选了黄裳、陈傅良、彭龟年等一批名儒，担任讲读官。嘉王学习也非常勤奋，他继位以后，还曾亲自开列了10部经史书目，又开列了一张10人的名单，对彭龟年说："朕读的书太少了，打算把讲官增置到10名，每人各专讲一书。"他选定的讲官中，既有原嘉王府的黄裳等人，更有他仰慕已久的大儒朱熹，堪称一时之选。

然而，尽管宁宗好学，但他似乎只注重读书的数量，对书中的内容意义却是一知半解，更谈不上灵活运用了，他的理政能力因而也未能有所提高。

继位不久，群臣的奏疏就因得不到他的及时批复而堆积如山。彭龟年建议他，让负责进呈奏疏的通进司把奏疏开列一单，皇帝阅后，在单子上注明需要亲自过目的部分，其他的就可交由三省、枢密院处理，这样，处理奏章的效率就可以大大提高。对自己这位学生的天分，彭龟年深有了解，因此他干脆附上了单子的格式，以便宁宗能够照葫芦画瓢。但这番几乎是手把手的教导，不知宁宗是真看不懂，还是嫌麻烦，他最终并没有采纳。凡是大臣的奏章，他一律批示"可"，倒也省去了不少时间，只是害得臣下们大费脑筋，有时两位大臣的奏章针锋相对，皇上都批了"可"，到底以谁为是呢？

即使是临朝听政，臣下们也难得听到宁宗自己对政事的看法。负责记录皇帝言行的起居舍人卫泾，曾经描述了他亲眼目睹的宁宗上朝的情形："官家每次面见群臣，无论群臣所奏连篇累牍，时间多长，官家都和颜悦色，耐心听取，没有一点厌倦的样子，这是皇帝谦虚，未尝有所咨访询问，多是默默地接受而已。"宁宗耐性很好，但这并不能帮助他解决实际问题。他既没带脑子也没带嘴，只带了一双耳朵去上朝，大臣们的论奏听完了就完了，既不表态，也不决断，进奏者已经是口干舌燥，最后却仍然不得要领。如此听政，身为臣子的卫泾只有以"谦虚"来为宁宗辩护，料想他心里也在怀疑当朝天子的智力水平吧。

批阅奏章、临朝听政，这些都是皇帝表达自己意旨的正常途径，而宁宗也许是不愿意受到任何约束，所以选择了一条非正常的理政途径——御笔。御笔是由皇帝在内宫批示，不经过三省等中央决策机构，直接下达执行。这种做法失去了对君权的制约，传达御笔又必经宦官和近幸之手，如果皇帝是精明强干之君，尚不致酿成大患，但宁宗却是个理政能力不强的皇帝，滥用御笔只能为权臣专政制造可乘之机，他们通过勾结宦官和后宫，或对御笔的批示施加影响，或在御笔的传达过程中上下其手，让御笔成为自己的囊中之物，甚至假造御笔，代行皇帝之权。而宁宗却意识不到这种危害性。一次内廷宴会，一名伶人扮演买伞的顾客，他挑剔卖伞者，说雨伞只油了外面："如今正（政）如客人卖伞，不油（由）里面。"巧妙地以谐音暗指政事不由内（宁宗）做主，而观剧的宁宗却懵然不晓何意。面对这样的皇上，权臣自然是有恃无恐，更加肆意妄为了。

虽然宁宗对政事少有自己的主见，但他对台谏的意见却十分重视。宋代的台谏官有纠正帝王为政疏失、弹劾百官的权力，他们的议论一定程度上代表了当时的公众舆论，由于有宋以来优礼文士，所以历代宋帝都非常重视台谏奏议。宁宗严格遵循祖宗之法，他曾对人说："台谏者，公论自出，心尝畏之。"殊不知，台谏的公正性是建立在帝王有知人之明的前提之上的，只有正直的士大夫入选台谏，才能使台谏发挥正常、良好的作用，而宁宗却缺乏辨别人才的能力，居心叵测之辈因而可以大肆引荐党羽进入台谏，控制言路。宁宗一味认定台谏之议代表公论，不可不听，至于台谏官到底是君子还是小人，却不闻不问。结果，原本受到士大夫尊敬和向往的台谏职位上，充斥着败类，他们打击异己、讨好权臣，是权臣用以控制宁宗的又一有效工具。

宁宗不仅头脑简单，而且身体也不好。史载，宁宗走到哪里，都有两个小太监扛着两扇小屏做前导，一屏上写"少饮酒，怕吐"，一屏上写"少食生冷，怕肚痛"，可见他体质羸弱。健康状况也影响了宁宗处理政务，他整日深居内宫，下情难以上达，要蒙蔽他也就更加容易了。

当然，宁宗为人尚不失仁厚，对民间疾苦颇为关心和同情。继位以前，他护送高宗灵柩去山阴下葬，路上见到农民在田间艰难稼穑的场景，感慨地对左右说："平常在深宫之内，怎能知道劳动的艰苦！"故而继位以后，宁宗几乎每年都颁布蠲免各种赋税的诏书。在个人的日常生活上，宁宗也厉行节俭，他平时穿戴朴素，并不过分讲究，饮食器皿也不奢华，使用的酒器都是以锡代银。有一年元宵夜，一个宦官见宁宗独自端坐在清冷的烛光下，便问:"上元之夜,官家为什么不大摆宴席庆祝一下?"宁宗愀然答道:"你知道什么!外间百姓没有饭吃,朕怎么能有心思饮酒呢?"时人评价宁宗在位期间"无声色之奉,无游畋之娱,无耽乐饮酒之过,不事奢靡,不殖货利,不行暴虐,凡前代帝王失德之事,官家皆无之"。其中虽然有臣下对皇帝的溢美成分,但相比许多贪图享乐、不顾百姓死活的君主,宁宗的确配得起这一评价。只可惜他有德无才,在位30年间被权臣和后宫控制,不过是坐在龙位上的一具傀儡罢了。

二、政治傀儡:"专制"皇帝的尴尬处境

宁宗朝的政治,一言以蔽之,就是权臣专政。他在位期间,前有韩侂胄,后有史弥远,宁宗甘受他们摆布。世风吏治日益黑暗,朝廷内外危机四伏。

韩侂胄是北宋名臣韩琦的曾孙,他的母亲是吴太皇太后的妹妹,妻子是太皇太后的侄女,侄女则是宁宗韩皇后。正因为韩侂胄跟后宫的这种亲近关系,使得他能够随意出入宫禁,在绍熙内禅时争取到太皇太后的支持,最终扶立宁宗继位。韩侂胄出身武人,本指望凭着这次"定策"之功,得到武将的最高荣耀——节度使一职,然而,事后论功行赏,赵汝愚升任右丞相,却以韩侂胄是外戚为由,只给了他一个汝州防御使的官职,引起韩侂胄的极大怨恨,他暗中展开了对赵汝愚的报复行动。

韩侂胄虽然官职不高,但在与赵汝愚的较量中却明显占有两大优势:一是他的外戚身份可以联络后宫,窥伺宁宗喜怒好恶,而赵汝愚是宗室,身居高位,一旦有人搬弄是非,即便如宁宗愚昧无能,也会对他产生猜忌;二是韩侂胄还担任知阁门事的职务,负责传达诏旨,比起赵汝愚的宰相之职,接近皇帝的时间更多,韩侂胄在宁宗面前又表现得小心谨慎,所以轻而易举地

就获取了宁宗的好感和信任。宁宗不仅事事都要询问他的意见，而且御笔往往交由他传达，相当于给了他窃取权力的机会。

韩侂胄有御笔在手，又抓住宁宗盲目听信台谏的弱点，通过御笔，将自己的亲信安插进台谏。在韩侂胄授意下，台谏对赵汝愚发起猛烈攻击。赵汝愚以宗室身份任宰相，本身就违背了宋朝严防宗室子弟的"祖宗之法"，尽管他有相当的政治才能，但犯了宋朝的大忌。韩党再捕风捉影地编造各种流言蜚语，经过一番煽风点火，由不得宁宗不怀疑赵汝愚有谋反篡位的企图。于是，庆元元年（1195），赵汝愚被罢去相位，贬往永州安置，行至衡州途中身亡。

赵汝愚的忠直和才干在朝野间有目共睹，他在相位时间虽短，但立志改革，裁抑侥幸，使宁宗继位初期的政风为之一新，因此在士大夫中享有很高的声望。在他罢相之初，朝野上下支持他的呼声就十分高涨，谏诤奏章纷至沓来，大臣吕祖俭在上书中更是直斥韩侂胄，结果，却有御笔将其贬往韶州（今广东省韶关市）。给宁宗讲学的楼钥借进讲吕公著奏议之机，劝谏宁宗道："像吕公著这样的社稷之臣，他十世子孙犯了罪过，都应该予以宽恕。前几天因言得罪的吕祖俭，就是他的孙子，现在流放岭外，万一死了，圣朝就要背上杀言者的恶名。"宁宗却一脸茫然地问道："祖俭所言何事？"原来，不仅宁宗全然不知贬谪吕祖俭的诏书御笔，就连吕祖俭的奏章，他也压根儿没见过。然而，尽管宁宗从楼钥口中得知了此事，他却既不纠正对吕祖俭的处理，也不追究韩侂胄假造御笔的责任，似乎是心甘情愿地把权力拱手让与了韩侂胄。

赵汝愚虽死，但其影响力并没有随之消失。都城临安的城门下，甚至皇宫大内的墙壁上，几乎每天都有匿名的悼念诗文张贴出来，大多出自太学生之手。为了彻底清除赵汝愚的影响，达到完全控制朝政的目的，韩侂胄及其党羽又假借学术之名，制造了"庆元党禁"。

起源于北宋的理学，在南宋前期的学术思想领域逐渐成为"显学"，于是，理学家及其门人信徒开始谋求与其学术地位相符的政治地位，这直接影响到当时统治集团内的权力再分配。赵汝愚是理学的忠实信徒，他掌权后，重用了以朱熹为代表的一批理学家，在与韩侂胄的政治较量中，理学信徒也旗帜鲜明地站在赵汝愚一边。因此，韩侂胄一党对理学可谓深恶痛绝，于是对支持这种学说的士人开始了疯狂的政治围剿。

朱熹

宁宗继位初期，对理学还并不反感，曾召朱熹入朝为自己讲学。朱熹却不顾宁宗的学习和理解能力，每天早晚都要给他讲授天理人欲、仁义道德这一套说教，使智商本就不高的宁宗不堪重负。朱熹还借给宁宗讲书的机会，多次上书议论朝政，攻击韩侂胄。韩侂胄看出宁宗对朱熹和理学已经产生了厌烦情绪，便不失时机地向宁宗进谗言，说朱熹之言迂阔不可用，宁宗一经他鼓动，就免去了朱熹侍讲一职。赵汝愚死后，韩侂胄一党又将矛头对准了已被罢官的朱熹，给他加上了种种罪名，要求对他及其门徒进行严惩。庆元二年(1196)，台谏官刘德秀迎合韩侂胄的意旨，上书要求将理学正式定为"伪学"，其他韩党官员沈继祖、刘三杰等人也纷纷响应。平庸的宁宗向来没有主见，只认定台谏代表"公论"，如今台谏官们众口一词指斥理学是"伪学"，他也就认可了。于是，韩党开始大肆清洗朝野中的"伪学"之徒。"伪学"之徒不得参加科举，不得担任在京差遣，各科进士和太学优等生也遭到清查。庆元三年（1197）十二月，韩党炮制出了一份"伪学逆党籍"，将他们所谓的"伪学"之人编定成簿。这份名单共计59人，赵汝愚、朱熹、彭龟年、陈傅良等皆在其中，而前朝宰执留正、王蔺等人与理学素无瓜葛，却也被打入籍中。由此可见，"伪学"只是一个幌子，韩党无非是以此为名来打击异己，

"庆元党禁"已经完全超出了学术之争的范围，演变成了一场残酷的政治斗争。

在这种情况下，许多士大夫为求自保，纷纷抛弃了理学的道德原则，要么隐匿山林，要么投靠权臣，是非颠倒，士风大变。庆元六年（1200），韩侂胄觉得理学对自己已经构不成威胁，于是奏请宁宗，解除了"党禁"，不久，又追复了赵汝愚、朱熹、留正等人的官职。

通过"庆元党禁"，韩侂胄扫清了专权道路上的诸多障碍。他曾经梦寐以求的节度使官衔，如今已满足不了他的权力欲望，他又接连封王、拜太师，被人尊称为"师王"，权势之高，已无人能及。虽然他始终没有登上相位，但却丝毫不妨碍他专断朝政，宰相也要看他的眼色行事。他要提拔某人，有时懒得奏禀宁宗，竟然自己"径作御笔批出"。韩府的亲朋故旧乃至门客、奴仆，都可以获取高官厚禄。韩侂胄之弟韩仰胄倚恃其兄权势，广受贿赂，谋求仕进之人都争相趋附，时人谓之"大小韩"。一次内廷饮宴，一伶人扮演候选官吏，问算命先生何时自己才能得官，扮算命先生的伶人答道："眼下如欲求官，先见小寒（韩）。若今后更望成功，必见大寒（韩）才行！"一旁侍候的宫人们听了都不禁会心暗笑，宁宗却似乎没有听出弦外之音。

对于"党禁"之不得人心，韩侂胄大概也有所觉察，为了重新笼络士人，巩固自己的地位，他又利用南宋臣民迫切希望洗雪国耻、恢复故土的心理，奏请宁宗进行北伐。此议一出，果然奏效，顷刻之间便赢得了社会各界的广泛支持。一些曾经名列"逆党籍"的名士，如吴猎、薛叔似、叶适等人，也被韩侂胄重新起用。一向力主抗金恢复的辛弃疾、陆游也与韩侂胄交游颇多。朝野上下的抗金热情迅速被调动起来，南宋军队开始在边界不时地制造摩擦，孝宗"隆兴和议"后相对平静了40余年的宋金关系再趋紧张。

开禧二年（1206），韩侂胄贸然发动了对金的北伐战争，史称开禧北伐。然而，南宋的三路大军除了猛将毕再遇所率军队取得了泗州（今江苏省盱眙县西北）大捷外，其他人马都纷纷败北。而金兵却后发制人，很快转入战略反攻，两淮、襄汉、四川等地的军事重镇相继失守，南宋的长江防线岌岌可危。此时，西线川陕战场又传来了主帅吴曦叛变的消息，对宋廷来说，无异于雪上加霜。事发之前，有人曾密奏吴曦必反，韩侂胄却不相信，及至吴曦果真在兴州（今陕西省汉中市）称蜀王，准备向金朝割地称臣，韩侂胄方才意识到自己用人失误。幸亏吴曦叛变投敌不得人心，他称王仅有41天，就被兴州官员和义士密谋杀死。正当韩侂胄还在庆幸吴曦之叛这么快就被平定的时候，他万万没有料到，本为巩固自己地位的开禧北伐，实际上却正加速着他的覆灭，北伐失败使他成为众矢之的，主和派人物与他的政敌已经秘密结成了诛韩联盟，这一联盟的头领就是日后取代韩侂胄权臣地位的史弥远。

史弥远，孝宗朝宰相史浩之子，相对于不学无术、缺少心计的韩侂胄来说，他在谋取权位的过程中老谋深算，显得更加讲究策略，手段也十分隐蔽。开禧北伐期间，史弥远一直担任皇子赵询（又名赵与愿、赵曮、赵㬎）的太师，他利用职位之便，向皇子灌输自己求和投降的思想，并怂恿皇子上书宁宗，指责韩侂胄妄开战端，危害社稷。同时，他又暗中勾结宁宗杨皇后，对宁宗施加影响，不动声色地攫取着权力。相反，韩侂胄所面临的形势却越来越不妙：一方面，吴太皇太后和韩皇后相继去世，他失去了后宫的靠山；另一方面，北伐失败给了政敌攻击他的口实，金人更是以斩韩侂胄为和谈的前提之一。韩侂胄本人当然不会接受这样的条件，他中断和议，准备再战。这一决定进一步加剧了朝野内外的恐慌情绪，既然韩侂胄的脑袋可以换取天下太平，那么诛杀他也就有了合理的借口。史弥远觉得时机已经成熟，便联络了韩侂胄的政敌钱象祖、卫泾等人，又争取到禁军统帅夏震的支持，准备对韩侂胄下手。开禧三年（1207）十一月三日，史弥远等伪造密旨，指使夏震带领禁军埋伏路旁，待韩侂胄上早朝时突然袭击，把他截至玉津园夹墙内捶死。

韩侂胄被杀，宁宗却还被蒙在鼓里，虽然杨皇后在事发时，曾向他暗示过朝中有人将对韩侂胄采取行动，但宁宗认为只是把韩侂胄免官了事。诛韩后的好几天内，宁宗还不相信韩侂胄已死，接连下达了对他贬官、迁居远地、抄没家财的处置诏书。这场诛韩的政变，实际上是又一场政治派别的权力斗争，而宁宗则一如既往地保持沉默，他既不觉得韩侂胄是大奸误国，也没有支持史弥远的意图，只是被动地接受既成事实而已。当时都城临安曾流传这样一首民谣："释迦佛，中间坐；罗汉神，立两旁。文殊普贤自斗，象祖打杀狮王。"民谣借用佛教人物做比喻，两旁的罗汉分别以文殊、普贤二菩萨为首，代表斗争的两派：文殊坐骑为狮子，此处的"狮王"指韩侂胄，因其封王、拜太师，被党徒尊称为"师王"，民谣取其谐音；普贤坐骑为白象，用来影射史弥远集团的骨干钱象祖。而坐在中间的宁宗却似一具泥塑木雕的"释迦佛"像，浑然不知。这一民谣活脱脱地刻画出了宁宗的愚钝无能和麻木不仁的形象。

史弥远之前的秦桧、韩侂胄之所以专擅朝政，与他们能操纵台谏密不可分。史弥远当然明白这一点，他故技重施，任命那些对自己俯首帖耳之人为台谏官。此外，史弥远还将政权、军权集于一身，在他独自任相期间，始终兼任枢密使，从此，宰相兼任枢密使成为定制，直接导致了南宋中后期皇权衰弱、权臣递相专政的局面。史弥远还通过控制官吏任命权等手段来收买党徒，于是，朝野只知有史丞相，而不知有宁宗。为了取悦士大夫，史弥远起用了一批名士，如真德秀、魏了翁等人，一时间朝堂上群贤会集，颇具迷惑性。

这样，内有杨皇后为靠山，外廷遍布党羽，宁宗又早已习惯了权臣的摆布，史弥远几乎是毫无顾忌地把持朝政，其权力之大，已经远远超过了秦桧、韩侂胄。虽然也有人对其专政进行了揭露和斗争，但结果不是丢官，就是外放，武学生华岳甚至因此被活活杖杀。朝堂上不同的声音完全被窒息，人人噤若寒蝉，屈服于史弥远的淫威。就在他的权位似乎无可撼动的时候，嘉定十三年（1220）皇太子赵询的去世，使他感到了一种潜在的威胁。

宁宗虽有过不少儿子，但都过早夭亡，因此他将太祖长子德昭的九世孙赵与愿养育于宫中，赐名曦，后封为太子，又更名询。赵询曾是史弥远的学生，对史弥远十分信赖，他既为太子，对史弥远地位的稳固当然是有百利而无一害。史弥远本以为已经铺好了新君继位后自己继续擅权的道路，没想到赵询年仅29岁就死了，宁宗又立太祖十世孙赵贵和（又名赵均、赵竑）为皇子，更名竑，显然是有立其为太子的打算。立储之事直接关系到史弥远将来的命运，候选人赵竑对史弥远的所作所为曾流露出反感，这使史弥远感到十分不安，他必须自己扶植另一个候选人，并在太子之位的争夺中获胜。经过一番物色，他选中了同为太祖十世孙的赵与莒（又名赵贵诚、赵昀），又借为无嗣的沂王选立继承人的名义，推荐给宁宗，宁宗为其赐名贵诚，立为沂王赵抦之后。史弥远加紧了废黜赵竑的活动，赵竑却还茫然不觉。

随着宁宗身体状况不断恶化，史弥远的废立计划也进入了最后的实施阶段。嘉定十七年（1224）九月，宁宗病危时，史弥远连夜假造25道诏书，使赵贵诚继位变得名正言顺。宁宗驾崩后，史弥远立即命人召赵贵诚入宫，又让杨次山的两个儿子杨谷、杨石进宫，说服杨皇后同意立赵贵诚为帝。接着，史弥远将赵贵诚带到宁宗的灵柩前举哀，扮演合法继承人的角色。一切安排妥帖，这才召赵竑和群臣入宫，杨皇后、史弥远遂矫诏废赵竑为济阳郡王，出判宁国府，立赵贵诚为皇子，更名昀，继皇帝位，是为宋理宗。史弥远一手导演的这幕政治闹剧至此落下帷幕，他的专政得以继续，直到他在理宗绍定六年（1233）病死，朝廷大权都一直牢牢掌握在他手中，其擅权程度之深，时间之久，实为有宋一代所罕见。

三、内外勾结：架空皇帝的绝妙组合

在史弥远登上权力巅峰的过程中，杨皇后所起的作用举足轻重。如果缺少她的鼎力支持，史弥远一次次的阴谋活动不会进行得如此顺利。杨皇后为了自身利益，勾结史弥远，致使他有恃无恐，最终造成他专政长达25年之久，对南宋后期政治产生了极其恶劣的影响。

杨皇后出身低微，甚至连其生身父母的姓氏，正史都没有记载。孝宗乾道年间，她随养母入宫为杂剧演员。因为她容貌出众，举止得体，深得吴太皇太后的欢心，由此也招来了同伴的嫉妒。一天，趁太皇太后沐浴，同伴们怂恿杨氏穿上太皇太后脱下的衣服，而后到太皇太后面前告状，说杨氏有僭越犯上行为，谁知太皇太后非但没有怪罪杨氏，反而对捉弄杨氏的宫女们说："你们不要大惊小怪，她将来也许会穿上这身衣服，拥有我这样的地位。"这句预言后来果真应验了。

宁宗在做嘉王时，经常赴太皇太后宫家宴，杨氏此时已出落得楚楚动人，自然引起了他的注意。宁宗继位后，对杨氏念念不忘，杨氏也觉察到宁宗对自己有意，二人便常在内廷家宴上眉目传情，杨氏由此得幸。吴太皇太后得知此事，大为不快，准备严惩杨氏，有内侍劝道："娘娘连天下都给了孙子，一个妇人又何足惜，何况这事不宜让外人知道。"甚至有人对太皇太后这样说："娘娘尚未见玄孙，看杨氏的面相，宜生子嗣。"看来宁宗与杨氏早已在私下做了不少准备，太后身边之人似乎也都被他们收买，关键时刻能替他们出力辩解。太皇太后怒气始消，将杨氏赐给了宁宗，并叮嘱道："看在我的面上，好生待她。"实际上是认可了这门亲事。

宁宗对杨氏宠爱有加，庆元六年（1200）册封其为贵妃。杨氏机警伶俐，对吴太皇太后和孝宗谢皇后谦恭孝顺，宁宗注重孝道，因而对杨氏为人十分满意。尽管有宁宗的宠爱，但杨氏感到自己出身低微，没有"亲兄弟"的支持，很难在政治斗争中立足，于是冒认杨次山为兄，作为她在外朝的耳目和帮手。就在杨氏被封为贵妃的同年，宁宗韩皇后去世，韩侂胄失去了宫中的靠山。此时后宫除了杨贵妃，还有一位曹美人也深受宁宗宠幸，在立新皇后的问题上，韩侂胄觉得曹美人性情柔顺，较易控制，而杨贵妃工于心计，韩侂胄对其有些忌惮，因此他力劝宁宗立曹美人为后。杨贵妃从杨次山处知道了此事，虽然内心愤恨韩侂胄，却丝毫不表现出来，只在宁宗身上下功夫，极力讨得宁宗欢心。与曹美人相比，宁宗也的确更喜欢杨氏，嘉泰二年（1202）岁末，杨氏终于如愿以偿，被立为皇后。

对韩侂胄曾经阻挠自己为后一事，杨氏一直耿耿于怀，当然要伺机报复。韩侂胄北伐，杨皇后从一开始就不赞同，等到北伐遭到严重挫折，她便和皇子赵询联合起来，竭力向宁宗斥责韩侂胄轻起兵端，祸国殃民。但是，宁宗对韩侂胄仍然没有失去信任，朝廷大权还在韩侂胄手上，他要反击杨皇后应该是易如反掌。而杨皇后清醒地认识到，自己与韩侂胄已经到了势不两立的地步，必须抢先下手，才有可能在这场你死我活的政治斗争中取得胜利。自己现在仅仅掌握了后宫的大权，但要确保清除韩侂胄的行动取得成功，还需要有外朝大臣的有力支持。于是，杨皇后通过杨次山，找到了与韩侂胄素来不和的史弥远，史弥远也正在寻找攫取权力的靠山和内应，二人一拍即合，于是结成了政治同盟。

在诛杀韩侂胄的政变中，史弥远是前台指挥，而杨皇后则是幕后策划。命禁军截获韩侂胄的御笔就出自杨皇后之手。当韩侂胄被押往玉津园时，杨皇后向宁宗透露，将对韩侂胄采取行动，已将他押往玉津园。宁宗一听，也隐隐觉得韩侂胄处境不妙，立即要下旨追回韩太师，杨皇后一把夺过写有旨意的笺条，对宁宗哭诉道："韩太师要废掉我与儿子（指赵询），还残害了宋金两国百万生灵！"进而要挟道："若要追回他，就请让我先死！"宁宗向来没有主见，现在看到心爱之人痛哭流涕，甚至以死相要挟，早就忍不住掉下泪来，追回韩侂胄的事情只得作罢，韩侂胄本可赢得的最后一线生机，就这样被杨皇后的眼泪葬送了。

诛韩成功使史弥远和杨皇后尝到了互相合作的甜头，从此，二人往来更加密切，一内一外操纵着宁宗。杨皇后时刻在宁宗身边，早已摸透了宁宗的脾气秉性。宁宗自奉节俭，杨皇后也在饮食衣服上尽量朴素。宁宗体弱多病，杨皇后就精心照顾他，甚至连他该服什么药都能推测得八九不离十。有一次，宁宗得了痢疾，召御医入宫诊治，御医刚号了脉，问了症状，还没有开方子，杨皇后在御榻后就发问了："官家吃得感应丸否？"御医连连答道："吃得，吃得。"杨皇后说："须多给官家吃些。"御医惊诧不已，皇后居然也解医道，回答说："可进两百丸一次。"宁宗第一次服了200丸感应丸，病情略止，再服一次，病情果然痊愈。正是因为杨皇后对宁宗的体贴入微，加上她又比宁宗年长6岁，宁宗对她不只是爱恋，还有着很深的依赖，这使她很容易就能干预朝政，甚至左右宁宗。

随着宁宗日渐衰老，杨皇后也不得不为宁宗死后自己的地位担忧。她生过皇子，但都没有成活。宁宗养育的皇子赵询虽不是杨皇后亲生，母子间的关系还不错。他们曾经共同反对过韩侂胄，在赵询被正式立为太子的过程中，杨皇后也是鼎力支持，为了答谢杨皇后，赵询在当上太子后，给宁宗上书，列举她对自己的深厚恩情，不遗余力地颂扬皇后的种种美德。对于赵询的知恩图报，杨皇后十分满意。然而，赵询却于嘉定十三年（1220）去世，宁宗新选立的皇子赵竑，则对杨皇后和史弥远内外勾结表现出不满，杨皇后也对这个太子候选人没有什么好感。嘉定十七年（1224）九月，史弥远发动宫廷政变，准备废赵竑，立赵贵诚（即赵昀）为帝，有必要争取杨皇后的支持。宁宗刚一驾崩，史弥远立刻指使杨次山之子杨谷、杨石入宫面见杨皇后，将废立之事转告给她。杨皇后一开始还表示要尊行先皇宁宗的决定，不同意擅行废立，但杨谷兄弟再三请求，最后跪在她的面前，哭诉道："内外军民都已归心，娘娘如果还不同意，必生祸变，那时我杨氏一门恐怕没人能活命了！"杨皇后顾及自己以后的权位，终于向史弥远的废立阴谋屈服。如果说上次诛韩政变中，杨皇后与史弥远合作还是完全主动自愿的话，那么这次政变中，她则有些半推半就的味道：一方面，史弥远在她长期的纵容庇护下，羽翼已丰，杨皇后不再具有与之分庭抗礼的实力，只能服从史弥远的安排；另一方面，宁宗确立的继承人赵竑若登上皇位，对杨皇后和史弥远都十分不利。二人的相互勾结将他们各自的命运也牢牢地拴在了一起，史弥远正是抓住了这一点，最终说服了杨皇后。

史弥远成功拥立理宗后，杨皇后的地位的确得到了保全。尽管理宗继位时已经20岁，但史弥远仍然要杨皇后垂帘听政。此时的杨皇后已经彻底了解了史弥远为人的阴狠诡诈，心中大概也在后悔自己养虎遗患，以致酿成今日权臣专政、尾大不掉的局面。于是，她不敢再恋位贪权，垂帘听政还不到一年，便于宝庆元年（1225）四月主动还政给了理宗。然而，杨皇后醒悟得太迟了，韩侂胄之后，南宋又经过史弥远25年的黑暗专政，衰颓之势已经难以逆转了。

第十四章

理宗赵昀：宝庆元年（1225）—景定五年（1264）

理宗赵昀档案

姓名：赵昀（又名赵与莒、赵贵诚）		出生：开禧元年（1205）一月五日	
属相：牛		去世：景定五年（1264）十月二十六日	
享年：60岁		谥号：建道备德大功复兴烈文仁武圣明安孝皇帝	
庙号：理宗		陵寝：永穆陵（今浙江省绍兴市）	
父亲：荣王赵希瓐		母亲：慈宪夫人全氏	
初婚：23岁		配偶：谢皇后（谢道清）	
子女：2子、1女		继承人：度宗赵禥	
最得意：以平民身份登上帝位		最失意：登基后最初10年被史弥远控制	
最不幸：子嗣早夭		最痛心：端平入洛的失败	
最擅长：理学			

理宗赵昀（1205—1264），宋代第14位皇帝，生于绍兴府山阴县虹桥里。理宗以一介平民的身份，18岁被史弥远带到京城，未及两年就登上了帝位，其经历不可谓不具有传奇性。理宗在位41年，大体可分为三个时期：前10年在史弥远的控制下，无所作为；史弥远死后，理宗开始亲政，在各方面采取了一系列改革措施，人称"端平更化"，持续了从端平元年（1234）到淳祐十二年（1252）的近20年时间；在他统治的最后的10年里，理宗丧失了早年励精图治的锐气，沉迷于享乐，昏庸怠政，一些奸佞之徒趁机而起，控制了朝政，国势日渐衰微。

一、平民皇帝：权臣政变意外登基

理宗赵昀，宁宗开禧元年（1205）一月五日出生于绍兴府山阴县虹桥里（今浙江省绍兴市）。父赵希瓐，母全氏。理宗为太祖十世孙，与宁宗同属太祖后裔，但宁宗属于秦王德芳一支，理宗则属燕王德昭一支，至南宋后期，两支在血缘关系上已十分疏远。燕王德昭一支很早就已经没落，失去王爵，作为德昭的后代，理宗的曾祖和祖父均无官职，父亲赵希瓐也不过是一个九品县尉。因此，他虽属赵宋皇室，但社会地位并不高，与平民无异。理宗原名赵与莒，还有一个弟弟赵与芮，兄弟二人年纪很小的时候，父亲就去世了，全氏无力抚养孩子，回到娘家寄居。赵与莒的舅舅是当地的保长，家境尚好，理宗兄弟就在全家长大，直至后来被史弥远选入宫中，登上帝位。

宁宗先后有8个儿子，但都未及成年就夭折了。嘉定十四年（1221）六月，宁宗把弟弟沂王赵抦的儿子赵贵和立为皇子，改名赵竑。此时，史弥远已当了十余年宰相，他与杨皇后内外勾结，专权擅政，朝廷内外大臣多由其举荐，几乎没有人敢违背其意愿。而皇子赵竑对史弥远的所作所为非常不满，史弥远对此也有所觉察，他听说赵竑喜欢弹琴，就送了一个善于鼓琴的美女给赵竑，让她窥探赵竑的言行。赵竑缺乏政治头脑，毫无防备史弥远之心，竟然非常宠爱这个与自己有着同样爱好的红颜知己，甚至将她视为心腹。这种引狼入室的愚蠢之举为其日后的失败埋下了伏笔，同时也让史弥远对赵竑的一举一动都了若指掌，在知己知彼的情况下，史弥远自然占尽先机，很容易就取得了政治上的主动。

赵竑曾把史弥远和杨皇后所做的不法之事记录下来，说："史弥远应该发配八千里。"他还指着地图上的琼州、崖州（今海南省）说："我今后做了皇帝，一定要把史弥远流放到这里。"甚至私下里称史弥远为"新恩"，意思是今后要把史弥远流放到新州（今广东省新兴县）或恩州（今广东省阳江市）。这种言行无异于授人以柄，也是赵竑政治上不成熟的表现。担任王府教授的真德秀曾劝赵竑，要韬光养晦，孝敬杨皇后，善待史弥远，不可锋芒太露，否则会很危险，但赵竑很难接受，后来的事实证明真德秀的建议是非常有道理的。

赵竑的言行令史弥远非常恐惧，他担心赵竑做了皇帝后自己性命不保，于是处心积虑地要废掉赵竑，另立太子。他委托门客余天锡物色一位贤良的宗室子弟，以便将来替代赵竑。嘉定十四年（1221），余天锡回乡参加当地的科举选拔考试，路过绍兴时，忽逢大雨，恰好来到全保长家避雨。全保长听说来人是史弥远的门客，便盛情款待。席间，全保长将赵与莒兄弟介绍给余天锡，说二人是赵氏骨肉，皇室血脉。余天锡回到京城后，将此事告知史弥远。史弥远派人将孩子接到临安，亲自考察。赵与莒相貌端正，史弥远一见就大为惊奇。史弥远让赵与莒写字，他竟然写下"朕闻上古"四个字，史弥远不禁万分感慨："此乃天命！"但为防止计谋泄露，仍将兄弟二人送回全保长家，以待合适的机会。

一年以后，史弥远将赵与莒兄弟接到临安。他找到当时的名儒郑清之，私下对他说："皇子赵竑不能担当大任，听说赵与莒很贤良，你要好好教导他。

事成之后，我现在的位置就是你的了。但此事不能泄露，不然，你我都要满门抄斩。"郑清之点头称是。郑清之为教育赵与莒尽心竭力，他曾经拿出高宗的字画让赵与莒临摹，并在史弥远面前极力称赞赵与莒的"不凡"之处。史弥远听到后很高兴，废立的意志更加坚决。嘉定十五年（1222），在史弥远的推荐下，赵与莒被立为沂王赵抦之后，改名贵诚，这是废立最重要的步骤，实际上是人为地将他变成宁宗的亲侄子，具备了当选皇子的资格。同时，史弥远绞尽脑汁地在宁宗面前揭赵竑的短处，挑拨赵竑与宁宗、杨皇后之间的关系，使得二人对赵竑都颇为不满。史弥远进而向宁宗建议增立赵贵诚为皇子，宁宗虽对赵竑不满，但两个都非亲生的"皇子"同时存在，终归不是件好事，更何况以血缘关系而论，赵竑乃是自己的亲侄子，因而没有同意史弥远的建议。真德秀听说了史弥远的举动，担心招致杀身之祸，辞去了王府教授的职位，赵竑失去了一个重要的谋臣，在与史弥远的斗争中更加孤立无援。

嘉定十七年（1224）八月，宁宗病重。史弥远派郑清之赴沂王府，向赵贵诚表明拥立的意思，但赵贵诚始终一言不发。最后，郑清之说："丞相因为我与他交往时间很久了，所以让我担任你的心腹。现在你不答一语，我怎么向丞相复命？"赵贵诚这才拱手答道："绍兴老母尚在。"这一回答看似答非所问，却既表明了想做皇帝的意愿，又不失稳重小心。郑清之回报史弥远后，两人更加赞叹赵贵诚"不凡"。

有了赵贵诚的意向，史弥远开始实施他的废立阴谋。宁宗弥留之际，他将两府大臣和负责起草诏书的翰林学士都拦在宫外，另外召郑清之和直学士院程珌入宫，矫诏将赵贵诚立为皇子，改赐名昀，授武泰军节度使、成国公，使赵昀与赵竑处在了平等地位，也为赵昀继承皇位奠定了基础。

嘉定十七年八月二十六日，宁宗去世。关于宁宗的死因，至今仍是一个难以破解的谜，相关史料没有交代宁宗身患何病。尽管此事难以查明，但还是留下了蛛丝马迹，《宋史》援引邓若水的奏章，明确指出宁宗并非寿终正寝，而是被谋害的，这是史弥远急于废立的结果。另据《东南纪闻》记载，宁宗病重时，史弥远献金丹百粒，宁宗服用以后，不久去世。这样看来，史弥远毒杀宁宗的嫌疑相当大。

宁宗死后谁来继承皇位，宁宗杨皇后的态度至关重要，没有她的同意，新皇帝就得不到承认。于是史弥远派杨皇后的侄子杨谷、杨石前去说服杨皇后，希望得到她的支持。杨皇后虽然对赵竑不满，但并不赞成大逆不道的废立："皇子赵竑，先帝所立，岂敢擅变？"当夜，杨氏兄弟七次往返于史弥远和杨皇后之间，最后，杨石哭拜于杨皇后面前，说："内外军民皆已归心，您如果不同意，必生祸端，杨家恐有灭门之灾！"杨皇后沉默良久，问道："其人安在？"史弥远立即遣宫使去接皇子，临行前命令："现在宣的是沂靖惠王府的皇子（指赵昀），不是万岁巷的皇子（指赵竑），如果接错了，你们都要处斩。"此时，赵竑已经得知宁宗去世的消息，万分焦急地在门口张望，等人宣召他入宫。他见宫使从自家门口经过，却没有进来，过了一会儿，又簇拥着一个人匆匆而去，感到十分迷惑，殊不知这正是赵昀被接进宫中。赵昀进宫以后，入拜杨皇后，杨皇后说："汝今为吾子矣。"既然杨皇后将赵昀视为自己的儿子，就等于承认了他是帝位的合法继承者。

赵昀见过杨皇后以后，被带到宁宗灵柩前举哀。举哀结束后，才召赵竑入宫。赵竑入宫时，随从都被拦在宫外。史弥远带赵竑至宁宗柩前举哀，然后令亲信殿前都指挥使夏震陪同他，实际上是把赵竑监管起来。随后召集百官朝会，听读遗诏，仍引赵竑到以前的位置。赵竑非常奇怪，问道："今日之事，我岂当仍在此位？"夏震骗他说："未宣读先帝诏命以前还应该在此，宣读以后才继位。"赵竑以为有理，转头却发现烛影中已经有一个人坐在御座上。遗诏宣布赵昀继位，于是百官下拜，恭贺新皇帝登基，赵竑这才恍然大悟。悲愤万分的赵竑不肯下拜，夏震强按着赵竑的头逼他叩头，登基仪式终于完成。赵昀以一介平民的身份，在两年的时间内登上了皇帝宝座，成为宋代第 14 位皇帝，即理宗。

理宗即位时，假托遗诏，授赵竑开府仪同三司，封济阳郡王，判宁国府。不久，又宣布进封赵竑为济王，赐第湖州（今浙江省湖州市），将赵竑赶出了京师。

史弥远的废立之举，引起朝野内外的普遍不满，湖州百姓首先发难。宝庆元年（1225）一月，湖州百姓潘壬、潘丙兄弟及其从兄潘甫密谋拥立赵竑为皇帝，派人与山东"忠义军"首领李全联系。李全表面上与湖州方面约定起事日期，表示届时将进兵接应，但到了日期却并未前来。潘氏兄弟恐怕事情泄露，遂聚集一些太湖渔民和湖州巡卒，约数百人，于一月九日夜里，打着"忠义军"的旗号，闯入济王府，声称要拥立赵竑为帝。赵竑闻讯，急忙躲进了水洞，但还是被找了出来。潘氏兄弟一行将赵竑带到湖州治所，硬将黄袍加在济王身上。赵竑号泣不从，但潘壬等人以武力胁迫，赵竑无奈，只得与潘氏兄弟约定，不得伤害太后及理宗。得到允诺后，赵竑即皇帝位。湖州知州谢周卿也率部属来恭贺新皇帝继位。这就是"湖州之变"，也称"济王之变"。宋太祖陈桥兵变两个多世纪后，他的后代再次上演了一次"黄袍加身"的闹剧，只是没有成功而已。

到了天明，赵竑才发现拥立自己的并非什么"忠义军"，只是一些渔民和巡卒，人数尚不足百。赵竑知道这些人乃乌合之众，难以成事，于是派王元春向临安官方告发，并亲率湖州州兵讨伐。等朝廷派来的军队抵达时，叛乱已被平定。潘甫、潘丙被杀，潘壬隐姓埋名逃跑以后，也被抓获，押到临安处死。"黄袍加身"的闹剧就此草草收场。

"湖州之变"给理宗和史弥远带来极大震动，他们意识到只要赵竑还活着，就是皇位的巨大威胁，若不彻底解决，必将后患无穷。赵竑本来无病，史弥远却派门客秦天锡以给赵竑治病为名来到湖州，逼迫赵竑于湖州治所上吊自杀，并杀害了赵竑年幼的儿子。随后朝廷以赵竑病重不治布告天下，原本的皇位继承人就这样含冤而死。赵竑死后，理宗和史弥远为掩人耳目，也为了平息朝野内外的非议，辍朝表示哀悼，又追赠赵竑为少师。然而不久，理宗就在史弥远的建议下收回成命，追贬赵竑为巴陵县公，将他打成朝廷的罪人。

"湖州之变"中，赵竑被人胁迫，并非事先预谋，后来还亲率州兵平定了叛乱，但仍然含冤而死。他的悲惨遭遇，引起举国上下的广泛同情；朝廷对"湖州之变"的处理结果，又激起正直之人的义愤。当时名臣真德秀、魏了翁、洪咨夔、邓若水等人纷纷上书，为济王鸣不平，指责理宗处理此事不当。理宗却说："朕待济王亦至矣。"意思是对赵竑已经仁至义尽了，进而压制各界的抗议，那些为赵竑鸣冤叫屈者纷纷被贬离朝，一时"朝臣泛论，一语及此，摇头吐舌，指为深讳"。可是终南宋之世，为赵竑鸣冤的声音始终没有停止，每当遇到灾异、战事，就会有朝臣旧事重提，将天灾人祸与赵竑的冤狱联系起来。直到恭帝时，谢太皇太后主持朝政，在臣僚建议下恢复了赵竑名号，选宗子为其继承香火，这一公案才告一段落。

虽然赵竑是被冤屈致死的，但平心而论，他在"湖州之变"中是有责任的。尽管是受了胁迫，但他毕竟在"叛贼"的拥立下登上了皇位，率兵讨叛也是在发现拥立者不足成事以后，就凭这两条，理宗就有理由将他治罪。但赵竑虽有罪，却罪不至死，理宗大可公告天下，讲明事实，对赵竑进行处罚，采取这样一种形式将赵竑处死，未免有失正大光明，也显示理宗和史弥远为了保住费尽心机得到的地位而不惜使出一切残酷阴毒的手段。

二、端平更化：有名无实的中兴之梦

理宗篡取皇位以后，自然想要有所作为，以显示其比赵竑更有能力中兴宋室，因此勤奋好学，寒暑不辍，为政十分勤勉。他招揽人才，整顿吏治，在各方面提出了一些整顿措施。但面对当时复杂的政治环境，理宗很快就收起了自己的政治理想，心甘情愿地充当起史弥远的傀儡。

理宗即位时，南宋政治舞台上出现了三足鼎立的局面，即理宗为代表的皇权、杨太后代表的后权和史弥远代表的相权。杨太后对理宗即位现实的承认，换来了在理宗登基后垂帘听政的地位。宋代自真宗刘皇后以来，虽有垂帘的先例，但多是在皇帝年幼、不能视事的情况下由太皇太后或皇太后代行天子之职。理宗即位时已经21岁，并非幼主，在这种情况下，杨太后垂帘就违背了"后妃不得干政"的祖宗家法，自然会引起朝野上下的种种议论。

另一方面，已经成年且志在中兴的理宗对杨太后的垂帘当然不会没有意见，一次宴会上发生的事情大体可以反映出双方在垂帘问题上的心结。宝庆元年（1225）上元节，理宗设宴恭请杨太后，席间一枚烟花径直钻入杨太后椅子底下，杨太后大惊，"意颇疑怒"，然后拂衣而去。理宗随即聚集百官谢罪，并要处罚安排宴会的内侍，杨太后笑着说："难道他特地来惊我，想来也是不小心，赦免了他吧。"母子于是"和好如初"。此事看起来虽小，但杨太后却把它与自己的垂帘联系起来，以为这是理宗在警告自己撤帘。联想理宗、史弥远在废立过程中的毒辣手段，杨氏家族对此不能不做出选择，不久，杨石就向杨太后陈说利害，劝其撤帘。杨太后听从杨石意见，于宝庆元年（1225）四月七日宣布撤帘，距她开始垂帘仅过了七个月。

随着杨太后的撤帘，政治舞台上的"后权"也告消失，演变为君权与相权的对峙。理宗虽然在太后撤帘的过程中表现出了高超的政治手腕，但面对老辣的史弥远，他的算计顶多只能是小儿科而已。理宗虽系太祖之后，但家道没落，身世衰微，与一介草民无异。他18岁才被史弥远带到京城，在朝中毫无根基，没有任何政治势力与威望。他得以登上帝位，全靠史弥远扶植。理宗清楚地意识到，要想巩固来得名不正言不顺的帝位，必须有史弥远的支持。皇子赵竑的遭遇，更使理宗亲眼看见了史弥远翻云覆雨的手段。基于这种考虑，理宗即位以后，很快就将政事完全交给史弥远处理，自己则韬光养晦，心甘情愿地过起了碌碌无为的日子。从这一点来看，理宗确实比皇子赵竑要富于心机，也更懂得权力斗争的策略。

宝庆、绍定年间，史弥远把持朝政，独断专行，他的党羽几乎控制了从中央到地方的所有重要职位。尽管史弥远权势熏天，仍然不断有忠义之士不畏权势，上书指斥其专权擅政。但理宗清醒地意识到，自己与史弥远是拴在一条绳上的两只蚂蚱，已形成一荣俱荣、一损俱损的关系，否定史弥远就等于否定自己继位的合法性。因此一直对史弥远优容袒护，褒宠有加。这样，在史弥远的挟持下，理宗度过了默默无为的10年。绍定六年（1233）十月，史弥远病重不治，理宗追封其为卫王，谥忠献，还公开宣布"姑置卫王事"，即将史弥远的事情搁置起来，禁止臣僚攻击史弥远的过失。

史弥远死后，理宗终于开始正式亲政，得以"赫然独断"，一展胸中抱负。绍定六年（1233）十一月，理宗宣布明年改元为端平。从端平元年（1234）到淳祐十二年（1252）的近20年间，理宗在政治、经济、军事、文化等各方面采取了一系列改革措施，史称"端平更化"。

理宗虽仍对史弥远曲加维护，但毫不留情地剪除其党羽。史弥远的得力助手"三凶"被贬斥出朝。"三凶"指台谏官梁成大、莫泽、李知孝三人，他们秉承史弥远风旨，不遗余力地攻击政敌，凡是违背史弥远意愿的朝廷内外官员，都在他们弹劾下纷纷落马。端平元年六月，理宗将三人流放，追夺官爵。其他史弥远的亲信党羽，也纷纷被贬。

罢斥史党的同时，理宗任用了一批贤良之士，深孚众望的真德秀、魏了翁被请回朝廷任职。理宗吸取史弥远专权的教训，在选择宰相时非常谨慎。《宋史·宰辅年表》记载，理宗在更化期间任用过37名宰执，大多皆一时之选，在这些人的主持之下，这一时期的朝政也较为稳定。台谏官本是朝廷耳目，史弥远专权期间，却沦为他攻击政敌的工具，至此，理宗重新将选拔台谏官的权力收归皇帝。这一时期理宗任用的台谏官，也大多立论忠直，颇能胜任其职。

综观理宗更化期间的用人，大多皆贤良称职，一时朝堂之上，人才济济，政风为之一变。因此，时人将"端平更化"称为"小元祐"。"端平更化"虽然声势很大，但并没有改变南宋走向衰落的趋势。虽然网罗了不少贤良之士，但他们"所请之事无一施行"，朝令夕改，最终无所建树。澄清吏治、整顿财政的各项措施也大多就事论事，治标不治本。因此，相对它的具体实效，"端平更化"更多体现出的是理宗欲求有所作为的一种态度。

三、端平入洛：收复故都梦想破灭

理宗在对内推行新举措进行"更化"的同时，对外政策也有了诸多变化。南宋中后期，蒙古在北方地区迅速崛起，成为继辽、西夏、金之后又一对宋朝构成巨大威胁的少数民族政权。理宗在位时期，面对急剧变化的局势，宋朝内部就应该采取什么样的对外政策产生了争议。一些人出于仇视金朝的情绪，主张联蒙古灭金朝，恢复中原；另一部分人则相对理性，援引当年联金灭辽的教训，强调唇亡齿寒的道理，希望以金为藩屏，不能重蹈覆辙。无休止的争论使宋朝在这两种意见之间摇摆不定，既不联金抗蒙，也未联蒙灭金。然而，随着蒙古与金朝之间战事的推进，在金朝败局已定的情况下，理宗最终还是做出了决策。

绍定五年（1232）十二月，蒙古遣王檝来到京湖，商议宋蒙合作，夹击金朝。京湖制置使史嵩之上报中央，当朝大臣大多表示赞同，认为此举可以报靖康之仇，只有赵范不同意，主张应借鉴徽宗海上之盟的教训。一直胸怀中兴大志的理宗把这看作建立不朽功业的天赐良机，没有采纳赵范的建议，让史嵩之遣使答应了蒙古的要求。蒙古则答应灭金以后，将河南归还给宋朝，但双方并没有就河南的归属达成书面协议，只是口头约定，这为后来留下了巨大的隐患。

金哀宗得知宋蒙达成了联合协议，也派使者前来争取南宋的支持，竭力陈述唇齿相依的道理，说："大元灭国四十，以及西夏，夏亡必及于我，我亡必乃于宋。唇亡齿寒，自然之理。若与我联合，所以为我者亦为彼也。"意思是支援金朝实际上也是帮助宋朝自己保家卫国。但此时理宗已经一意要联蒙灭金，遂拒绝了金哀宗的请求。

理宗任命史嵩之为京湖制置使兼知襄阳府，主管灭金事宜。绍定六年（1233），宋军出兵，攻占邓州等地，于马蹬山（今河南省淅川县马蹬镇西北）大破金军武仙所部，又攻克唐州（今河南省唐河县），切断了金哀宗逃跑的退路。十月，史嵩之命京湖兵马钤辖孟珙统兵2万，与蒙军联合围攻蔡州。端平元年（1234）一月，蔡州城被攻破，金哀宗自缢而死，金朝灭亡。

蔡州城破以后，宋军统帅孟珙在废墟中找到金哀宗遗骨，带回临安。整个南宋沉浸在报仇雪恨的狂喜之中。理宗将金哀宗的遗骨奉于太庙，告慰徽、钦二帝在天之灵。自北宋被金朝灭亡的一个世纪以来，回到故都成为南宋臣民梦寐以求的理想。宗泽、岳飞的抗金活动，开禧北伐等都是对这种理想的实践。但面对强大的金朝，回到故都看起来是一个遥不可及的目标，金朝的灭亡，使理宗君臣似乎看到了把理想变为现实的绝好机会。

宋蒙联手灭金时，并未就灭金后河南的归属做出明确规定。金亡以后，蒙军北撤，河南空虚。以赵范、赵葵兄弟为代表的一些人欲乘机抚定中原，提出"据关（潼关）、守河（黄河）、收复三京（西京洛阳、东京开封、南京归德，今洛阳市、开封市、商丘市）"的建议。而大部分朝臣对此都持反对态度，认为此时并非出兵的时机，南宋目前的力量还不足以与蒙古为敌。刚刚摆脱史弥远控制，得以"赫然独断"的理宗，面对大好时机，屡屡发出"中原好机会"的感叹。收复故土，实现宋室中兴，建立盖世功业的念头最终促使他做出了出兵中原的决定。他罢免了反对出师的吴渊、吴潜和京湖制置使史嵩之。端平元年（1234）五月，理宗任命赵葵为主帅，全子才为先锋，赵范节制江淮军马以为策应，正式下诏出兵河南。

六月十二日，宋军进军河南。全子才收复南京归德府（今河南省商丘市睢阳区）。随后向开封进发，开封蒙军都尉李伯渊、李琦、李贱奴长期遭受主将崔立的侮辱，此时三人杀掉崔立，献城投降了宋朝。七月五日，宋军进驻开封，一个世纪以后，赵宋臣民终于回到了阔别已久的故都。经历了战火的开封此时已是一片废墟，宋军收复的只是一座空城，但毕竟他们还是实现了梦寐以求的理想，圆了"靖康之变"以来无数志士仁人的梦。

然而，全子才占领开封以后，京湖制置司受史嵩之影响，没有及时运来粮草，以致全子才无法进军，贻误了战机。半个月后，赵葵任命徐敏子、杨谊分率两军，在粮饷不继的情况下继续向洛阳进军。宋军到达洛阳，遭到蒙军伏击，损失惨重，狼狈撤回宋朝境内。留守东京的赵葵、全子才看到战机已经失去，再战已没有意义，加上粮饷不继，随后率军南归。其他地区的宋军也全线败退，理宗君臣恢复故土的希望又一次落空了。

"端平入洛"的失败，使南宋损失惨重，数万精兵死于战火，投入的大量物资付诸流水，南宋国力受到严重削弱。更重要的是，"端平入洛"使蒙古找到了进攻南宋的借口，蒙古由此开始了攻宋战争。朝野上下对于出兵河南的失败及由此带来的严重后果议论纷纷，而对这种局面，理宗也不得不下罪己诏，检讨自己的过失，以安定人心。

四、昏庸怠政："阎马丁当，国势将亡"

在经过了回到故都的短暂辉煌之后，理宗已是一个50多岁的老人，宋军的最后惨败令他痛心疾首，此后的连年战争更使他疲于应付，于是理宗逐渐丧失了当初勤政图治的锐气，怠于政事，沉迷于声色犬马，朝廷和后宫也出现了一批善于阿谀、窃威弄权之徒，朝政大坏。

阎妃是理宗晚年最宠爱的妃子。淳祐九年（1249）九月，理宗封阎氏为贵妃。理宗对阎妃赏赐无度，动用国库为其修功德寺，比自家祖宗的功德寺还要富丽堂皇，时人称之为"赛灵隐寺"。阎妃在理宗的宠爱下，骄横专恣，干政乱朝。

鉴于唐代严重的宦官之祸，宋代对此防范很严，"宦官不得干政"已成为宋代的一项祖宗家法。理宗统治后期，追求享乐，昏庸嗜欲，宦官弄权也随之而起。董宋臣是理宗的贴身内侍，善逢迎，很得理宗的欢心。理宗去禁苑赏荷花，苦于没有凉亭遮日，董宋臣揣摩上意，一天之内就修建了一座凉亭，理宗十分高兴。冬天，理宗又去赏梅，董宋臣已事先在梅园建造一座亭子，理宗责备他劳民伤财，董宋臣说不过是把荷亭移到这里，理宗于是大赞他办事得体。理宗晚年好女色，三宫六院已满足不了他的私欲，董宋臣引临安名妓唐安安入宫淫乐。起居郎牟子才上书劝诫理宗："此举坏了官家三十年自修之操！"理宗却让人转告牟子才不得告知他人，以免有损皇帝的形象。姚勉以唐玄宗、杨贵妃、高力士为例劝诫理宗，理宗竟然恬不知耻地回答："朕虽不德，未如明皇之甚也。"在理宗看来，自己虽然"不德"，但与唐明皇相比还是有相当差距的，然而这种差距也无非是在五十步与百步之间罢了。董宋臣在理宗的宠信下，勾结宰相丁大全，恃宠弄权，不可一世，人们把他称为"董阎罗"。宋人周密记载当时宦官专权的情况，"一时声焰，真足动摇山岳，回天而驻日也"。

丁大全长相"蓝色鬼貌"，为人"奸回险狡，狠毒贪残"，时人称之为"丁蓝鬼"。他娶了一位外戚的婢女，以此来攀附高层权要。后来又靠逢迎阎贵妃，宦官卢允昇、董宋臣等人，逐渐身居要职，升任侍御史兼侍讲。丁大全本人寡廉鲜耻，贪财好色，他为儿子聘妇，见儿媳长相标致，竟夺为己妻，为世人所不耻。当时宰相董槐为人刚正不阿，丁大全希望巴结董槐以取高位，为董槐拒绝，丁大全由是日夜谋划报复董槐。宝祐四年（1256），理宗下诏罢免董槐，丁大全恰好也于此时上章弹劾董槐，并且他没等罢免诏书下达，就在半夜率士兵百人持刀包围董槐家，恐吓董槐要把他送交大理寺审讯，随后将董槐胁迫至临安城外，弃之而去。丁大全驱逐宰相的举动使得朝野上下一片哗然，太学生陈宗、刘黻、黄镛、曾唯、陈宜中、林则祖等六人上书揭露丁大全之奸，时人誉之为"六君子"。丁大全反过来指使台谏官翁应弼、吴衍弹劾六人，最后将六人开除学籍，流放边州，同时禁止三学（太学、宗学、武学）学生妄议国政，消弭来自朝廷内外不同的声音，并借机扼杀反对其擅权的力量。

在外廷与丁大全勾结的是马天骥。马天骥，字德夫，衢州人。理宗之女瑞国公主下嫁，马天骥绞尽脑汁送了一份别出心裁的大礼，得到理宗的欢心，与丁大全同时被任命为执政。

阎、马、丁、董四人内外勾结、专擅弄权引起很多正直人士的不满，有人在朝堂门上写下八个大字："阎马丁当，国势将亡"。意在警告理宗如果再信用奸佞，国家前途堪忧。理宗大怒，派人追查，数月以后仍一无所获，最后只得不了了之。由此可见，尽管这些奸人费尽心机来专权固宠，但朝野上下依然存在着强大的正义势力，使这些人寝食难安。

这些正义之声也使理宗意识到自己在用人方面的失误，于是采取一些措施加以补救。宝祐五年（1257）六月，马天骥任执政刚刚 8 个月就被罢免。开庆元年（1259），蒙古入侵，丁大全由于隐瞒军情，被罢免了宰相职务，在众人的论劾之下，理宗将其流放海岛，途中被押送官毕迁挤落水中淹死。阎贵妃也于景定元年（1260）病逝。只有宦官董宋臣，理宗虽于景定元年将他流放到安吉州（今浙江省湖州市）编管，但对他始终眷遇有加，他早于理宗几个月病亡，理宗特赠其为节度使，以示优宠。

　　景定五年（1264），理宗病逝。次年，被葬于绍兴府会稽县永穆陵，庙号曰"理"。在中国历代皇帝中，理宗以尊崇理学著称，理学在他统治期间，被抬到官方哲学的正统地位，后人多认为理宗庙号曰"理"即是以此之故。其实这是一种误解，据周密《齐东野语》记载，最初曾拟"景""淳""成""允""礼"五字备选，最后定为"礼宗"。但有人说"礼宗"与金朝遗民为金哀宗拟的谥号相同，且古时有一位妇女名叫"礼宗"，于是取其谐音，定为"理宗"。人们认为根据理宗尊崇理学的实际，庙号曰"理"也属名实相符，并且天下之间，"道理"最大，符合理宗至尊的地位，于是再无异议。据此而言，理宗庙号与他推崇理学没有什么关联。然而一些封建史家又胡乱联系，说什么把"理"字析字取义，乃是"四十一年王者之象"之义，称赞其为"请谥于天"，这当然陷入了神秘主义的范畴，不足为信。

第十五章

度宗赵禥：咸淳元年（1265）—咸淳十年（1274）

度宗赵禥档案

姓名：赵禥（又名赵德孙、赵孟启）	出生：嘉熙四年（1240）四月九日
属相：鼠	去世：咸淳十年（1274）七月九日
享年：35岁	陵寝：永绍陵（今浙江省绍兴市）
庙号：度宗	谥号：端文明武景孝皇帝
父亲：荣王赵与芮	母亲：隆国夫人黄定喜
初婚：22岁	配偶：全皇后（全玖）
子女：3子	继承人：恭帝赵㬎
最得意：资质驽钝却继承皇位	最失意：没能独断朝政
最不幸：终生为贾似道控制	最痛心：自身的先天缺陷
最擅长：酒色	

度宗赵禥（1240—1274），无论是作为一个普通人还是作为一个皇帝，他都是幸运和不幸的复合体。作为一个普通人，其母亲地位低下，怀孕期间服用堕胎药，使他有着先天缺陷，这是他的不幸；而这样一个有着先天缺陷的人，却仅凭着与理宗的血缘关系登上了梦寐以求的皇帝宝座，这又是他的幸运。作为一个皇帝，他却始终受制于权臣贾似道，被贾似道玩弄于股掌之间，这不能不说是他的悲哀；而虽然他昏庸无能、荒淫无度，在他统治期间宋朝的灭亡已迫在眉睫，他却最终得以寿终正寝，没有成为亡国之君，这又是他作为一个皇帝的幸运。

一、十年天子：先天不足的皇帝

理宗曾经有两个儿子，即永王赵缉和昭王赵绎，但都很小就夭折了。此后，后宫再没有为理宗生下皇子。吏部侍郎兼给事中洪咨夔曾建议理宗选宗室子弟养育宫中，择其优者为"皇帝之子"，但理宗此时刚过中年，仍然希望后宫能产下一子，所以没有采纳。淳祐六年（1246），理宗已经年过四十，仍然没有儿子，而立储之事已经不能再无限期拖延下去，理宗遂开始物色皇子人选。从感情和血缘关系来讲，理宗理所当然地倾向于亲弟弟赵与芮的儿子，即后来成为皇帝的度宗。

度宗于嘉熙四年（1240）四月九日出生，小名德孙，母黄氏。黄氏名叫定喜，是赵与芮夫人李氏陪嫁而来的侍女，地位十分低下，后被赵与芮看中，二人有了夫妻之实。黄氏怀孕的时候，担心由于自己的地位影响孩子的未来，曾服药物堕胎，但没有成功。度宗极有可能是受药物影响，发育迟缓，手脚发软，很晚才能走路，7岁才会说话，智力也低于正常孩子。《宋史·度宗本纪》所谓度宗"资识内慧，七岁始言，言必合度，理宗奇之"，除了7岁才会说话为事实以外，其余夸赞都应该是出于史家的溢美之词，不足为信。

当时曾流传很多度宗出生时的神话，赵与芮的母亲全氏说夜晚梦到神仙对她说："帝命汝孙，然非汝家所有。"也就是说，上天虽然给你送来一个孙子，但他不能继承本家香火，言外之意自然是要成为别人的孩子，这显然是骗人的把戏，赵与莒、赵与芮兄弟均为全氏之子，完全不存在这样的问题。赵与芮的夫人钱氏曾梦到日光照亮黄氏居住的屋子。黄氏则说有彩衣神仙抱着一条小龙放到自己怀中，随后怀孕，度宗出生的时候，屋内有红色光芒发出。这些颇具神秘主义色彩的传说大概是度宗被选为皇子以后，荣王府编造出来的，目的是为了向世人表明度宗继承皇位乃天命所定，这是历代以来君权神授观念的必然结果。

理宗既然有了立赵德孙为皇子的愿望，便于淳祐六年（1246）十月让他进入宫内接受教育，赐名孟启。宝祐元年（1253）一月，又立他为皇子，改赐名禥，正式确立了其皇储的身份。十月，又进封赵禥为忠王。

由于赵禥的先天缺陷，当朝大臣多反对将他立为皇储。理宗为了说服大臣，甚至以完全虚幻的梦境来证明自己的想法是正确的。他说曾梦到神人相告："此（指度宗）十年太平天子也。"或许他确实做过这样的梦，但更多的则是出于现实的考虑，这无非是理宗利用当时人们对神灵的敬畏，假借神明为侄子继位大造舆论而已。理宗此举表明立储之事遇到了很大的阻力，只好采取这种无奈而带有欺骗性的手段。然而，理宗自己万万没有想到的是，自己说出的话竟然在若干年后成为现实，度宗后来果然做了十年天子，只是天下并不太平，而是兵荒马乱，民不聊生。

理宗曾向宰相吴潜表示要立赵禥为太子，吴潜上奏曰："臣没有史弥远那样的才能，忠王恐怕也没有官家那样的福分。"理宗当初是在史弥远的扶持下篡夺了皇子赵竑的皇位，吴潜此话，一语双关，不但反对立赵禥为太子，而且触及理宗与史弥远阴谋篡位的痛处，这让理宗异常尴尬，却无言以对，毕竟吴潜说的是事实。然而，立太子乃国家大事，宰相在此问题上的态度具有重要影响，理宗不能置吴潜的意见而不顾，于是有罢免吴潜之意。

　　理宗与吴潜之间的隔阂由来已久，当初宋蒙交战之际，由于军情紧急，吴潜行事往往先斩后奏，这种行为让理宗深为不满。开庆元年（1259），蒙军渡过长江，围攻鄂州，理宗询问吴潜对敌之策。吴潜主张理宗迁都以避敌锋芒，自己死守临安。理宗竟哭着质问吴潜："你想做张邦昌吗？"言外之意，就是指责吴潜要另立朝廷，图谋篡位。蒙古军撤走以后，理宗对群臣说："吴潜几误朕。"显然是将君臣之间的不合公之于众。二人之间在立储问题上的分歧，被右丞相贾似道利用。贾似道与吴潜早有矛盾，鄂州之战前，吴潜听从监察御史饶应子的建议，让贾似道移屯黄州（今湖北省黄冈市），黄州乃是军事要冲，贾似道以为吴潜此举是要将他置于死地，因此怀恨在心。此时贾似道趁机上书，力主立忠王为太子，以迎合理宗之意，又命侍御史沈炎罗织吴潜指挥作战不力等罪名。理宗于是罢免了吴潜，扫清了立储问题上的一大障碍。景定元年（1260）六月，理宗下诏立忠王赵禥为太子。

　　然而，在此过程中，似乎夹杂着复杂的宫廷政治斗争。宋人周密《癸辛杂识》记载，当时社会上流传着"魏紫（子）姚黄"的传说。理宗有一个外甥名叫魏关孙，是理宗的亲姐姐四郡主与魏峻的孩子。魏关孙深得理宗母亲全氏的喜爱，全氏经常向理宗提起魏关孙，并为魏关孙求官职。理宗因为母亲的缘故，就想召魏关孙到宫中看一下，然后授予官职。按照相关规定，凡是异姓进入皇宫必须佩戴腰牌，只有赵姓宗室子弟可以例外。因为这次召见乃是一时权宜，于是令魏关孙化名赵孟关，冒充宗室进入皇宫。赵禥不知从何处得知魏关孙进宫的消息，也与之同时进宫。史书对当时情况描绘得非常隐晦，并没有提到理宗见到二人前后的情况，但可以推测，理宗当时可能非常喜欢魏关孙。赵禥对此非常忧虑，不明白理宗为何要召见魏关孙，并赐他宗子的名字，他感受到了来自魏关孙的巨大压力，以为理宗要用魏关孙来取代自己，于是在事后就散布了"魏太子"的传言，说理宗有意立魏关孙为太子。赵禥此举非常狠毒，散布这种传言实际上是要将魏关孙置于死地。宰相王伯大和吴潜甚至专门就此事上疏理宗求证，理宗表示并无此事，然而此后"四方遂有魏紫（子）姚黄之传"。"魏紫""姚黄"都是牡丹花的品种，"魏紫"相传是宋初宰相魏仁甫家所种植，用"魏紫（子）"来比喻魏关孙，表示其母为郡主，身份高贵；"姚黄"相传出自寻常百姓家，用它来比喻赵禥，暗示其母为侍女，身份卑微。虽然据理宗说并无调换之意，但后来魏关孙却非常"巧合"地淹死在赵与芮府邸瑶圃池中，遂给后人留下了丰富的遐想空间，极有可能是赵禥父子谋害了理宗姐姐的孩子，以解除对赵禥皇位的威胁。事实究竟如何，恐怕只能是难以破解的谜了。

　　理宗对赵禥的教育非常严格。赵禥7岁时，理宗就让他入宫内小学读书，立为皇子后，又为他专门建造"资善堂"，作为学习的场所，并亲自为他作了一篇《资善堂记》。理宗还遍选名家做赵禥的侍读，如汤汉、杨栋、叶梦鼎等人，都是名闻一时的大儒。理宗对赵禥每天的日程做了严格的规定，鸡初鸣入宫向理宗问安，再鸣回宫，三鸣就要到会议所参加处理政事，以锻炼其理政能力，从会议所出来以后，去讲堂听各位大儒讲说经史，终日手不释卷。傍晚的时候，再到理宗面前问安，理宗借机考问他当天所学的内容，若回答得正确，赐座赐茶；若回答得不对，理宗则为他反复剖析。讲完以后，如果赵禥还不明白，就会受到理宗的斥责，令其明日再学。由于赵禥先天存在缺陷，因此学业并没有太大长进，经常惹得理宗大怒。然而赵禥毕竟是与理宗血缘关系最近的侄子，即便不成器，理宗也只能尽力而已。

　　理宗也知道赵禥资质太差，很难有所作为，于是为他娶了一位聪明机智、颇识大体的妻子。赵禥的妻子名叫全玖，出身名门世家，是理宗母亲全太后的侄孙女，与度宗是表兄妹关系。全玖眉清目秀，仪态端庄。其父是一位地方官，全玖自幼随父亲游历各地，因此言语伶俐，对时局有较为清醒的认识。全玖初入宫时，理宗抚慰她说："令尊宝祐间尽忠而死，每每念及，深感哀痛。"

全玖听后，并没有哭诉父亲的去世，反而对理宗说："妾父诚然值得追念，可淮、湖地区的百姓更值得挂念。"理宗感于全玖才智出众，景定二年（1261）十二月，将她册封为皇太子妃，让她辅助赵禥，倒也不失为一种补救措施。

景定五年（1264）十月二十六日，理宗去世，赵禥继位，是为度宗，尊理宗皇后谢氏为太后。群臣对赵禥的能力心中有数，虽然此时赵禥已经25岁，仍有人上表请求谢太后垂帘听政，终因不合祖宗法度而作罢。

度宗继位之初，出台了一些措施，以示将力求有所作为。他任命马廷鸾、留梦炎为侍读，李伯玉、陈宗礼、范东叟兼侍讲，何基、徐几兼崇政殿说书，以求能随时听这些大臣讲求治国之道。又下诏要求各级臣僚直言奏事，特别规定先朝旧臣赵葵、谢方叔、程元凤、马光祖、李曾伯等指出朝政中的弊端，以便加以改进。

然而，度宗这些举措无非是装模作样而已，他很快就沉迷于声色犬马，少有时间和精力打理朝政。度宗虽然有先天缺陷，愚钝不慧，但却纵情酒色，追求安逸腐朽的生活。史书中说，度宗做太子的时候，就以好色闻名，当上皇帝以后，更加放纵。这一点，度宗算是继承了理宗的衣钵。宋制规定：皇帝临幸过的嫔妃，次日早晨要到阁门谢恩，由主管官员记录在案。度宗继位之初，一次到阁门谢恩的嫔妃竟达30余人，可见度宗的荒淫无度。度宗日夜沉溺于酒色之中，连公文也懒于批复，而是交给宠爱的妃嫔会稽郡夫人王秋儿等人处理。侍御史程无岳曾规劝过度宗："帝王长寿的方法在于修德，清心、寡欲、崇俭都是长寿的根本。"看来度宗后宫之事已为外朝官员所知，只是这些人不敢直接指责皇帝的"家事"，而是以相当委婉的方式加以规劝。度宗当面表示"嘉纳"，但实际上仍旧我行我素，根本不予理会。

理宗在世时，就以崇尚理学著称，他为赵禥选的侍读，也多是一些理学名家，受此影响，度宗对理学也十分偏爱。早在做太子时，他就在一次前往太学拜谒孔子时，提出增加张栻、吕祖谦为从祀，深得理宗赞赏。继位以后，他提拔了一些理学之名士如江万里、何基等人，录用前代理学大家张九成、朱熹、陆九渊等人的后代为官，理学门徒也占据了从中央到地方的很多职位。令人不解的是，虽然度宗推崇理学，但理学家提出的"存天理，灭人欲"的信条却几乎对他完全不起作用，他仍然每日沉迷于美色之中。

二、蟋蟀宰相：欺君误国的权臣

正是因为度宗荒淫无度，无暇顾及朝政，才使贾似道这样的权臣得以肆无忌惮，充分施展阴谋诡计，祸国殃民。贾似道，字师宪，台州（今浙江省天台县）人。贾似道出身官宦世家，父贾涉，颇有战功，官至淮东制置使。母胡氏，是贾涉所买的小妾，为正室所不容，后被贾涉嫁给了一位石匠。贾似道很小的时候，父亲就去世了，由于无人管教，他终日在社会上游荡。后来，贾似道的姐姐被选入宫中，深得理宗宠爱，贾似道也凭借这种裙带关系得到理宗青睐，被调到京城为官。此后青云直上，官运亨通，30多岁的时候就当上了参知政事、知枢密院事。

景定元年（1260），贾似道以右丞相的身份入主朝政，登上了权力的顶峰。此时尚有左丞相吴潜与贾似道分享权力。适逢理宗立储，吴潜与理宗产生意见分歧，贾似道趁此机会迎合理宗，赢得了理宗的信任，最后将吴潜赶出了朝廷。理宗此时已进入暮年，昏庸嗜欲，怠于政事，贾似道趁机控制了朝政，独揽大权。

度宗继位后，以贾似道有"策立之功"，因而对贾似道既依赖又畏惧。贾似道每次上朝行臣子之礼后，度宗都要对其回拜，称其为"师臣"，不敢直呼其名。每次退朝时，度宗都要起身离座，目送贾似道的背影离开朝堂，方敢坐下。朝臣因此把贾似道比作西周时期辅佐成王的周公旦，称他为"周公"。

度宗刚刚登上皇位的时候，贾似道主动要求担任理宗陵寝的总护山陵使。宋朝有个不成文的规定：先皇任命的宰相担任先皇的总护山陵使后，多不再回到朝廷，就此致仕（退休），以示对先皇的忠心。贾似道此举意在试探度宗对他的态度，度宗开始拒绝了贾似道担任山陵使的要求，意思是要他继续留任，但不久又下诏同意他担任山陵使，暗示希望贾似道退休。一些在朝大臣，如留梦炎、朱貔孙等，马上就提出度宗此举处理失当，要求度宗另派总护山陵使，但度宗希望借机摆脱贾似道的控制，因此没有同意。理宗下葬在绍兴永穆陵后，贾似道立即上表辞职，并且没有回到京城，直接从绍兴回到台州老家。同时，暗中指使亲信吕文德谎报军情，说蒙古军队大举围攻边境要塞下沱（今湖北省宜都市东南）。消息传到京城，满朝文武大为惊骇，度宗和谢太后急忙召贾似道回京，拜他为太师，让他主持大局。贾似道回到了京城，"下沱之围"自然也就解了。通过这种手段，贾似道夺回了相位，而且将度宗牢牢地控制在自己的手中。

此后，贾似道又多次采用这种以退为进、欲擒故纵的手段要挟度宗，以求得更大的权力。咸淳二年（1266），贾似道再次上表要求辞职，度宗百般挽留均无济于事，情急之下，度宗竟然不顾君臣之礼，哭着给贾似道下拜，恳请他留下主政。参知政事江万里急忙扶起度宗，说："自古没有这样的君臣之礼，皇帝不可拜，似道不可再言去。"度宗的举动也出乎贾似道的意料，贾似道一时不知如何是好，遂答应留下。出来时，贾似道举笏向江万里致谢："今天要不是有你在，我就成了千古罪人。"在这番道貌岸然的言辞背后，却是玩弄皇帝于股掌之间的得意。

与贾似道的阴险奸诈相比，作为一国之君的度宗懦弱无能，根本不是贾似道的对手，更谈不上有能力控制他。贾似道此后行事更加肆无忌惮，甚至度宗的一举一动都要受他操纵。咸淳八年（1272），度宗举行明堂大礼，贾似道为大礼使。典礼结束后，度宗到景灵宫祭奠，恰好天降大雨，贾似道让度宗等雨停后乘辂（一种大车）回宫。度宗胡贵妃的父亲胡显祖以为道路泥泞，车辂难行，请度宗效仿宁宗开禧年间的做法，乘逍遥辇（一种小车）回宫。度宗说乘辂回宫是贾似道的意见，胡显祖于是谎称已经得到贾似道的批准，度宗遂答应乘逍遥辇回宫。不一会儿，雨过天晴，而度宗已经回到宫中。贾似道知道后大怒："臣为大礼使，官家举动不得预闻，乞罢政。"当天就出嘉会门，以示去意已决。接着又上疏胡搅蛮缠，说嘉定（"嘉定"和后面"开禧"均为宁宗年号）明堂时赶上三日大雨，仍然乘辂回宫，开禧中则乘辇回宫，不用嘉定例而用开禧例，是把他同开禧年间的权臣韩侂胄相提并论。于是连上七疏，坚决求去，并回到西湖边的宅第居住。度宗无奈，只得将胡显祖免职，发配到饶州（今江西省鄱阳县）居住，贵妃胡氏送到妙净寺削发为尼。其他相关人等也都受到严厉处罚：阁门吏曹垓被处以黥断大刑，其子大中也在阁门任职，被降谪至江阴（今江苏省江阴市）；礼部侍郎陈伯大、张志立停职待罪。贾似道这才回到朝廷任职。

　　贾似道大权在握，遂开始结党营私，排斥异己。凡是与他意见不合之人，轻则受到斥责，重则遭到摒弃，终生不用。执政江万里、台谏陈文龙等都因为忤逆贾似道而遭到贬斥，状元出身的文天祥则在37岁的时候就被迫辞职回家闲居。贾似道曾召集百官议事，席间厉声说："各位如果不是由我拔擢，怎么能达此地位！"百官默然，无人敢出一语。只有权礼部侍郎、兼同修国史、实录院同修撰李伯玉抗声道："伯玉殿试第二名，平章不拔擢，伯玉也可以至此。"贾似道没有想到居然有人敢挑战他的权威，自知失言，非常难堪，其内心的愤怒可想而知，此后不久，李伯玉就出知隆兴府（今江西省南昌市），他只因为说了一句实话而开罪了贾似道，就断送了本来前景光明的仕途。另外一些人则靠逢迎贾似道得到升官，赵潜等人争相向贾似道贡献珠宝，陈奕竟然以兄礼对待贾似道的玉工陈振民，以求迁官。这样，正直人士纷纷被贾似道贬斥，一些趋炎附势之徒则占据高位，贾似道的亲信布满了朝廷内外。

贾似道虽然深居简出，很少至政事堂办公，但朝廷的大事小事，都必须报知贾似道，没有他的批准则不敢施行。文吏每日抱着文书至贾府，等待贾似道裁处，其他宰执只是充数签名而已，没有任何权力。贾似道将这类事统统交给门客廖莹中、堂吏翁应龙办理，自己每日于葛岭（今浙江省杭州市宝石山西）私第游乐。贾似道原来就是一个浪荡公子，当政以后，变本加厉。度宗允许他十日一朝，但贾似道有时甚至累月不朝，五日一入西湖宴游，时人戏称"朝中无宰相，湖上有平章"。贾似道酷爱斗蟋蟀，经常与妻妾们趴在地上斗蟋蟀，一次一位平日玩伴恰好赶来，开玩笑说："这就是军国重事吗？"贾似道也因此得了个"蟋蟀宰相"的骂名。他在葛岭私第盖起楼阁亭榭，把不少宫女、娼妓、尼姑聚集到这里，日夜淫乐。

贾似道其人，可谓"不学有术"，他没有读过什么书，平日侍讲的时候，度宗问他一些经史中的疑问之处或古代人名，他都回答不出来，幸亏江万里在旁为其解围，连资质驽钝的度宗都向后妃们嘲笑他草包。但在玩弄权术、排斥异己方面，他却是无师自通。他为政三朝，其专擅程度远远超过秦桧、韩侂胄、史弥远等人，带来的危害也远远大于三人。国家危急时刻，他纵情声色，将国家命运置之不顾，直接导致了宋王朝的土崩瓦解。

贾似道大权独揽，对度宗则专事欺瞒，他禁止有人在度宗面前提及边事，否则辄加罢斥。襄阳、樊城被围困三年后，度宗才从一个宫女处得到消息，他忧愁地对贾似道说："襄、樊已经被围三年了，怎么办呢？"贾似道哄骗度宗说："襄樊之围早就解了，官家从何得知？"度宗回答是听一个宫女说的。贾似道查到这名宫女，找个借口将她处死了。此后没有人敢再向度宗提及边事。后来边报紧急，再也瞒不过去了。贾似道又玩起两面手法，他一方面假意数次上书度宗，请求让他亲往前线督战；另一方面又指使台谏以主持朝政为名上章挽留。襄樊失陷以后，贾似道反而埋怨度宗："臣曾多次要求前往前线指挥作战，官家都不答应。如果官家早些应允，当事不至此。"度宗此时也只有答以"师臣岂可一日离左右"。由此可见，贾似道及其党羽政治手腕极为高明，难怪度宗始终不能脱离他的控制。

度宗对贾似道的专权也并非没有意见，继位之初，他就任命贾似道为理宗陵寝总护山陵使，暗示贾似道致仕。他曾对李伯玉感叹贾似道专横跋扈，君臣相对大哭，然后他想提拔李伯玉为执政，但李伯玉不久就去世了。荆湖地区一直为贾似道的亲信吕氏集团控制，京湖制置使吕文德死后，朝廷并未从这一集团内部选择继任者，却委派与吕氏集团毫无关系，对贾似道也并不依附的李庭芝接替吕文德管理这一地区，当是有削弱贾似道势力的含义在内，但李庭芝到任后，很快就被吕氏集团架空了。贾似道此时权倾朝野，羽翼已丰，懦弱无能的度宗又怎么是他的对手，无可奈何之下，只好每日沉溺于酒色之中了。

咸淳十年（1274）七月九日，度宗逝世，终年35岁。第二年一月，安葬于绍兴府会稽县永绍陵。在他去世后两年，宋朝便投降了元朝。

第十六章

恭帝赵㬎：德祐元年（1275）—德祐二年（1276）

恭帝赵㬎档案

姓名：赵㬎	出生：咸淳七年（1271）九月二十六日
属相：羊	去世：至治三年（1323）四月十八日
享年：53岁	陵寝：无
庙号：无	谥号：恭皇帝
父亲：度宗赵禥	母亲：全皇后
初婚：14岁	配偶：孛儿只斤氏
子女：1子	继承人：端宗赵昰
最得意：佛学上取得极高成就	最失意：继位第二年宋室江山即告灭亡
最不幸：因一首小诗被赐死	最痛心：宋朝的灭亡
最擅长：佛学、翻译	

度宗于咸淳十年（1274）七月去世，留下三个未成年的儿子：杨淑妃所生的赵昰，7岁；全皇后所生的赵㬎，4岁；俞修容所生的赵昺，3岁。谢太后召集群臣商议立帝，众人以为杨淑妃所生赵昰年长当立，但贾似道和谢太后都主张立嫡子，于是赵㬎被立为帝，是为恭帝。恭帝此时年纪尚幼，因此由谢太皇太后垂帘听政，但朝廷实权实际上仍掌握在宰相贾似道手中。在理宗和度宗统治时期，宋朝的灭亡已经不可逆转，恭帝继位不满两年，宋朝就投降了元朝。宋室江山是太祖赵匡胤从后周孤儿寡母手中夺得，最后又失于孤儿寡母之手。后人写诗讥讽道："当日陈桥驿里时，欺他寡妇与孤儿。谁知三百余年后，寡妇孤儿亦被欺。"

一、孤儿寡母：南宋王朝的灭亡

赵㬎继位之时，宋室江山处于风雨飘摇之中。蒙古铁骑大举南下，局势失去控制，宋王朝的统治已经陷入了瘫痪状态。

咸淳十年（1274）九月，元军向南宋发起了总攻。十二月，伯颜率兵进逼鄂州，在青山矶（今湖北省武汉市东北）击败宋将夏贵率领的鄂州、汉阳（今湖北省武汉市汉阳区）守军，两地相继陷落。伯颜留下部分士兵守卫鄂州，自己率领主力部队，以宋朝降将吕文焕为前部，继续东下。沿江城池的许多守将原来都是吕氏的部下，元军所到之处，这些吕氏旧属纷纷归降，元军得以顺利突破长江防线，于德祐元年（1275）春攻克军事重镇安庆（今安徽省安庆市）和池州（今安徽省池州市），兵临建康城下。

鄂州陷落后，长江防线洞开，南宋朝野内外大震，京师各界都把希望寄托于贾似道身上，呼吁"师臣"亲征，指望他能像理宗朝那样取得"再造"之功。贾似道不得已，在临安设都督府，准备出征。蒙军的一路统帅刘整原系宋朝骁将，理宗末年，贾似道在武将中推行"打算法"来排斥异己，刘整见上级名将被贾似道逼死后，担心自己也受到迫害，于是被迫归降蒙古。贾似道对刘整的能力知道得一清二楚，由于惧怕刘整，他迟迟不敢出兵，直到德祐元年（1275）一月，听说刘整死后，他才高兴地说："吾得天助也！"上表恭帝，请求出征。

贾似道抽调各路精兵十余万，装载着无数金帛、器甲和给养，甚至带着妻妾，离开京城，阵势绵延百余里（约相当于今天的40公里）。二月，行至芜湖（今安徽省芜湖市），与夏贵会合。夏贵一见贾似道，便从袖中抽出一张字条，上写"宋历三百二十年"，言下之意，宋朝历时已近320年，国势已尽，不要为它丢了性命。贾似道心照不宣，点头默许。

贾似道到达前线之后，率后军驻扎于鲁港（今安徽省芜湖市西南），命大将孙虎臣统领前军屯驻在池州下游的丁家洲（今安徽省铜陵市东北），夏贵率战舰3500艘横列江上。贾似道深知蒙古军队的勇猛，不敢与之正面交战，仍然幻想走开庆元年（1259）同忽必烈讲和的老路，因此下令释放元朝俘虏，送荔枝、黄柑等物给伯颜，希望通过称臣纳币求得和平。但此时元军的目标在于灭亡南宋，称臣纳币已不能满足元人的贪欲，求和的请求被断然拒绝。两军交战，伯颜连续突破孙虎臣、夏贵两道防线，直抵鲁港，宋军大败，死者无数，江水为之变赤，贾似道仓皇逃到扬州。

贾似道位居平章军国重事、都督诸路军马，度宗尊之为"师臣"，众臣视之为"周公"，却如此不堪一击，时人讽之曰："丁家洲上一声锣，惊走当年贾八哥。寄语满朝谀佞者，周公今变作周婆。"贾似道战败后，成为众矢之的，朝野上下出现处死贾似道的强烈呼声，谢太皇太后却认为，贾似道勤劳三朝，不能因为一朝之罪，失了对待大臣的礼数。于是仅将贾似道贬为高州团练使，循州（今广东省龙川县东）安置，并抄没其家产。行至漳州（今福建省漳州市），贾似道于木绵庵为监押官郑虎臣所杀，结束了其擅权误国的一生。

鲁港之役的溃败，使南宋部队损失惨重，士气严重受挫。伯颜继续沿江东下，德祐元年（1275）十月，蒙军自建康分三路向临安挺进。伯颜亲率中军进攻常州（今江苏省常州市），常州地处交通要道，扼守临安门户，战略地位十分重要，伯颜在此投入了 20 万军队，常州知州姚訔、通判陈炤等奋勇抵抗。伯颜驱使城外居民运土填充护城河，甚至将运土百姓也用作堆砌材料，最终筑成环城堤防。十一月十八日，元军发动总攻，两天后常州城被攻破，元军进行了野蛮的大屠杀，上万人被害，只有为数不多的人幸免于难。常州大屠杀产生了蒙古入侵者所希望的震慑作用，随后，当蒙军逼近平江（今江苏省苏州市）时，平江守将未经接战便献城投降。

随着蒙古铁骑的逼近，临安府内人心惶惶，大批人试图逃离都城，尤其是朝廷大小官员，为保身家性命，带头逃跑。同知枢密院事曾渊子等几十名大臣趁夜逃走。签书枢密院事文及翁和同签书枢密院事倪普等人，竟暗中指使御史台和谏院弹劾自己，以便卸任逃走，御史章未上，二人已先逃跑。谢太皇太后严厉谴责了这些不忠之臣，下诏说："我大宋朝建国三百余年来，对士大夫从来以礼相待。现在我与继位的新君遭蒙多难，你们这些大小臣子不见有一人一语号召救国。内有官僚叛离，外有郡守、县令弃印丢城，逃避艰难苟且偷生，哪里还像人的作为？死后又有什么脸面见先帝？"然而，谢太皇太后的谴责在蒙古铁骑的威胁之下显得如此苍白无力，根本不能激起朝廷内外官员为宋室而战的信心。德祐元年十一月，左丞相留梦炎弃官逃跑，屡召不归；德祐二年（1276）一月，同签书枢密院事黄镛、参知政事陈文龙、常楙先后逃跑，等等。新年短暂的休战后，仅有 6 名官员出现在朝堂上。官员的逃跑瓦解了军心、民心，使宋王朝根本无法组织起有效的抵抗，皇室陷入了孤立无援的境地。

擅权误国的贾似道已被罢免，此时朝廷如果能够振作起来，任用贤臣，局势或许还可以扭转。但恰恰此时，朝廷却犯下另一个严重的错误，即任命陈宜中为相。在陈宜中的主持下，宋朝终于陷入万劫不复的深渊。陈宜中是一个狂妄自大、欺世盗名的两面派，表面上惯于说些冠冕堂皇的大话，谴责任何妥协退让的主张和行为。陈宜中本为贾似道所援引，贾似道兵败以后，他却率先提出处死贾似道，以提高自己的声望，毫无廉耻；统率禁军的殿前指挥使韩震提出迁都建议，他竟然私自将其骗到自己家中杀害。

陈宜中长期通过这种哗众取宠的表演和豪言壮语来获得权势，提高自己的威望，但事实上是一个优柔寡断却冒充英雄的胆小鬼。德祐元年（1275）春夏之交，战事最为激烈的时候，朝野内外纷纷要求他亲往前线督战，他却犹豫畏缩，不肯出城。显而易见，陈宜中不可能为宋朝冒生命危险。七月，他离开临安，逃到了远离前线的南部沿海地区，要求朝廷在这一地区给他安排职务。他拒绝朝廷派来请他回朝的使臣，太皇太后无奈，亲自给其母亲写信，在他母亲的干预下，他终于回到了都城任职。临安的太学生对陈宜中的逃跑行为进行了强烈的抨击，指责他畏首畏尾、胆小怕事，是一个名不符实的两面派，把他贬为与贾似道一样的误国之臣。

陈宜中当国，行事摇摆不定，徘徊在和与战之间，不能做出决断。他口头上喊出各种豪言壮语，实际上却懦弱怕事，没有与蒙军决一死战的勇气和才能。德祐元年年底，在他主持之下，局势朝着越来越不利于宋朝的方向发展，除了彻底投降以外，已没有其他回旋余地。此时的陈宜中，在强大的蒙古铁骑的威胁下，丧失了继续抵抗的信心，文天祥、张世杰提出迁都到东南部地区，以图背水一战，胆小的陈宜中否决了这项提议，一意求和。德祐二年（1276）一月十八日，谢太皇太后派大臣杨应奎向元军献上降表和传国玉玺，哀乞伯颜念上天好生之德，对宋朝皇室从宽处理。元朝要求与宰相面对面会谈，陈宜中被这种要求吓破了胆，于是再一次抛弃了年幼的皇帝和太皇太后，于当天夜里逃离了临安。

陈宜中逃走后，蒙古铁骑兵临城下，投降已无可挽回。谢太皇太后任命文天祥为右丞相兼枢密使，出使蒙古军营谈判，文天祥正气凛然，被伯颜扣留，谢太皇太后又派贾余庆出使。

德祐二年二月五日，临安城里举行了受降仪式，赵㬎宣布正式退位。三月二日，伯颜以胜利者的姿态进入临安。元世祖下达诏书，要伯颜携宋朝君臣速往大都朝见，赵㬎同母亲全太后和少数侍从离开临安，踏上前往大都的路程。谢太皇太后因有病在身，并未同行，但不久也在元军的逼迫下启程北上。至此，延续了近320年的赵宋王朝正式结束。

二、吐蕃高僧：恭帝的最后岁月

德祐二年（1276）春，赵㬎一行被掳北上，当时的场景十分凄凉，随行的诗人汪元量作《北征》诗曰："三宫锦帆张，粉阵吹鸾笙。遗氓拜路傍，号哭皆失声。"闰三月二十四日，赵㬎抵达大都（今北京市）。由于忽必烈此时在上都（今内蒙古自治区正蓝旗东闪电河北岸），恭帝一行随后又启程前往上都，于四月底抵达。五月二日，忽必烈接见了恭帝等人，赵㬎被降封为开府仪同三司、检校司徒、瀛国公。元朝统治者此举具有强烈的政治意味，表面上优礼有加，实际上，全太后母子只能在高墙深院中度过时日，无法自由行动。随后，赵㬎等人又被迁回大都。

忽必烈清楚地知道，赵㬎虽已退位，并且年纪尚幼，但仍然具有潜在的号召作用，只有将他妥善地安置，才能招徕那些尚未归顺的南宋遗民，因此对其十分优待，给予优厚的物质条件。这些宋室成员虽然生活条件十分优越，但毕竟身负亡国之恨，精神上受到的折磨是难以用语言加以描述的。谢太皇太后在内心极度痛苦之下，与人"冷眼交流"，在度过7年不自由的时光后，于74岁时病逝。全太后则带着年幼的赵㬎出家为尼，后来在正智寺中去世。与以谢太皇太后为首的高级皇室成员相比，一些低级的妃嫔由于地位低下，得不到元朝的优待，境遇十分凄惨，有些人无奈之下，只得以死相抗。赵㬎等人抵达上都不久，陈氏、朱氏两名妃子和两名宫女就上吊自杀了，朱氏的衣服中留下了一首诗："既不辱国，幸免辱身。世食宋禄，羞为北臣。妾辈之死，守于一贞。忠臣孝子，期以自新。"既表达了誓死不受辱的意愿，也希望以自己的死来唤起宋室"忠臣孝子"图强自新的斗志。忽必烈得知后大怒，将四人头颅割下，悬挂在全太后寓所，以示警告。

赵㬎虽然年纪尚幼，但仍然是忽必烈的心头大患，毕竟他是赵宋遗民心目中"正统"的代表，对那些宋室"忠臣孝子"仍然具有巨大的感召力。至元十九年（1282），福建有位僧人告诉忽必烈，他夜观星象，土星侵犯帝座，必将有人危害皇帝，应该加以提防。接着中山（今河北省定州市）有人自称"宋王"，聚众千余，声称要进大都解救文天祥。京城里也有人上匿名信说有人要为"文丞相"起兵。事后查明，以上诸说纯系谣传，但忽必烈感到此时刚满12岁的赵㬎和囹圄之中的文天祥依然是对元朝统治的威胁，因此下诏，以赵㬎不宜居大都为名，将他迁往远离内地的上都。

此时，南方的抗元运动仍然此起彼伏，有地方官上奏说："江南归附十年，盗贼迄今未靖者，宜降旨立限招捕。"虽然南宋灭亡已12年之久，元朝在中原的统治也大体稳定，但赵㬎的存在，仍使忽必烈感到担忧，终于在至元二十五年（1288）冬天，忽必烈颁布诏令，将赵㬎迁往更加荒远的吐蕃去学习佛法，即日启程。这时赵㬎刚刚18岁。

赵㬎到达吐蕃后，居住在萨迦大寺，被尊为"合尊"法师，意思是"天神家族的出家人"，这是对王室子弟出家僧人的尊称。为了忘却以往的伤心事，赵㬎终日以青灯黄卷为伴，研究佛法，学习藏文，过着孤寂清苦的僧侣生活。多年的苦读，使他精通佛学，成为一代高僧，一度担任过萨迦大寺的总住持。他从事佛经翻译工作，一些比较深奥的佛学专著都出自他的手笔，如《因明入正理论》《百法明门论》等。由于在佛学上取得的突出成就，赵㬎被藏史学家列入翻译大师之列，为汉藏文化交流做出了积极的贡献。

至治三年（1323），赵㬎已经是53岁的老人了，如果不出意外，将在异乡安享晚年，但他在云游之际兴之所至，作了一首小诗："寄语林和靖，梅花几度开。黄金台下客，应是不归来。"表露了他怀念故国而又无法归去的悲苦思绪。元英宗听说以后，认为赵㬎是在"讽动江南人心"，于是将他赐死于河西（今甘肃省河西走廊地区）。就这样，寄人篱下数十载的宋恭帝，终于撒手西去。据藏族史家记载，赵㬎被杀后，"注血成乳"，这是佛教的一种习惯说法，用来表示受害者死得冤枉。藏族内部也有同样的说法，即英雄受冤而死后，流出来的血是白色的。这种说法表明藏族史家对赵㬎之死同样抱有深深的同情，认为他是含冤而死的。

赵㬎一生，饱经坎坷却又充满传奇色彩。4岁登基，时值多事之秋。继位第二年，宋朝即告灭亡。从天真孩童到一国之君，又从一国之君到阶下之囚，再从阶下之囚到西藏高僧，最后仍难免被莫须有的罪名处死。恭帝一生的经历，在中国历代帝王中是绝无仅有的。恭帝的一生不能不说是悲哀的一生，还是一个懵懂幼童就成为亡国之君，被迫背井离乡，失去了童年的欢乐。而遁入空门，度过多难的一生之后，晚年仍不免为其皇室之后的身份所累，含冤而死，让人不免发出"奈何生在帝王家"的感叹。

三、抗元英雄：留取丹心照汗青的文天祥

恭帝虽然死得凄惨，终不免被淹没在历史之中，至多只能换来后世的一声叹息罢了。与他委曲求全而不得善终的经历相比，宋末忠臣之典型文天祥却是另外一种结局，同样成为阶下之囚，文天祥大义凛然，引颈就刑，其高风亮节代代相传，令人景仰。

文天祥，吉州庐陵（今江西省吉安市）人，原名云孙，字天祥。中举之后，以天祥为名，改字履善。宝祐四年（1256）中状元后，又改字宋瑞，后号文山。《宋史》记载，文天祥身材修长，面色白皙如玉，眉清目秀，神采奕奕，颇似魏晋间的风雅高士。文天祥少年得志，20岁状元及第，一举成名。然而生逢末世，朝政黑暗，被权臣贾似道排挤，37岁便被迫还乡闲居。

虽然闲居在家，文天祥仍然时刻关注着时局的变动，希望能有机会一展抱负。德祐初年，元军攻破宋长江防线，临安告急，皇帝下诏天下起兵勤王。文天祥也响应朝廷的号召，他发动家乡豪杰勇士和当地的少数民族山民，组成了万余人的军队奔赴临安，被任命为江西安抚副使、赣州（今江西省赣州市）知府。他的朋友劝他明哲保身："如今蒙古军队三路并进，已经接近临安，相公只有万余乌合之众，何异于驱群羊而搏猛虎？"文天祥并未退缩，知难而进："对目前形势我也是清楚的，但我最痛恨的是国家养育臣庶三百余年，而一旦有难，召天下勤王，却没有一人一骑响应。所以我不自量力，做出表率，或许天下的忠义之士会闻风而起，这样的话，社稷或许可以保全！"文天祥家道殷实，自应诏勤王以来，把全部家产都贡献出来充作军资。

此时，陈宜中把持着朝政大权，和战不定，文天祥空有一腔报国之志和满腹才华，而无用武之地。直到蒙军兵临城下，文武官员都纷纷出逃，谢太皇太后才任命文天祥为右丞相兼枢密使。具有讽刺意味的是，文天祥这时的使命却是充使乞降。文天祥到了元军大营，并没有按谢太皇太后的意思无条件投降，反而要求蒙军先从京城后撤300里，再进行和谈。同时对蒙军的贪婪和残暴进行声讨。伯颜为文天祥的气势所逼，只得遣回其他使臣，却把文天祥扣留起来。

蒙军占领临安以后，两淮、江南、闽广等地尚未被元军完全控制，伯颜企图诱降文天祥，利用他的声望来招降这些地区。文天祥宁死不屈，伯颜只好将他押解到北方。行至镇江（今江苏省镇江市），文天祥冒险出逃。景炎元年（1276）五月二十六日，辗转到达福州，被宋端宗赵昰任命为右丞相。但小朝廷立足未稳，一些大臣已忙于争权夺利。文天祥很快被排挤出朝廷，于是北上招兵抗敌。文天祥回到江西之后，各地豪杰和溃兵纷纷前来投靠，先后从元军手中夺回了许多城池。但由于孤军作战，遂接连为元军所败，妻妾和孩子被元军俘虏，老母亲和大儿子也在随军转战中去世。在五坡岭（今广东省海丰县北），文天祥遭到元军突然袭击，再次被俘。

文天祥试图服毒自杀，没能成功。张弘范将他押往崖山（今广东省江门市新会区南），让他写信招降张世杰。文天祥断然拒绝："我不能保护父母，难道还能教别人背叛父母吗？"张弘范一再强迫文天祥写信，文天祥于是将自己前些日子所写的《过零丁洋》一诗抄录给张弘范。张弘范读到"人生自古谁无死，留取丹心照汗青"两句时，情不自禁地赞道："好人好诗。"此后不再强逼文天祥。崖山之战后，张弘范向元世祖请示处理文天祥之事，元世祖说："谁家无忠臣？"命令张弘范对文天祥以礼相待，并将他送到大都，企图加以劝降。

文天祥到达大都，拒绝元朝的利诱，被关进大牢。元世祖派投降元朝的南宋丞相留梦炎等人和恭帝赵㬎出面劝降，都被文天祥一一回绝。元朝平章事阿合马和丞相孛罗也碰壁而归。孛罗想要杀掉文天祥，但是元世祖抱着爱才之心，又恐杀了文天祥，民心不服，始终没有同意。从此，文天祥在监狱中度过了三年。在狱中，他曾收到女儿柳娘的来信，得知妻子和两个女儿都在宫中为奴，过着囚徒的生活。文天祥明白只要投降，家人即可团聚，但他却不愿因妻子和女儿而丧失气节。他在写给自己妹妹的信中说："收柳女信，痛割肠胃。人谁无妻儿骨肉之情？但今日事到这里，于义当死，乃是命也。奈何！奈何！……可令柳女、环女做好人，爹爹管不得。"读之令人心酸。在狱中，文天祥写出了不少诗篇，气壮山河的不朽名作《正气歌》就是在狱中写成的。他在《正气歌》中写道："天地有正气，杂然赋流形。下则为河岳，上则为日星。于人曰浩然，沛乎塞苍冥。皇路当清夷，含和吐明庭。时穷节乃见，一一垂丹青。"表现了文天祥不畏强敌的浩然正气。

元世祖要以儒家思想治国，至元十九年（1282）八月，问议事大臣："南方、北方宰相，谁是贤能？"群臣回答："北人无如耶律楚材，南人无如文天祥。"此时京城出现匿名招贴，外地起兵反元，有人声称要来救"文丞相"。元世祖决定做最后的努力，亲自劝降文天祥。文天祥见了元世祖，不肯下跪，只作了个揖。元世祖问他还有什么话说。文天祥回答忠臣不事二主，愿求一死。元世祖知道劝降已没有希望，下令处死文天祥。次日，文天祥被押解到菜市口刑场，引颈就刑，时年仅47岁。数日后，妻子欧阳氏收其尸，在他的衣带里发现了一段赞文："孔曰成仁，孟曰取义，惟其义尽，所以仁至。读圣贤书，所学何事？而今而后，庶几无愧！"元世祖闻之亦感叹不已："好男子，不为吾用，杀之诚可惜也。"

第十七章

端宗赵昰、末帝赵昺：景炎元年（1276）—祥兴二年（1279）

端宗赵昰档案

姓名：赵昰	出生：咸淳五年（1269）六月三日
属相：蛇	去世：景炎三年（1278）四月十五日
享年：10岁	陵寝：永福陵（今广东省江门市新会区南）
庙号：端宗	谥号：裕文昭武愍孝皇帝
父亲：度宗赵禥	母亲：杨淑妃

帝昺赵昺档案

姓名：赵昺	出生：咸淳八年（1272）一月十二日
属相：猴	去世：祥兴二年（1279）二月六日
享年：8岁	陵寝：无
庙号：无	谥号：无
父亲：度宗赵禥	母亲：俞修容

德祐二年（1276）二月，南宋正式投降元朝，延续了300余年的宋朝宣告灭亡。此后，赵昰、赵昺兄弟先后被宋室遗民拥立为帝，建立起流亡小朝廷，南宋臣民的抗元斗争在二王的旗帜下又坚持了数年。但此时元朝一统中原已是大势所趋，小朝廷的反抗也只是垂死挣扎而已。尽管如此，南宋臣民体现出的忠义之气，直到今天仍然令人动容。

一、二帝之死：流亡小朝廷

德祐二年（1276）一月，宋朝败亡已定，在元军进入临安以前，谢太皇太后进封赵昰为益王，判福州、福建安抚大使；赵昺为广王，判泉州兼判南外宗正，命人保护二王逃出了临安。赵昰一行躲过元军的层层围堵，到达温州，陆秀夫派人召来了躲藏于此的陈宜中，张世杰也率兵从定海（今浙江省宁波市镇海区）前来会合。温州有座江心寺，南宋初年高宗南逃时曾到过这里，其御座此时还保存完好，众人于座下大哭，于是拥戴益王赵昰为天下兵马都元帅，广王赵昺为副元帅。此后二王就成为宋室遗民心目中仅存的希望，在二王的旗帜下，南宋军民的抗元斗争又持续了数年。

都元帅府成立后，众人决定前往远离元军威胁的福建。五月一日，赵昰在福州继位，是为端宗，改元景炎。册封杨淑妃为太后，垂帘听政，进封赵昺为卫王。已经两次逃跑的陈宜中此时又被任命为左丞相兼枢密使，都督诸路军马，陈文龙、刘黼为参知政事，张世杰为枢密副使，陆秀夫为签书枢密院事，苏刘义主管殿前司。这样，流亡小朝廷在福州建立起来，并初具规模。

流亡政权刚刚建立，面临着强大的外敌，内部却已开始争权夺利，官员之间相互倾轧，分化了已经非常孱弱的力量。此时杨太后的弟弟杨亮节居中掌权，秀王赵与檡以赵氏宗亲的身份对杨亮节的所作所为多有谏止，于是遭到杨亮节的嫉恨，诸将对赵与檡也有所不满。杨亮节遂把赵与檡派往浙东，朝臣有人言秀王忠孝两全，应该留下来辅佐朝廷，杨亮节听后更为忧虑，担心自己地位难保，于是驱逐赵与檡的心意更加坚决。赵与檡后来在处州（今浙江省丽水市西）与元军交战被俘，不屈而死。宰相陈宜中此时又使出自己擅长的党同伐异的手段，开始排斥异己，指使言官将陆秀夫弹劾出朝廷。在小朝廷立足未稳的时刻，陈宜中的这种行为引起众人的普遍不满，张世杰责备陈宜中说："现在是什么时候？还在动不动就以台谏论人！"陈宜中无奈之下，又将陆秀夫重新召回。

南宋中央政府虽然已经投降元朝，但还有许多地区依然掌握在宋室遗民的手中。福建、两广大片地区仍处在流亡小朝廷的控制之下，李庭芝坚守淮东，淮西地区也进行着拉锯战。但在元军的进攻下，淮东、淮西等地相继失陷，李庭芝战死。景炎元年（1276）十一月，元军逼近福州，此时小朝廷还有正规军17万、民兵30万、淮兵1万，拥有的兵力远比元军进攻的兵力要多，完全可以与之一较高下，但由于朝政由陈宜中、张世杰二人主持，陈宜中一直就是一个胆小鬼，张世杰也"惟务远遁"，因此小朝廷在福州立足未稳，就又开始了逃亡。十一月十五日，陈宜中、张世杰护送端宗赵昰、卫王赵昺及杨太后乘一艘海船逃跑，刚刚入海，就与元朝水军相遇，由于天气不好，大雾弥漫，才侥幸得以脱身。离开福州之后，小朝廷失去了最后一个根据地，此后只能建立海上行朝，四处流亡。

端宗一行辗转泉州（今福建省泉州市）、潮州（今广东省潮州市）、惠州（今广东省惠州市）等地，景炎三年（1278）春，来到雷州（今广东省雷州市）附近的硇洲。逃亡途中，宰相陈宜中借口联络占城，一去不返，第三次充当了可耻的逃兵。端宗由于在逃亡途中受到飓风惊吓，惊恐成疾，四月十五日病逝于硇洲，年仅10岁。端宗去世后，群龙无首，眼看小朝廷就要分崩离析，陆秀夫慷慨激昂，振作士气："诸君为何散去？度宗一子还在，他怎么办呢？古人有靠一城一旅复兴的，何况如今还有上万将士，只要老天不绝赵氏，难道不能靠此再造一个国家吗？"于是众臣又拥立年方8岁的赵昺为帝，由杨太后垂帘听政，改元祥兴。

然而，元军步步为营，小朝廷已经陷入三面包围之下。硇洲地处雷州半岛，雷州具有重要的战略地位，对战局的发展有着至关重要的作用。在元军的猛攻之下，雷州失守，小朝廷形势危急。张世杰数次派军想夺回雷州，但都没有成功，于是将流亡政权迁至崖山。崖山位于今广东省江门市新会区南，与西面的汤瓶山对峙如门，称为崖门，宽仅里许，形成天然港口，内可藏舟。"每大风南起，水从海外排闼而入，怒涛奔突，浪涌如山"，而"崖山东西对峙，其北水浅"，每天早晨和中午涨潮落潮时分，既可"乘潮而战"，又可"顺潮而出"。崖山的这种地理特点，后来被元军利用，导致宋军大败。

小朝廷到达崖山时，尚有正规军和民兵20万人，而进攻的元军只有数万，仅就兵力而言，双方相差悬殊，且元军不善水战，宋军无疑在这方面占有优势。但张世杰已经对前途不抱希望，他放弃了对崖门入海口的控制，把千余艘战船背山面海，用大索连接，四面围起楼栅，结成水寨方阵，把木制战船两侧用衬垫覆盖，以防御元军的火箭和炮弩，赵昺的御船居于方阵之中，打算在此死守。张世杰此举有两大失误：一是放弃了对入海口的控制权，等于把战争的主动权拱手交给了对方；二是把千余战船贯以大索，结成水寨，虽然集中了力量，但丧失了机动性，相当于把宋军暴露在敌人面前，任人攻打。元军大将张弘范率水军赶到，控制了崖山之南的入海口，又从北面和南面两个侧翼切断了宋军的所有退路。宋军陷入孤立无援的境地，在10多天的防御战中，将士们只能以干粮充饥，饮海水解渴，饮过海水的士兵呕吐不止，战斗力严重削弱。

一个暴风雨的早晨，张弘范指挥元军对宋军发起总攻。元朝大将李恒指挥水军利用早晨退潮、海水南流的时机，渡过平时战舰难以渡过的浅水，从北面对宋军发动了一场突袭，到中午，北面的宋军已被元军击溃。南面的元军又在张弘范的指挥下，利用中午涨潮、海水北流的时机，向宋军发动了另一次进攻。宋军南北受敌，士兵又身心疲惫，无力战斗，因此全线溃败。战斗从黎明进行到黄昏，宋军多艘战舰被摧毁，张世杰见水师阵脚大乱，战船为大索连贯，进退不得，于是下令砍断绳索，率十余战舰护卫杨太后突围。

张世杰率帅船杀到外围，见赵昺的御船过于庞大，被外围的船只阻隔在中间，无法突围，便派小舟前去接应。当时天色已晚，海面上风雨大作，对面不辨人影，陆秀夫唯恐小船为元军假冒，断然拒绝来人将赵昺接走。张世杰无奈，只得率战舰护卫着杨太后，借着退潮的水势，杀出崖门。宋军败局已定，陆秀夫知道已经没有逃脱的可能，于是把自己的妻儿赶下大海，然后对赵昺说："国事至此，官家当为国捐躯。德祐皇帝受辱已甚，官家不可再辱！"赵昺身穿龙袍，胸挂玉玺，随陆秀夫跳海自尽。官员、妇女、将士们也纷纷随之跳海。

这是一场少见的残酷战争，战争结束时，海面上到处漂浮着尸体，宋军损失惨重。文天祥此时正在崖山元营，亲眼目睹了这一惨状，他在诗中写道："羯来南海上，人死乱如麻。腥浪拍心碎，飙风吹鬓华。"据记载，宋朝在这场战争中损失了10万人。

数天之后，陆秀夫遗体浮出海面，被乡人收葬，后人在崖山石壁刻字以纪念陆秀夫，题为"宋丞相陆秀夫死于此"。元军在清理战场的时候，发现一具身穿黄衣的幼童遗体，身上带有玉玺，上书"诏书之宝"四字，送交张弘范，经确认是赵昺所带玉玺，张弘范再派人寻找赵昺遗体时，已下落不明。

张世杰带着杨太后冲出重围。听到皇帝赵昺的死讯后，杨太后抚膺痛哭，投水自尽。张世杰收拾残部，打算远走占城，在海上航行了四天后，遭遇暴风雨，张世杰仰天大呼："我为赵氏已经尽心尽力了，一君亡，又立一君，如今又已亡矣。如今遭逢大风，不知天意如何？若老天不要我存复赵氏，就让大风吹翻我的船吧！"话语刚落，狂风大作，船便沉于海中。

崖山之战是蒙元消灭南宋的最后一战，流亡近三年的南宋小朝廷最终灭亡。张世杰、陆秀夫等人的部署失当，是崖山之战失败的主要原因，虽然如此，他们所表现出来的气节，不能不让人叹服。

二、皇陵浩劫：宋朝皇陵尽数被盗

宋朝皇帝陵墓本在河南奉先（今河南省巩义市），北宋 9 帝除徽、钦二帝被金人掳走，客死他乡外，其余 7 帝均葬于此。北宋灭亡以后，河南地区为金朝控制，宋朝皇帝当然不能继续葬在奉先。绍兴元年（1131），哲宗皇后孟氏去世，遗命先择地"攒殡"，待恢复中原以后，再归葬河南。后葬于绍兴府会稽县宝山泰宁寺（今浙江省绍兴市）。之后，此地就成为南宋的皇家陵园，高宗、孝宗、光宗、宁宗、理宗、度宗及徽宗梓宫均在这里。

宋朝灭亡不久，在元朝政府的默许之下，开始了一场历史上空前规模的盗墓行动。这次盗墓的首要人物是西藏僧人杨琏真加。杨琏真加是吐蕃高僧八思巴的弟子，元世祖忽必烈崇尚佛教，尊八思巴为帝师，杨琏真加遂凭借帝师的关系被任命为江南诸路释教总摄，总管江南地区佛教事务。

最先被盗的宋朝陵寝是魏王赵恺的坟墓。赵恺是孝宗的次子，葬在会稽县山阴法华山天长寺。元世祖至元二十二年（1285），会稽县泰宁寺僧人宗允、宗恺为讨好杨琏真加，勾结天长寺僧人福闻发掘了魏王赵恺的陵墓，获得了不少珠宝，献给了杨琏真加。魏王陵的发掘极大地刺激了杨琏真加等人的贪欲，他们召来河西僧人及其凶党，开始大规模地挖掘宋朝陵墓。宁宗及皇后杨氏、理宗、度宗的陵寝成为首批被盗的宋朝皇帝陵墓。宋陵护陵使罗铣拼死保护，遭到痛打，被用刀架着赶出了陵园，罗铣趴在地上号啕大哭。

四陵之中，理宗陵寝所藏宝物尤多，据称打开墓葬的时候，有白气冲天而出，乃是宝气凝聚而成。理宗的遗体仍完好如生，有人说这是因为理宗口中含了夜明珠，这伙盗贼于是将理宗的遗体搬出墓穴，倒悬在树上。允泽用脚猛踢理宗的头颅，以示自己无所畏惧。防腐的水银慢慢地从理宗口中滴出，一直滴了三天三夜。西藏僧人之间有个传说，即得到帝王的髑髅可以施行厌胜、致巨富，因此杨琏真加指挥手下将理宗的头颅割了下来，归为己有。杨琏真加一伙走后，罗铣买棺置衣将诸帝骸骨重新收殓，悲痛欲绝，附近乡里百姓皆为之感泣。到了夜晚，听到四面山中皆传来哭声，旬日不绝。后来，理宗的头颅一直在西藏僧人手中流传。明朝建立以后，太祖朱元璋得知此事，"叹息良久"，派人找到了理宗的头颅，于明洪武二年（1369）以帝王礼葬于应天府（今江苏省南京市）。第二年，又命人将理宗的头骨归葬到绍兴永穆陵旧址。

至元二十二年（1285）十一月，杨琏真加一伙又对宋陵进行了第二次盗掘，徽宗、钦宗、高宗、孝宗、光宗五帝及孟氏、韦氏、吴氏、谢氏四位皇后的陵寝在这次盗掘中无一幸免。徽、钦二帝皆逝于金国，金人虽曾归还遗骨，但高宗并未开棺检验。杨琏真加等人打开二帝的陵墓，发现徽宗棺中只有朽木一段，钦宗棺中有木灯檠一枚，一无所获。高宗、孝宗二帝的遗骨由于年岁已久，已经"骨发尽化，略无寸骸"。高宗墓内只有锡器数件、端砚一只，孝宗陵只有玉瓶炉一只、古铜鬲一只。光宗吴后、宁宗杨后的尸体尚"俨然如生"，罗铣后来把二后的遗体重新装进棺材，然后火化了。陵墓内有数以万计的金钱，为尸气所蚀，如铜钱一般，诸僧弃而不取，多为附近村民拾得。

中国古代改朝换代之际，多对前代帝王陵寝采取保护政策。虽然中国历史上帝王陵寝被盗的记录史不绝书，但多属个人所为，与政府没有多大关系。宋陵被盗则与此性质截然不同。杨琏真加等人的盗墓行动得到了元朝官方的鼎力支持，曾有元朝官员和赵宋宗室请求忽必烈保护宋陵，但忽必烈均置之不理，盗墓所得的宝物很多都献给了元朝政府，元世祖忽必烈曾用这些宝物装修天衣寺。元世祖对盗墓的支持态度与当时的政治斗争有关。宋朝虽亡，但仍不断有人打着复兴宋室的旗号起义反元，杨琏真加借机抛出"厌胜"之说，提议建造佛塔、佛寺，将宋帝遗骸置于其下，以压服宋人。这种说法正好迎合了忽必烈稳定统治的想法，忽必烈也想借盗掘宋陵的机会，断绝百姓对赵宋的留恋与怀念，因此对杨琏真加的盗墓举动采取了支持态度。

杨琏真加的盗墓行动及元朝政府的支持给元朝带来极坏的影响，史称自此之后，"江南掘坟大起，天下无不发之墓矣"。此前遗留下来的坟墓普遍被盗，这种行为对中国古代文物的破坏性影响不言而喻。忽必烈本欲通过杨琏真加等人的行动来压服百姓，稳定统治，没想到却适得其反，这种掘人陵墓的行为引起了宋朝遗民的极端仇恨，百姓反抗情绪愈加高涨，直到元朝末年，朱元璋起义的时候还在借"宋陵事件"鼓动百姓反元，这是当初蒙古统治者万万没有料想到的。

后记

写作这本普及历史知识的书，说来容易，在行家里手看来，这种"小儿科"有什么好写的。其实这是误解，要准确地把握宋代皇帝相当困难，更何况是以很短的篇幅来涵盖。记得有一次给中国社会科学院历史所的刘晓先生通电话，我告知他正在忙于撰写本书，并戏称这是应景之作，算不得什么的。出乎意料的是，刘晓先生或许是不好意思批评，或许是出于鼓励，他在电话中这样对我说，理科的科普作品通常都是学术造诣极高的大家来写的，人文科学的普及读物却很少如此，其实文科也应该跟理科一样，普及读物最好是由学术上成就卓著的学者来写。他还谈到了日本历史学界的情况，说元史在日本非常盛行，这与日本从事元史研究的杉山正明教授的著述有着很大关系，他的作品深入浅出，将深奥的学术写得通俗易懂，影响了很多日本人，使有志于元史研究的人大为增加，进而也推动了日本元史之兴盛。我当时就说我不是什么"家"，更无成"家"的非分之念，无非是为了将更准确的历史知识提供给读者而已，希望多少能收到普及历史知识之功效。

当初，徐卫东先生打电话来，要我"正说宋朝十八帝"，原本是不想应承的，一则是教学、科研任务非常繁重，怕保证不了时间，耽误了出版社的相关计划，有负徐卫东先生的好意与重托；二则是在此之前几乎没有写过类似的东西，根本谈不上有任何经验，如果写不好，反倒不如不写的好；三是

担心有不务正业之嫌。然而，很快又完全打消了这些念头。作为史学工作者，推广普及正确的历史知识，不仅对国家的发展、民族的振兴有着非同寻常的意义，而且有助于让更多的人了解中国古代社会发展的历程，进而为国民素质的全面进步尽绵薄之力。

  决定"正说"以后，开始着手草拟提纲，在与徐卫东、宋志军两位编辑商讨之后，基本确定了写作思路。初稿完成后，每一篇都凝聚了徐、宋二位先生的心血，他们提出了很多恰如其分的修改意见，使笔者获益良多。在此，感谢他们的无私帮助。我的研究生侯贝贝、孙健、刘雅萍、罗慧娴、杨甲、刘志华也倾注了大量时间和精力，为本书的完成提供了保障，对他们也表示诚挚的谢意。

游 彪

2019 年 12 月 11 日

于北京师范大学茹退居

相关阅读书目推荐

[1] 张家驹.赵匡胤传[M].南京：江苏人民出版社，1959.

[2] 龚延明.宋太祖[M].北京：中华书局，1983.

[3] 毛元佑，雷家宏.宋太祖[M].长春：吉林文史出版社，1996.

[4] 虞云国.细说宋朝[M].上海：上海人民出版社，2002.

[5] 张其凡.宋帝列传·宋太宗[M].长春：吉林文史出版社，1997.

[6] 汪圣铎.宋帝列传·宋真宗[M].长春：吉林文史出版社，1996.

[7] 黄燕生.宋帝列传·宋仁宗 宋英宗[M].长春：吉林文史出版社 ，1997.

[8] 仲伟民.宋帝列传·宋神宗[M].长春：吉林文史出版社，1997.

[9] 叶坦.大变法：宋神宗与十一世纪的改革运动[M].北京：生活 读书 新知三联书店，1996.

[10] 王菡.宋帝列传·宋哲宗[M].长春：吉林文史出版社，1997.

[11] 任崇岳.宋帝列传·宋徽宗 宋钦宗[M].长春：吉林文史出版社，1996.

[12] 王曾瑜.宋帝列传·宋高宗[M].长春：吉林文史出版社，1996.

[13] 何忠礼，徐吉军.南宋史稿[M].杭州：杭州大学出版社，1999.

[14] 方如金，陈国灿.宋帝列传·宋孝宗[M].长春：吉林文史出版社，1997.

[15] 虞云国.宋帝列传·宋光宗 宋宁宗[M].长春：吉林文史出版社，1997.

[16] 胡绍曦，宋帝列传·蔡东洲.宋理宗 宋度宗[M].长春：吉林文史出版社，1996.

[17] 吴泰.宋朝史话[M].北京：北京出版社，1987.

图书在版编目（CIP）数据

赵宋：十八帝王的家国天下与真实人生 / 游彪著. —
成都：天地出版社，2020.9
ISBN 978-7-5455-5647-6

Ⅰ.①赵… Ⅱ.①游… Ⅲ.①皇帝—生平事迹—中国
—宋代　Ⅳ.①K827=44

中国版本图书馆CIP数据核字（2020）第072201号

ZHAOSONG: SHIBA DIWANG DE JIAGUO TIANXIA YU ZHENSHI RENSHENG

赵宋：十八帝王的家国天下与真实人生

出品人	陈小雨　杨　政
作　者	游　彪
责任编辑	刘鹿涛
装帧设计	水玉银文化
责任印制	董建臣

出版发行	天地出版社
	（成都市槐树街2号 邮政编码：610014）
	（北京市方庄芳群园3区3号 邮政编码：100078）
网　　址	http://www.tiandiph.com
电子邮箱	tianditg@163.com
经　　销	新华文轩出版传媒股份有限公司

印　刷	北京文昌阁彩色印刷有限责任公司
版　次	2020年9月第1版
印　次	2021年1月第3次印刷
开　本	710mm×1000mm 1/16
印　张	18
插　页	8P
字　数	247千字
定　价	69.00元
书　号	ISBN 978-7-5455-5647-6

版权所有◆违者必究

咨询电话：（028）87734639（总编室）
购书热线：（010）67693207（营销中心）

如有印装错误，请与本社联系调换

从点击每列文字，分享人类感悟

天喜文化

天壹文化